CARTOGRAFÍAS COSMOPOLITAS

Purdue Studies in Romance Literatures

Editorial Board

Íñigo Sánchez-Llama, Series Editor
Elena Coda
Paul B. Dixon
Patricia Hart

Beth Gale
Laura Demaría
Allen G. Wood

Howard Mancing, Consulting Editor
Floyd Merrell, Consulting Editor
R. Tyler Gabbard-Rocha, Production Editor

Associate Editors

French
Jeanette Beer
Paul Benhamou
Willard Bohn
Gerard J. Brault
Thomas Broden
Mary Ann Caws
Glyn P. Norton
Allan H. Pasco
Gerald Prince
Roseann Runte
Ursula Tidd

Italian
Fiora A. Bassanese
Peter Carravetta
Benjamin Lawton
Franco Masciandaro
Anthony Julian Tamburri

Luso-Brazilian
Fred M. Clark
Marta Peixoto
Ricardo da Silveira Lobo Sternberg

Spanish and Spanish American
Catherine Connor
Ivy A. Corfis
Frederick A. de Armas
Edward Friedman
Charles Ganelin
David T. Gies
Roberto González Echevarría
David K. Herzberger
Emily Hicks
Djelal Kadir
Amy Kaminsky
Lucille Kerr
Howard Mancing
Floyd Merrell
Alberto Moreiras
Randolph D. Pope
Elżbieta Skłodowska
Marcia Stephenson
Mario Valdés

 volume 87

CARTOGRAFÍAS COSMOPOLITAS

León de Greiff y la tradición literaria

Marco Ramírez Rojas

Purdue University Press
West Lafayette, Indiana

Copyright ©2023 by Purdue University. All rights reserved.

♾ The paper used in this book meets the minimum requirements of American National Standard for Information Sciences—Permanence of Paper for Printed Library Materials, ANSI Z39.48-1992.

Printed in the United States of America
Interior template design by Anita Noble;
Cover template design by Heidi Branham;
Cover image: "León de Greiff: Explorador Inmóvil" by Sebastían González

Cataloging-in-Publication data is available at the Library of Congress
978-1-61249-846-1 (hardcover) | 978-1-61249-847-8 (paperback)
978-1-61249-848-5 (epub) | 978-1-61249-849-2 (epdf)

Índice

vii **Agradecimientos**

ix **Nota preliminar**

1 **Introducción**
- 5 El cosmopolita anclado en su tierra
- 8 Recepciones críticas de León de Greiff
- 9 Modernista anacrónico y vikingo en el trópico
- 12 Viajero inmóvil y cosmopolita de biblioteca
- 15 Ciudadanía (literaria) global y tradición universalista
- 18 Un cosmopolitismo periférico
- 20 Descripción de los capítulos

25 **Capítulo uno**
Entre el ámbito colombiano y la búsqueda de comunidades cosmopolitas
- 28 León de Greiff, sucesor de José Asunción Silva
- 34 La comunidad de "lectores artistas"
- 40 El café y el círculo de los "panidas"
- 44 La comunidad de heterónimos
- 48 Los heterónimos y sus vínculos con la esfera global de cultura

55 **Capítulo dos**
Tradición, sentido histórico y cosmopolitismo
- 58 Herencia vs. tradición
- 63 León de Greiff y la tradición literaria
- 69 El sentido histórico: la tradición como un orden de existencia simultáneo
- 74 El sentido histórico y el sentido cosmopolita
- 89 Consciencia de la marginalidad
- 95 Reclamo de acceso a la tradición universal

105 **Capítulo tres**
Cartografías poéticas e invitación al viaje
- 105 Viajero inmóvil y trotamundos de biblioteca
- 108 Cartografías poéticas y posicionamiento global
- 120 "La invitación al viaje": Lectura e interpretación de la temática simbolista

Índice

137 Capítulo cuatro

De una periferia a la otra: Tránsitos entre Latinoamérica, Oriente y Escandinavia

137 Los dos imaginarios orientales de León de Greiff

152 Imaginarios escandinavos: Nostalgias del vikingo anclado

165 Capítulo cinco

Máscaras y espejos medievales: León de Greiff y François Villon, un cosmopolitismo trans-histórico

165 Recuperación greiffiana de François Villon

169 La balada medieval como recurso formal

171 Reescritura paródica de François Villon

175 François Villon: Predecesor y espejo medieval

178 Reivindicación simbólica del artista

179 León de Greiff: ¿Contemporáneo de François Villon?

185 Conclusiones

193 Notas

209 Bibliografía

217 Bibliografía adicional

221 Índice de palabras

vi

Agradecimientos

Escribir no es una labor solitaria. Aunque nos encontremos solos frente a la mesa de trabajo para ordenar las palabras en la página, la escritura es un diálogo que convoca lecturas, ideas, memorias, preguntas y objeciones de aquellos otros—vivos y muertos—que siempre están con nosotros. Quiero agradecer aquí la generosidad de todos aquellos que en compañía o en ausencia siguen dialogando conmigo y a quienes debo este libro.

El primero es mi padre, que me enseñó el trabajo y el placer de la lectura. Él me abrió la primera puerta a mi país de libros. A él le debo también el gusto por la conversación y la devoción de la amistad. Segundo, a mi madre, por su fortaleza, su apoyo constante y su fe en las coincidencias.

Este es un libro sobre amistades literarias y comunidades de espíritus afines. Así, pues, agradezco aquí a los amigos que han sido parte fundamental en su escritura. A mi querida amiga Karem Langer, casi mi hermana, que me ha visto crecer y ha sido testigo de todas estas páginas. A mi compañero y camarada David Rozotto, con quien compartimos cervezas y lecturas, y quien se ha tomado el trabajo de leer la versión final de cada uno de estos capítulos.

Fernando de Diego, mi supervisor de tesis y amigo, quien dio el impulso inicial a mi carrera académica fuera de Colombia y me brindó el apoyo para emprender esta investigación. A él, mil gracias por la compañía, los consejos, la lectura atenta, y, sobre todo, la confianza.

Muchos otros colegas y mentores me han acompañado en estos años de investigación. De una y muchas formas, este libro también ha sido posible debido a ellos. Quiero agradecer especialmente a los profesores Jorge Carlos Guerrero, Rodney Williamson y Gastón Lillo de la Universidad de Ottawa, cuyos comentarios a la primera versión del texto fueron de gran ayuda.

Esta publicación no habría sido posible sin las instituciones académicas que me han brindado su apoyo en distintos momentos de mi carrera profesional. La Universidad de Ottawa fue el lugar donde di inicio a este proyecto. Allí, tuve la suerte de contar con el soporte financiero que me permitió completar mis estudios doctorales gracias a la Bourse de la Francophonie. Mi institución actual, Lehman College, me ha facilitado los recursos necesarios para visi-

vii

Agradecimientos

tar el archivo greiffiano en la Biblioteca Piloto de Medellín y para presentar los resultados de mi investigación en diversas conferencias en Colombia y Norteamérica. Gracias a la beca PSC-CUNY Research Award Grant he podido dedicar un verano a la redacción de los primeros dos capítulos. Adicionalmente, la beca Project Completion Grant hizo posible su publicación.

Algunas de las ideas incluidas en este libro han aparecido previamente en revistas académicas. Las discusiones sobre la noción del viaje han sido parcialmente incluidas en el artículo "León de Greiff: Viajero inmóvil y nómada intelectual" del número 41 de la *Revista ILCEA,* dedicado a "Escrituras nómadas en el mundo hispánico contemporáneo," coordinado por Raúl Caplan y Margarita Raimón Raillard. El texto en francés "Voyageur manqué et cosmopolite de fauteuil: le cas León de Greiff " contiene postulados que reaparecen en el Capítulo 3. Este último texto apareció en la *Revue Astrolabe* y hace parte del número especial sobre "Voyage immobile" de diciembre 2020. El Capítulo 5 deriva en su mayor parte del artículo "Marginalidad del artista y reivindicación cosmopolita. León de Greiff lee a François Villon" publicado en 2016, en el volumen 4, número 3 de la *Revista Canadiense de Estudios Hispánicos.*

Finalmente, quiero extender mi agradecimiento al equipo editorial de Purdue University Press, especialmente a Joyce Detzner. Su diligencia y amabilidad les han asegurado una casa a estas páginas.

Nota preliminar

La edición escogida para la elaboración de este libro fue la de las *Obras Completas* de León de Greiff, realizada por la editorial Tercer Mundo. La abreviación utilizada para esta publicación será la de *OC*.

La referencia a otros textos o ediciones utilizará el título completo de publicación.

La imagen de la cubierta corresponde a una reelaboración electrónica inspirada en una fotografía de León de Greiff en su biblioteca personal. Esta imagen fue elaborada por el ilustrador Sebastián González Pardo.

ix

Introducción

Una de las imágenes favoritas de León de Greiff era la del vikingo anclado en extrañas tierras tropicales. Era así como se definía a sí mismo: un marinero que no conoce el mar, un Odiseo que ha sido abandonado en la orilla. Su obra entera está cargada de paradojas, desencuentros, contradicciones. Lo mismo puede afirmarse de su propia fama como escritor y de la suerte que han corrido sus libros. Dentro del panorama de la poesía colombiana, probablemente ningún otro poeta ha sido tan cosmopolita. O, al menos, ninguno ha recorrido el mundo de forma tan original. Su literatura está marcada por una ambiciosa exploración universalista que reúne referencias de culturas y períodos diversos que van desde la Francia del siglo XIX hasta las narraciones clásicas de Medio Oriente, pasando por la literatura medieval europea, las mitologías de los países escandinavos y el pensamiento budista de extremo Oriente. Sin embargo, a casi cien años de la publicación de su primer volumen, de Greiff todavía es prácticamente desconocido por fuera de su país. El nombre de este intelectual que buscó reclamarse como ciudadano del mundo no solamente se ha quedado encerrado en el espacio de su localidad, sino que ha sido paradójicamente apropiado como un símbolo de identificación nacional. Una segunda ironía que define tanto su obra como su biografía es la de haberse convertido en un explorador inmóvil. Uno de sus temas centrales es el viaje y la gran mayoría de sus heterónimos son aventureros que recorren el mundo de un extremo a otro. De Greiff, no obstante, solamente tiene la oportunidad de embarcarse por fuera del Colombia muy tarde en su vida, luego de haber circulado por todo el globo durante más de cinco décadas desde el espacio cerrado de la biblioteca. Es allí, justamente, donde se nos aparece como un trotamundos de sillón que, desde el desorden de sus anaqueles, reorganiza, reinventa e imagina un mapamundi caprichoso, construido a partir de sus afinidades

1

Introducción

electivas y sus azarosas lecturas. Esta es la escena simbólica en la que imagino y quiero situar a León de Greiff para este libro. Vemos al escritor encerrado en su biblioteca, en el centro de un espacio amurallado de libros, que él mismo describe:

> Libracos, mamotretos, infolios y papeles,
> Mi inercia, tardamente, rebuja y desordena,
> Un cielo azul por la ventana. Lejos, suena,
> La vida innumerable de la ciudad ... (*OC* vol. I 24)

Ese *maelstrom* que él "rebuja y desordena" es el archivo personal donde se cumplen todos los tránsitos de su poesía. Allí, en ese "cuarto del búho" apenas iluminado por una ventana al fondo se traza la totalidad de su cartografía poética. Todos los viajes de los que da cuenta se realizan en ese maremágnum de papel. Las rutas de sus desplazamientos siguen el capricho de sus lecturas y la imprevisibilidad de los contagios de volúmenes que se apilan sin método uno junto al otro. Este es el lugar del "aleph" greiffiano, desde el cual el poeta observa y representa la totalidad del mundo.[1] Desde este cuarto aislado, el viajero inmóvil proyecta una noción de mundialidad que interpreta en clave literaria y dentro de la cual se inserta como ciudadano y participante.

En la introducción a su estudio sobre la novela latinoamericana global, Héctor Hoyos inserta una premisa que le sirve de guía: "El mundo no cabe en un libro"—en inglés en su original "The world does not quite fit into a book" (1). La reflexión de Hoyos es sumamente acertada y concuerdo con él. Un libro, sea este una novela o una colección de poemas, no puede aspirar a contener la totalidad del globo. Sin embargo, quiero proponer una respuesta y una premisa alternativa. Si un mundo no cabe en un libro, un libro sí produce una particular imagen del mundo.[2] La labor de creación literaria de un texto poético o de ficción proyecta una imagen de globalidad específica y traza, explícita o implícitamente, el diseño particular de una cartografía mundial. Cada libro diseña su propio mapa de circulación global con sus líneas de contacto literario, sus fronteras, sus rutas de intercambio, tierras incógnitas y latitudes conocidas. Mi trabajo de lectura e interpretación de la poesía greiffiana se sustenta en esta idea central y propone comprender sus poemas como ejercicios de cartografía literaria y cultural. Es decir, invito a considerar los poemas del colombiano como trazados de mapas poéticos en los que se consignan las diferentes líneas de sus

Introducción

recorridos intelectuales. Bajo esta óptica, los elementos poéticos y referencias incluidas en cada texto pueden servir al lector para reconocer de las redes de contacto que extiende a lo largo y ancho del planeta y la historia. De la misma manera, la observación de estas coordenadas geográfico-literarias pueden leerse como prácticas performativas de negociación de sus vínculos de pertenencia locales y globales. Esta perspectiva de lectura atenta de sus composiciones quiere resaltar las estrategias utilizadas por de Greiff para insertar su obra en el espectro de la literatura mundial que, como precisa Mariano Siskind en *Cosmopolitan Desires*, era observado por los poetas latinoamericanos de principios del siglo XX como "a constellation of discourses that invoke a world of literatures, imprecisely defined by a vague and abstract notion of universality, so welcoming to marginal cultures that Latin American writers see it as a blank screen for the projection of their modern hopes" (104).

Este deseo de diálogo con el mundo tiene una conexión directa con ideas y prácticas cosmopolitas. Al igual que otros latinoamericanos de finales del siglo XIX y principios del XX, León de Greiff busca construir puentes con Europa, Medio Oriente, Asia y América del Norte. Mi lectura propone que, a diferencia de sus predecesores y contemporáneos, el colombiano asume su inmovilidad y su localización periférica como una condición productiva que le permite articular una estética cosmopolita de los márgenes. Al considerarse a sí mismo una figura descentrada, se arroja la libertad de trazar contactos entre espacios que se hallan por fuera de centros culturales consagrados. Los conceptos teóricos que relaciono con estas prácticas de conexión global tienen su fundamento en las propuestas de Martha Nussbaum y en las discusiones de Kwame Anthony Appiah. La primera plantea una idea de cosmopolitismo que se define como una construcción voluntaria de círculos concéntricos de pertenencia, cuya finalidad es la de que cada individuo se reconozca como ciudadano de una comunidad universal. El segundo pone en cuestión la contraposición entre las afiliaciones locales y universales, proponiendo una solución dialéctica que no anula la posibilidad de definirse como un ciudadano universal que se halla circunscrito por el contexto de su localización específica.

Luego del cosmopolitismo, la segunda cuestión central que articula el presente libro es la relación que León de Greiff establece con el archivo. Reelaborando la frase de Hoyos podría decirse que,

3

Introducción

si bien la biblioteca mundial tampoco cabe en un libro, todo libro realiza una apropiación específica e individual de esta biblioteca. Dado que el cosmopolitismo greiffiano es de signo intelectual y que todos sus desplazamientos siguen el trayecto de sus lecturas, interpreto su práctica poética como una rearticulación subjetiva de la biblioteca universal. Mediante su voluntaria desorganización del archivo, de Greiff desestabiliza las líneas de organización cronológicas y geográficas tradicionales, cuestiona las jerarquías de centro y periferia, y propone una renegociación simbólica de sus lazos de afiliación y su localización en el ámbito de la cultura mundial.

En su reorganización del archivo León de Greiff se embarca, a su vez, en una tarea de confrontación agónica. Su relación heterodoxa frente a sus predecesores y frente a los cánones tanto latinoamericanos como europeos, derivan en un rebelde gesto de ruptura frente a la dimensión histórica y la noción de temporalidad. Una de las particularidades de la obra greiffiana es la reinvención de su propia genealogía poética. Para comprender esta dinámica, adelanto una división metodológica entre las nociones de herencia y tradición. Propongo que León de Greiff rechaza la imposición de elementos heredados por contigüidad histórico-geográfica, para decantarse por una articulación personal de un árbol genealógico escogido a voluntad. Con este objetivo, retomo las ideas de T.S. Eliot respecto a la invención personal de la tradición literaria y las comparo con la práctica literaria greiffiana. Al igual que Eliot, el colombiano penetra en los terrenos de la historia literaria como en un "orden de existencia simultáneo" en el que tanto antiguos como contemporáneos, compatriotas y extranjeros, se hallaran a una misma distancia. El voluntario anacronismo greiffiano que guía la construcción de su árbol genealógico, observo, lo desmarca del sentido de retraso frente al simbólico meridiano de Greenwich que, según Pascale Casanova, caracteriza las producciones de autores localizados en espacios culturales periféricos.[3] En este sentido, de Greiff viene a replantear la relación de dependencia literaria frente a los centros culturales europeos. En este acceso disruptivo a la tradición y la cronología histórica también señalo una manifestación de cosmopolitismo trans-geográfico y trans-histórico que puede leerse a la luz del concepto de "tiempo profundo," acuñado por Wai Chee Dimock. Finalmente, al contextualizar este debate en el ámbito latinoamericano, busco comprender su reclamo universalista como un punto de articulación en la historia cultural e

4

intelectual de la literatura del continente. En última instancia, mi propuesta es la de situar la poesía greiffiana como un punto de conexión entre las exploraciones cosmopolitas modernistas de finales del siglo XIX y la confiada apropiación de la tradición universal que se arroja un escritor como Borges a mediados del siglo XX.

El cosmopolita anclado en su tierra

Antes de entrar en el comentario del cosmopolitismo greiffiano, quisiera detenerme en la paradoja del anclaje local de su obra y su leyenda. Luego de haber terminado la redacción de los cinco capítulos que componen este libro, me proponía recordar la primera vez que leí, o escuché leer, los poemas de León de Greiff. A pesar de la larga relación que me une a este autor, no pude señalar con precisión una lectura inicial. Me asalta la idea bastante inocente de que he estado conviviendo con su presencia, de una u otra forma, desde que me alcanza la memoria. Recuerdo haber visto su retrato en algunos cafés durante mi infancia y haber escuchado algunas de sus composiciones recitadas en la radio y en programas culturales de televisión. No era raro entonces que, en medio de una conversación, a manera de una respuesta irónica, alguien recitara el conocido estribillo del "Relato de Sergio Stepansky": "juego mi vida / cambio mi vida / de todos modos la llevo perdida" (*OC* vol. II 434). Al hablar con colegas y amigos colombianos de mi generación, corroboro que comparten esta impresión engañosa de que de Greiff siempre estuvo presente en algún lugar y desde muy temprano en sus vidas. Soy consciente, no obstante, de que esta es una ficción del recuerdo. Quiero señalar con ella, sin embargo, un aspecto que me parece fundamental a la hora de acercarme a este poeta: resaltar su presencia como parte constitutiva de la mitología cultural colombiana. Su figura, indudablemente, se halla hondamente enraizada en el imaginario colectivo de la nación. Sus lectores (y no lectores) colombianos nos lo figuramos con "la barba y el pelo y la alta pipa" (*OC* vol. I 3), tal como él mismo se dibuja en sus auto-retratos poéticos; lo recordamos con su apellido altisonante de timbre extranjero, herencia de sus ancestros nórdicos; lo imaginamos con su porte de fauno, discutiendo con sus amigos en el ya desaparecido "Café Automático," sitio de encuentro de escritores y artistas. Al igual que el bogotano José Asunción Silva y el costeño García Márquez, el poeta antioqueño nacido en 1895

Introducción

es una presencia central dentro del imaginario poético del país.[4] Resulta poco frecuente que un poeta goce de este nivel de reconocimiento y renombre en el país. Sin embargo, en su popularidad hay dos circunstancias bastante paradójicas que ya he comenzado a comentar páginas atrás. En primer lugar, no creo exagerar al decir que en Colombia se reconoce muy ampliamente su figura, aunque no se conozca su obra. Para muchos, de Greiff encarna el paradigma del artista bohemio y se asimila su presencia con un significante cultural. No obstante, una lectura que vaya más allá del conocimiento superficial de dos o tres de sus poemas más populares, es algo que rara vez sucede fuera de círculos académicos. Es así que gran parte de una producción literaria tan vasta como la suya resulta casi desconocida. Debe tenerse en cuenta, de igual forma, que a pesar de que su poesía haya sido ampliamente difundida por medio de diversas iniciativas editoriales en las últimas décadas, la naturaleza difícil de su escritura contribuye a que el número de sus lectores sea limitado. La suya es, al fin y al cabo, una estética excesiva que se construye a partir de la hiperelaboración y la saturación de recursos. De Greiff hizo de la dificultad un rasgo de su estética y, por consiguiente, buscó que su obra fuera comprendida solamente por una comunidad de "lectores-artistas." No sorprende, entonces, que una buena parte de su literatura continúe siendo un territorio mal explorado.

De todas maneras, resulta inquietante verificar que un poeta tan acendradamente cosmopolita sea casi exclusivamente celebrado en su país. De Greiff ha sido adoptado, quizás a su pesar, como un poeta local, anclado en los espacios imaginarios de los territorios del trópico, de "Netupiromba," "Zuyexawivo"—palabras inventadas con las cuales, como aclaran Luis Fernando Macías y Miriam Velásquez en su *Glosario de referencias léxicas y culturales en la obra de León de Greiff,* el poeta se refiere a Bogotá y Medellín, respectivamente—y Bolombolo—localidad del Valle del Cauca donde trabaja en la ampliación de la vía de ferrocarriles durante los años 20. Aunque su obra se fabrica como una herramienta de choque contra las limitaciones de su contexto histórico-cultural, buscando articularse como una red de diálogos con otras geografías, culturas, tradiciones, mitologías, lenguas y bagajes foráneos, ha visto restringido el ámbito de su circulación a los límites de su propio territorio. Esta poesía de aspiraciones globales se publica, se lee y se discute relativamente poco fuera de las fronteras

Introducción

colombianas. Irónicamente, el espíritu expansivo y el deseo de universalidad que impulsan la obra greiffiana no han encontrado suficientes interlocutores en el ámbito mundial. Casi la totalidad de las publicaciones, antologías y ediciones de sus escritos han sido publicadas en Colombia. Desde *Tergiversaciones* su primer "mamotreto"—que es como humorísticamente denomina de Greiff a sus poemarios—de 1925, hasta *Nova et Vetera* de 1973, el último libro que publica en vida, casi todas sus colecciones fueron editadas en el territorio nacional. Lo mismo sucede con la compilación de sus obras completas, que han aparecido periódicamente en diferentes editoriales colombianas.[5]

Algo bastante similar sucede con la crítica y los acercamientos académicos. En la vasta bibliografía existente puede comprobarse que un número muy reducido de estudios ha sido elaborado o publicado en el exterior.[6] Las excepciones más destacadas son los trabajos de Stephen Mohler, Sergei Goncharenko y Orlando Rodríguez Sardiñas. El primero de estos consiste en una tesis doctoral escrita en Ann Arbor en 1969 e impresa en 1975 por la editorial bogotana Tercer Mundo. El segundo es un estudio realizado por el crítico, traductor y poeta ruso, cuya publicación se realiza en la *Revista de la Casa Silva*. El tercero es una publicación crítica en la que el académico y poeta cubano elabora un estudio sobre el carácter vanguardista de León de Greiff. En el año 2014 Julián Vásquez organiza un simposio internacional en Suecia alrededor de la obra del poeta, en el que intelectuales colombianos y suecos dialogaron sobre los contactos que el autor de *Tergiversaciones* dibujó entre la geografía imaginaria de los países nórdicos y las dimensiones de su propia localidad. Este mismo es el tema que Vásquez explora en su libro *El Gran Viaje Atávico: Suecia y León de Greiff*, de 2006. Aparte de las salvedades mencionadas, son escasos los lectores, estudiosos y autores de otras latitudes que se hayan acercado a este poeta que buscó construir su propia literatura como una ambiciosa cartografía mundial.[7]

En el ámbito de la traducción, por otra parte, hay solamente un par de publicaciones que han buscado hacer accesible la obra greiffiana a espacios no hispanohablantes. Dos de ellas son: *León de Greiff traducido*, editado por Hernando Camargo y aparecido en 1969; y *Antología multilingüe: 50 poemas*, compilada por Hjalmar de Greiff en 1995. Ambos libros, publicados en el país y de circulación mayormente local, reúnen traducciones dispersas de algunos

7

Introducción

poemas representativos del colombiano. Se incluyen versiones en ruso, francés, alemán, inglés, italiano, sueco, catalán, tagalo y checo. Aunque su labor de divulgación resulta loable, estos libros son limitados en su alcance puesto que solamente incluyen muestras de proyectos de traducción que abarcan un pequeño número de textos y no cuentan con una amplia distribución. Solamente las traducciones al ruso, hechas por Sergei Goncharenko, y al francés, a cargo de André van Wassenhove, pueden encontrarse de forma independiente en otros formatos.[8]

Recepciones críticas de León de Greiff

Consagrado, pues, como una de las figuras centrales de la literatura y la vida cultural en Colombia, de Greiff ha sido objeto de numerosos trabajos que han buscado interpretar, comprender y contextualizar la presencia de una poesía que, todavía ahora, a casi un siglo de la publicación de su primer poemario, sigue resultando desconcertante. Desde la primera mitad del siglo XX, la crítica ha guardado un constante interés en la discusión de ciertos aspectos que han ayudado a configurar una imagen estereotípica de la poesía greiffiana. Al revisar la historia de su recepción es posible destacar seis puntos principales. El primero es su lenguaje polimórfico, polifónico y desbordante, donde se entremezclan vocablos medievales, neologismos y palabras de diversas artes y disciplinas. Los estudios que se enfocan en este aspecto subrayan tanto el efecto de desfamiliarización, como también la riqueza de registros y la capacidad omnívora de su escritura.[9] El segundo es la relación entre música y poesía. Este diálogo, comentado en numerosas ocasiones, no solamente transita por la vía de una armonización rítmica de sus composiciones literarias o una estilización sonora de sus poemas, sino que se lleva a escalas mucho más complejas tales como asimilaciones formales, imitaciones de esquemas sinfónicos y apropiaciones operísticas.[10] El tercer aspecto es el erotismo, cuya aparición inesperada dentro del medio cultural colombiano de principios de siglo XX causó gran revuelo. Con el pasar de las décadas, perspectivas críticas innovadoras han estudiado esta temática desde perspectivas culturalistas y psicoanalíticas.[11]Un cuarto elemento fundamental es el de sus "heterónimos." A pesar de la riqueza y el potencial crítico, son muy pocos los textos que han abordado con suficiente profundidad este tema que ha sido

Introducción

materia de lecturas someras y apenas descriptivas.[12] No obstante, quiero destacar que en años recientes los estudios de Oscar Salamanca y Orlando Mejía Rivera, han aportado innovadoras miradas sobre esta cuestión, poniéndola en sintonía con teorías críticas como el deconstruccionismo y críticas filosóficas que la relacionan con el pensamiento budista.

El quinto ángulo de lectura resulta fundamental para la lectura que desarrollo en este libro, ya que entronca directamente con una discusión acerca del cosmopolitismo greiffiano. En la bibliografía existente se encuentran numerosos trabajos que indagan en la identificación de sus referencias culturales, influencias poéticas y relaciones intertextuales.[13] Sin embargo, a pesar de las contribuciones que se derivan del recuento de préstamos, reescrituras, parodias, homenajes y palimpsestos, no se ha elaborado hasta la fecha un trabajo que aborde de manera comprensiva y contextualizada el aprovechamiento intertextual y las implicaciones de la vasta tarea de acopio realizada por León de Greiff. Esta es parte de la tarea que pretendo llevar a cabo con en este libro. Mi interpretación de la obra greiffiana, como menciono en las páginas iniciales, propone comprender su acumulación, reordenamiento y tergiversación de fuentes literarias como una tarea que va más allá de una mera acumulación de datos y conocimientos. Intento leer en su obra el diseño de una ambiciosa cartografía mundial que, mediante la reorganización caprichosa de elementos, le permite posicionarse en un estatuto de paridad y contemporaneidad con la totalidad virtual de la cultura universal. De igual forma, observo su trabajo de asimilación caprichosa de obras y autores diversos como un proceso de fabricación de una genealogía literaria individual y alternativa.

Modernista anacrónico y vikingo en el trópico

La última gran cuestión que ha marcado la historia de la crítica greiffiana ha sido el debate sobre su afiliación a las corrientes del modernismo y la vanguardia. Lectores como Humberto Bronx, Fernando Charry Lara y Piedad Bonnett sitúan al colombiano dentro de la última ola modernista, apelando a su elaboración estilizada del lenguaje, su carga imaginativa y algunas de sus recurrencias temáticas. Por el otro lado, académicos como Gilberto Loaiza Cano, Fernando Arbeláez y Orlando Rodríguez Sardiñas prefieren

9

Introducción

categorizarlo como parte de una avanzada vanguardista debido a su espíritu de rebeldía, su estética de choque y su voluntad de experimentación lingüística.[14] Me afilio con el primer grupo y me inclino por adscribir la obra greiffiana como parte de una última ola modernista, emparejándolo con las dos otras figuras crepusculares de este movimiento: Leopoldo Lugones y Julio Herrera y Reissig. Tomando prestadas las palabras de Cathy L. Jrade para situar las obras de estos dos últimos poetas, considero que León de Greiff también "brought modernismo to the threshold of the avant-garde" (10). Para Jrade, Leopoldo Lugones, Herrera y Reissig y Delmira Agustini "reinvigorated and radicalized the modernista project while remaining true to the movement's primary concerns [...] and anticipate[d] features, themes, and beliefs that continue and develop in later literary movements" (10). Estas afirmaciones pueden fácilmente ser adaptadas para describir la posición de bisagra ocupada por de Greiff en el ámbito colombiano. Al igual que en el caso de Herrera y Reissig y Lugones, su literatura también se construye a partir de un lenguaje, un imaginario y una actitud de corte marcadamente modernista. Dichos elementos, no obstante, se sobrecargan, se desfiguran y se radicalizan a través de una lente irónica. Pero, a pesar de que su escritura tiene mucho de laboratorio de experimentación, es importante señalar que no hay en su obra una verdadera ruptura con las formas tradicionales de versificación ni un rompimiento con la lógica y la racionalidad. El lenguaje y el pensamiento se deforman y se flexibilizan sin desarticularse radicalmente, como sucede en los casos paradigmáticos de César Vallejo y Vicente Huidobro. De igual forma, las asociaciones metafóricas y los juegos de construcción de sentido que plantea el colombiano buscan la sorpresa pero nunca alcanzan el dominio explosivo de obras como las de su coterráneo Luis Vidales o el argentino Oliverio Girondo. De Greiff juega y hace malabares con su escritura, pero nunca desarma los asideros retóricos aprendidos en el modernismo.

En *The Dissonant Legacy of Modernismo*, Gwen Kirkpatrick identifica esta última característica como elemento clave para comprender las obras de Lugones y Herrera y Reissig dentro de una etapa final del movimiento abanderado por Rubén Darío.[15] Por una parte, observa, ambos escritores intentan sobrepasar los límites del modernismo mediante la adopción de una desafiante lógica de multiplicación de imágenes y la ampliación de su horizonte cultural

Introducción

y sensible. Sin embargo, ambos escritores prestan una minuciosa atención a las construcciones formales y fabrican con una extremada atención textos que responden a convenciones estilísticas preestablecidas. Este es, insisto, el mismo caso greiffiano. Su apego a las estructuras del soneto, los rondeles, las baladas e incluso la prosa poética de sus relatos dan pruebas suficientes para apuntalar esta afirmación.

Así, pues, a pesar de que la publicación de sus mamotretos coincide cronológicamente con el auge vanguardista latinoamericano, León de Greiff no se inserta en ese tren de renovación a ultranza. La coincidencia histórica no es garantía de afiliación y, como se verá más adelante, el anacronismo es uno de los rasgos definitorios de este poeta que desafía las convenciones de una temporalidad lineal. Su obra, sostengo, se extiende como una última oleada del modernismo. Recuérdese que la crítica más tradicional sitúa este período literario, a grandes rasgos, entre las décadas de 1880 y 1920.[16] A pesar de que las publicaciones del colombiano abarcan desde 1925 hasta 1973, su estética guarda un conjunto de rasgos que claramente dan continuidad a los principios ideológicos y estéticos del movimiento que históricamente lo precede. A lo largo las siguientes cinco décadas, su escritura mantendrá una remarcable coherencia formal y temática que permite considerar a León de Greiff como un modernista tardío. Curiosamente, una de las temáticas más recurrentes de su obra es la del no-lugar, la consciencia de no pertenecer y de haber llegado por accidente al lugar equivocado. Frecuentemente se refiere a sí mismo como un vikingo anclado en el trópico, un marinero sin nave en la montaña. Haciendo eco de estas metáforas, creo justo hacer una analogía con la situación de sus afiliaciones poéticas. De Greiff puede considerarse, así, como un modernista encallado en mitad del siglo XX.

Este libro, sin embargo, no busca insertarse de pleno en la discusión sobre su afiliación modernista o vanguardista del colombiano. En las líneas anteriores he expresado mi postura respeto a este debate pero no es mi intención demorarme mucho más en este punto. Con el fin de avanzar hacia la segunda pregunta de la que me ocupo en los capítulos siguientes, propongo considerar la siguiente vía conciliatoria. A pesar de las diferencias que dividen críticamente estas dos tendencias artísticas y de pensamiento, hay un punto de comunión entre ambas: el cosmopolitismo. Mihai Grünfeld reconoce este rasgo como una aspiración identitaria y cultural compartida:

Introducción

> La identidad cosmopolita del artista latinoamericano es central
> tanto para el entendimiento de la poesía del período moder-
> nista como para el de la vanguardia de la segunda década del
> siglo. Poetas de ambos períodos se declaran cosmopolitas con
> orgullo, considerando este un rasgo entrañable de su identidad.
> ("Cosmopolitismo modernista y vanguardista" 33)

Aunque el crítico reconoce diferencias esenciales en la visión de
universalismo planteada por uno y otro grupo, el concepto básico
sobre el que se fundamentan es el de una apertura y conexión
con el mundo.[17] La obra de León de Greiff se inserta plenamente
en esta búsqueda de ampliación de horizontes culturales y de
renegociación de su propio lugar como latinoamericano dentro
del campo de la cultura universal. Su apetito de mundo, su deseo
expansivo y de asimilación de conocimientos, su aventura de descubrimiento de nuevos lugares en el mapa cultural y del espíritu,
lo embarcan en una aventura compartida por ambas corrientes
estéticas.

Viajero inmóvil y cosmopolita de biblioteca

Al igual que sucede con otros poetas latinoamericanos como Julián
del Casal o José Lezama Lima, el colombiano aparece como un
viajero inmóvil, un trotamundos de biblioteca. Esta afirmación es
válida, al menos, para comprender los primeros seis mamotretos
de su obra. De Greiff escribe sus primeras colecciones, en las que
ya es evidente su deseo de transitar por diversas geografías, encerrado en los espacios de su propia localidad. Su primera salida del
país se realiza en el año de 1945, con destino a México. Luego en
1946 viaja a Perú como delegado de una comisión oficial.[18] Para
estos años, ya habían sido publicados cuatro de sus poemarios
principales. En estos aparecen totalmente configuradas las características de su literatura. Una de ellas es su impulso de conocimiento universalista. Así, pues, desde los espacios urbanos de Bogotá y
Medellín, o desde la geografía agreste de Bolombolo, construye un
imaginario que abarca épocas, culturas y geografías diversas. Sus
poemas y sus personajes discurren con facilidad entre la Francia de
finales del siglo XIX y la Italia medieval, entre fantasías orientalistas y mitologías nórdicas, entre el espacio del trópico americano y
las narraciones árabes. De manera que, para el momento en el que
de Greiff finalmente viaja a Europa en 1958 como invitado para

Introducción

el Consejo Mundial de la Paz realizado en Estocolmo, el poeta ya se había fabricado una imagen literaria y una mitología de los territorios que solamente tendría la suerte de visitar después de haber cumplido los sesenta y dos años. Su viaje es muy tardío y no tiene un impacto transformador en su obra poética. Los textos que produce durante su estancia europea, aunque interesantes en sí mismos, se mantienen dentro de las mismas líneas estéticas e imaginativas ya definidas en sus poemarios anteriores.[19] Por estos motivos, considero la obra greiffiana como el producto de un cosmopolitismo forjado por lecturas, mapas, imágenes y desplazamientos intelectuales ejecutados desde el espacio de su escritorio. La suya no es la literatura de un viajero, sino la del deseo de apropiación del mundo a través de los libros.

León de Greiff es, bajo esta óptica, un trotamundos de sillón que, en medio de su biblioteca, se construye una cartografía omniabarcante, una genealogía poética propia y una versión alternativa de la historia. Puesto que la dimensión de su cosmopolitismo se circunscribe a una esfera libresca, su tarea será, entonces, la de configurar sus vínculos con la dimensión imaginaria de una biblioteca universal. Apelando a la metáfora que utiliza Aníbal González para definir la relación de los modernistas latinoamericanos frente a la cultura europea, observo la empresa greiffiana como una necesaria y subjetiva reorganización de este archivo literario. González considera que:

> [The] modernista writing presupposes the existence of a Library [... which ...] stands for an ideal plane, a kind of intertextual no-man's-land, where philological and literary texts jostle each other and where their placement within an arbitrary scheme (in alphabetical order, for instance) neutralizes their delicate interplay of similarities and differences. The library not only allows access to a fund of knowledge, but also allows that borrowed to be borrowed and used in an eclectic manner. *Modernismo* was, to a large extent, the appropriation and partial reorganization of the Library of European culture by Spanish America. (10)

La tarea greiffiana, al igual que la de otros modernistas, consiste en la apropiación subjetiva y la reconfiguración de un orden literario cosmopolita. En su caso, no obstante, se embarca en la reorganización de un archivo literario en el que se contiene virtualmente la totalidad de la literatura mundial. De Greiff busca establecer líneas

13

Introducción

de familiaridad con predecesores y coetáneos de América, Europa, Medio Oriente, Asia, Escandinavia, logrando así inscribirse como parte integrante de una comunidad cosmopolita global. Para este fin, contesta los criterios de clasificación tradicionales, a los cuales antepone un principio alternativo de afinidades literarias, poéticas, artísticas e ideológicas que se extiende en una red de conexiones a lo largo de la historia y de la geografía mundial.

Desde esta perspectiva, el eclecticismo de la poesía greiffiana, su acumulación de elementos dispares, la sobreabundancia de referencias culturales, así como también el tejido dispar de un lenguaje en el que se mezclan vocablos antiguos, neologismos y palabras de cuño moderno, aparecen como estrategias de reorganización de un amplio archivo cultural y de inserción en una tradición trans-nacional, trans-geográfica y trans-histórica. La compleja construcción de sus textos activa una negociación de su posicionamiento cultural frente al mundo. Estos se presentan como como mapas culturales que, desde un espacio periférico, revelan un deseo de diálogo y conexión, así como también una renegociación de las dinámicas de pertenencia local y global.

La poesía del colombiano puede observarse como otra de las manifestaciones cosmopolitas que Mariano Siskind comprende como articulaciones discursivas de un "deseo de mundo" (*Cosmopolitan* 104). Para Siskind, la búsqueda modernista de conectividad y la necesidad de abarcar un amplio espectro de relaciones constituía una tarea ineludible en la tarea de modernización cultural latinoamericana. Según el crítico, la necesidad de integrarse al ámbito de una literatura mundial fue para los escritores latinoamericanos de este período, "a significant way to address the question of the realization of their modern subjectivities" (*Cosmopolitan* 104). Y esta noción de "literatura mundial," como ya se mencionó en las páginas iniciales, debe entenderse como una constelación discursiva que, en su vaga noción de universalidad, se presenta como un espacio abierto a las proyecciones de modernidad de los escritores latinoamericanos (*Cosmopolitan* 104). De Greiff opera, justamente, en un plano de abstracción que hace eco de la definición proporcionada por Siskind: su noción de cosmopolitismo es también una pantalla en la que se proyecta su pretensión de familiaridad y contemporaneidad respecto de escritores de otras latitudes que se sitúan en un orden temporal de existencia simultánea. Esta capacidad de familiarización e identificación con textos, personajes y discursos foráneos se sustenta sobre

14

una convicción cosmopolita que le permite concebir al otro como un miembro distante de una misma familia de espíritus afines, "kindred spirits whose names signify the presence of a world that includes Latin America" (*Cosmopolitan* 105).[20]

Ciudadanía (literaria) global y tradición universalista

Sobre esta base de familiaridad cosmopolita el colombiano construye una versión individual de su genealogía poética. Desde el principio de su obra, de Greiff sitúa su escritura en referencia a los parámetros de una tradición universalista, la cual antepone a los vínculos de su herencia nacional/histórica inmediata. La escritura greiffiana marca una clara ruptura con la literatura colombiana que le precede y aparece como una suerte de "anomalía" en su contexto cultural. Sus lazos de cercanía y afinidad se tienden hacia espacios que se hallan por fuera del círculo cultural inmediato. Esta transposición de afiliaciones locales por otras de carácter global constituye un reposicionamiento cosmopolita en su sentido más clásico. En "Patriotism and Cosmopolitanism," Nussbaum recuerda que el planteamiento cosmopolita de los estoicos se fundamenta sobre la idea de mantener una lealtad primera respecto a una comunidad de carácter global, la cual se antepone a cualquier otro tipo de afiliaciones de corte nacional, ideológico, racial, cultural o de otro orden. Para la filósofa estadounidense, quien retoma la concepción griega, cada persona habita simultáneamente en el espacio de dos comunidades:

> the local community of our birth, and the community of human argument and aspiration that "is truly great and truly common, in which we look neither to this corner nor to that, but measure the boundaries of our nation by the sun" (Seneca, *De Otio*). It is this community that is, most fundamentally, the source of our moral obligations. With respect to the most basic moral values such as justice, "we should regard all human beings as our fellow citizens and neighbors" (Plutarch, *On the Fortunes of Alexander*). (7)

De esta forma, un individuo cosmopolita es aquel cuya lealtad fundamental se debe hacia esa comunidad universal de lo humano. Nussbaum considera, por un lado, que las alianzas del círculo más estrecho, que responden a afiliaciones locales, son de carácter accidental—"the accident of where one is born is just that, an

Introducción

accident; any human being might have been born in any nation" (7). Por el otro, aquellas de carácter universal son el resultado de un proceso consciente de reconocimiento de una condición de humanidad compartida—"we should not allow differences of nationality or class or ethnic membership or even gender to erect barriers between us and our fellow human beings. We should recognize humanity wherever it occurs" (7). Cada persona, innegablemente, habita en un entorno local que determina su formación cultural, sus hábitos, sus prácticas, sus creencias, sus formas de expresión, trabajo y subsistencia. Sin embargo, a pesar de que estos elementos resultan fundamentales para la existencia y formación identitaria de cada individuo, por encima de estas divisiones accidentales existe un factor de identificación englobante: el reconocimiento de ser una parte integrante del conjunto de lo humano.

Nussbaum hace un énfasis especial en los vínculos éticos y morales del estoicismo. Sin embargo, sus observaciones resultan bastante pertinentes para comprender la obra greiffina y su relación con la tradición poética y la literatura mundial. Trasponiendo a una dimensión estética y literaria las ideas de esta filósofa, propongo considerar a León de Greiff como un escritor que responde a esta norma de conducta cosmopolita. Su literatura—como sustento en los Capítulos 1 y 2—rompe con los esquemas, las líneas de conformidad y la herencia poética de las letras colombianas de principios de siglo XX. Sus afiliaciones se remontan, más bien, a la lírica medieval, la poesía francesa simbolista y el imaginario escandinavo—conexiones que exploro en los Capítulos 3, 4 y 5—. Él mismo se identifica con estos espejos lejanos, variados y contradictorios. No nos hallamos, pues, frente a un autor que define su identidad en términos de pertenencias patrióticas, raciales, ideológicas, lingüísticas o, incluso, de época. Al igual que Diógenes, también él podría denominarse como un ciudadano del mundo. "When Diogenes the Cynic replied 'I am a citizen of the world,'" recuerda Nussbaum, "he meant by this, it appears, that he refused to be defined by his local origins and group memberships" (6). Este comentario es igualmente válido para León de Greiff, quien a lo largo de toda su producción poética busca forjar vínculos de familiaridad con autores y tradiciones alejados de los círculos inmediatos de su localidad. Si para los estoicos la comunidad universal es el círculo al que se deben hallar atadas las obligaciones morales de cada individuo, para de Greiff la tradición

Introducción

poética universal y la cultura global son las esferas a las que él debe su obligación estética.

La metáfora de una familia cosmopolita de espíritus afines resulta fundamental para sustentar la tarea greiffiana de reinvención de su genealogía literaria. A partir de *Tergiversaciones*, se hace evidente en la obra del colombiano una voluntad de confeccionarse un linaje poético a medida. No se presenta como heredero de sus predecesores nacionales inmediatos, sino como contemporáneo de los poetas, músicos y artistas a quienes rinde tributo: Rubén Darío, François Villon, Edgar Allan Poe, Paul Verlaine, Jules Laforgue, Omar Khayyam, Heinrich Heine, Franz Schubert, Richard Wagner, entre otros. En su imaginario poético las afinidades estéticas y artísticas se convierten en estrechos lazos de familiaridad que anulan distancias cronológicas y geográficas objetivas. El escritor se sitúa en un mapa cultural cuyos puntos de referencia van desde la antigüedad clásica hasta las manifestaciones más modernas de la literatura, la música y el arte. Las ramas de su ascendencia se extienden, de igual manera, a lo largo de varios continentes y espacios lingüísticos. Su obra no se afilia a aquella dinámica de divisiones que Octavio Paz definiría como una "tradición de la ruptura" en tanto que su intención no es la de plantarse en oposición a sus antecesores inmediatos. Se trata, más precisamente, de una redefinición de su localización: no busca insertar su obra dentro de los límites y la historia de la literatura colombiana, ni tampoco de las letras del continente, sino conquistar un espacio en el contexto de la literatura mundial. Para comprender la irrupción greiffiana en esta dimensión de límites tan amplios, como planteo en el capítulo 2, me apoyo en la idea propuesta por T.S. Eliot. En "Tradition and the Individual Talent" el poeta norteamericano concibe la tradición como un orden de existencia simultáneo que abarca "the whole of the literature of Europe from Homer and within it the whole of the literature of [one's] own country" (38). En este espacio en el que está contenida virtualmente la totalidad de la literatura mundial, de Greiff elabora la red de sus afinidades electivas y traza el esquema caprichoso de su ascendencia.

A través de esta lectura eliotiana, la obra del colombiano se vincula a uno de los debates más importantes en el ámbito cultural latinoamericano de la primera mitad del siglo XX: el lugar de Latinoamérica frente a la tradición europea y mundial. Su entrada sin ambages a esta dimensión de universalidad aparece como un

17

Introducción

punto de articulación importante entre el reclamo de una apertura latinoamericana hacia el mundo hecho por Sanín Cano en su ensayo "De lo exótico," de 1894—"Las gentes nuevas del Nuevo Mundo tienen derecho a toda la vida del pensamiento [...] no nos limitemos a una raza, aunque sea la nuestra, ni a una época histórica, ni a una tradición literaria" (458) "—y la resuelta afirmación de universalidad enunciada por Borges en su conferencia de 1953 "El escritor argentino y la tradición"—"[los latinoamericanos] podemos manejar todos los temas europeos, manejarlos sin supersticiones, con una irreverencia que puede tener, y ya tiene, consecuencias afortunadas [...] debemos pensar que nuestro patrimonio es el universo" (222–23).[21] Situándose cronológicamente entre ambos, de Greiff da continuidad al llamado a la acción de Baldomero Sanín Cano y ejemplifica el uso ya desacomplejado de otras tradiciones literarias promulgado por el argentino. De Greiff no busca una vía de acceso al ámbito de una tradición universal, sino que se sitúa en un espacio del que se considera pieza integrante. Aunque el poeta colombiano no avanza una propuesta a la manera de un texto argumentativo, pone en marcha una actitud muy cercana a la defendida por Borges al proyectar su obra sobre el telón de una literatura de carácter mundial y con el convencimiento de que su patrimonio es universal. Al circular entre geografías contradictorias y cronologías no consecuentes, trazando cartografías de amplio alcance, busca hacer una demostración de su capacidad abarcante y su familiaridad con un ámbito de pretensiones universalistas. De Greiff, tal como observa Siskind a propósito de otros modernistas, intenta fabricar una imagen comprensiva del mundo a partir de su espacio latinoamericano, para poder inscribirse en esta misma esfera: "[*Modernistas*] were trying to produce a world from Latin America in order to inscribe themselves in it, rather than crafting a Latin American identity using odds and ends from the world" (*Cosmopolitan* 121).

Un cosmopolitismo periférico

El nuevo tejido de relaciones geo-culturales que propone de Greiff mediante el trazado de estas cartografías y organizaciones alternativas presenta un cuestionamiento sobre las categorías de centro y periferia alrededor de las cuales se estructura tradicionalmente el esquema de relación entre Latinoamérica y Europa. Su

Introducción

cosmopolitismo no se caracteriza por una asimilación imitativa de tendencias o escuelas foráneas asumidas como síntesis de universalidad. No se trata, pues, de adaptar su escritura a cánones estrictos, sean estos simbolistas, prerrafaelistas, parnasianos o de cualquier otra escuela o corriente estética. Lo que lleva a cabo es una asimilación irónica, paródica, tergiversadora de múltiples autores, obras y tendencias tanto canónicos como marginales. Como observa David Jiménez, la poesía greiffiana se escribe en clave irónica, y en ella hay siempre una oscilación entre la desacralización y el apego, entre la admiración y la burla. Jiménez considera que de Greiff "venera profanando" y así asegura la "supervivencia de lo parodiado" (9). Aprovechando su localización periférica, el poeta colombiano asume esta posición como una condición productiva que le permite adentrarse en el orden de la tradición literaria de manera osada, desenvuelta, desordenada. Retomando la expresión que Beatriz Sarlo utiliza a propósito de la literatura de Borges, sustento que también de Greiff construye una estética desde las orillas. Mi lectura se encamina a reconocer en su obra un cosmopolitismo periférico que le hace posible utilizar su posición de desplazamiento como una instancia creativa que, en lugar de minimizar la distancia cultural entre el centro y las orillas, utiliza la brecha como espacio interpretativo. De Greiff no solamente se desplaza desde Europa hacia los territorios de su localidad marginal, sino que también traza otros desplazamientos que van desde una periferia a otra. Si bien estos desplazamientos se encuentran todavía mediados por la presencia de núcleos europeos—la mayor parte de la biblioteca greiffiana consistía, como anoto en el Capítulo 5, de libros publicados en francés—, los lazos que se establecen entre un escritor latinoamericano y tradiciones literarias de Asia, Medio Oriente, Escandinavia, desestabilizan la posición de autoridad ejercida por los centros culturales imperantes. De Greiff avanza hacia lo que ha dado en llamarse una comunicación "sur-sur" mediante el tejido de conexiones y contactos que se verifican entre esferas culturales localizadas al margen de Europa. Este tipo de redes globales trazadas por el colombiano puede comprenderse en los términos que Ignacio López-Calvo utiliza para estudiar manifestaciones orientalistas hispanoamericanas. Este crítico propone un esquema que desafía las divisiones binarias planteadas por Edward Said en su influyente libro *Orientalism*. "The main difference between the imperialistic orientalism studied by Said and this other type

Introducción

of global cultural interaction," argumenta López-Calvo, "is that while, in their engagement with the 'Orient,' they may be reproducing certain imperialistic fantasies and mental structures, typically there is not an ethnocentric process of self-idealization" (*One World Periphery* 5). Como observo en los capítulos 4 y 5, al asumir una posición periférica como espacio de enunciación, de Greiff se aparta de ese proceso de auto-idealización y abre la puerta a contactos que desbordan las estructuras de relación dominante entre centro y periferias. Al asumir su "marginalidad" como condición productiva y proyectarla en la pantalla de la literatura mundial, apuesta por una renegociación de los términos de preeminencia y jerarquía, alterando simbólicamente los esquemas de dependencia y sujeción respecto a los centros culturales consagrados.

Descripción de capítulos

Los siguientes capítulos ofrecen distintos ángulos de lectura que, en su conjunto, buscan configurar la imagen de un poeta que, consciente de su marginalidad y en plena posesión de la misma, construye desde el espacio inmóvil de su biblioteca una cartografía imaginaria en la que se articula un sentido de contemporaneidad y de existencia simultánea dentro de los espacios de la literatura mundial. Como se verá en cada una de las secciones, la realización de este ambicioso proyecto se pone en marcha a través de un diálogo con autores, obras, voces, figuras y espacios que, en su multiplicidad, configuran virtualmente un archivo de proporciones globales. Las lecturas, reescrituras, referencias y enumeraciones greiffianas, evidentemente, no abarcan la totalidad del globo, pero su gesto de apertura se halla motivado por este deseo y esta fantasía universalista. De Greiff reúne en sus escritos los límites de sus territorios conocidos—o imaginados—y los propone como una órbita navegable.

En el Capítulo 1, "Entre el ámbito colombiano y la búsqueda de comunidades cosmopolitas," contextualizo su producción literaria en el panorama de las letras colombianas de principios del siglo XX. Subrayo, en primera instancia, la excepcionalidad de su estética y la singularidad de su relación con la historia literaria nacional. Trazo un paralelo entre la anomalía de su aparición en el horizonte colombiano con la irrupción de Asunción Silva en el contexto de la poesía del siglo XIX del país. Mi propuesta consiste en observar que, a pesar de las evidentes diferencias que median

20

Introducción

entre estos dos escritores, ambos pueden ser considerados como iniciadores de la poesía moderna en Colombia y precursores de una tradición literaria alternativa. Señalo en ellos la necesidad de construir comunidades intelectuales que hacen contrapeso a los fenómenos sociales de marginación del artista. Bajo esta óptica, interpreto los heterónimos greiffianos como una proyección simbólica de una comunidad intelectual imaginaria que refleja sus deseos cosmopolitas de interacción con el mundo.

En el Capítulo 2, "Tradición, sentido histórico y sentido cosmopolita," se introduce una distinción conceptual entre las nociones de tradición y herencia. Esta diferenciación sirve como herramienta para comprender la ruptura greiffiana respecto a sus predecesores nacionales e hispánicos. Retomando las ideas de T.S. Eliot, presento la noción de "herencia" como una transmisión generacional de conocimientos, prácticas y estéticas. La idea de "tradición," por su parte, se define como el resultado de una adquisición individual de elementos formativos que constituyen la base de una genealogía poética propia. Mientras la noción de transmisión hereditaria implica restricciones espaciales y cronológicas, la tradición se concibe como un orden amplio, de carácter global, en el que hallamos un "orden de existencia simultáneo" en el que se reúnen, virtualmente, elementos de distintos períodos históricos, culturas y geografías. Mi intención es la de leer la obra greiffiana desde esta perspectiva y comprender su acumulación de elementos como una construcción genealógica que lo conecta con una comunidad artística e intelectual de proporciones globales. En la segunda parte de este capítulo, vinculo el concepto eliotiano con los debates teóricos sobre el cosmopolitismo latinoamericano. Analizo la manera en que la poesía greiffiana construye redes de conexiones cosmopolitas y renegocia su posicionamiento en el contexto global. Utilizando la idea de Siskind, examino el "deseo de mundo" del poeta colombiano como un impulso de enlace con la tradición universal. Teniendo en cuenta que este proceso se lleva a cabo desde los límites restringidos de una localidad periférica, retomo el concepto de "cosmopolitismo arraigado" de Appiah para comprender la especificidad de este diálogo greiffiano con la esfera global.

El Capítulo 3, "Cartografías poéticas e invitación al viaje," comprende un análisis de su construcción de redes globales. Al leer los poemas greiffianos como mapas textuales, se hace una re-

21

Introducción

construcción de su itinerario intelectual y de su genealogía poética imaginaria. La estrategia de traducir sus asimilaciones culturales y literarias a una dimensión de coordenadas espaciales es estudiada retomando el término crítico de "posicionamiento global," utilizado por Fernando Rosenberg para analizar las poéticas modernistas y de vanguardia en Latinoamérica. En este apartado adapto el concepto de "espacialización" de la historia como una herramienta crítica para abordar la colección greiffiana de elementos de distintos períodos. Mediante el estudio del tropo de la "invitación al viaje" analizo en algunos textos específicos la puesta en escena de su impulso acumulativo y sus procedimientos cosmopolitas de acortamiento de distancias.

El Capítulo 4, "De una periferia a la otra: Tránsitos entre Latinoamérica, Oriente y Escandinavia," se inscribe en una línea de análisis que complementa la sección precedente. Allí, abordo la pregunta por la construcción de circuitos culturales periféricos. Extiendo la cuestión del viaje más allá de los límites ya explorados de las literaturas locales, americanas y europeas. Mediante el análisis de su asimilación irónica de ideas budistas y su apropiación caprichosa de personajes de *Las mil y una noches*, sigo su ruta a través de territorios orientales y escandinavos. Me acerco a esta faceta de su obra como una manifestación de un "orientalismo hispanoamericano" (Kushigian; Tinajero) que desafía la lógica binaria de representación y dominación definidas por Said en sus estudios sobre los discursos orientalistas europeos. Propongo leer en la obra greiffiana una ruta alternativa de comunicación entre Latinoamérica y los diferentes espacios culturales de Oriente, la cual no se pliega a una visión y a una jerarquización colonialista. Muy por el contrario, de Greiff busca transitar por una ruta que va de una periferia a la otra, subrayando así una condición de paridad y compatibilidad. En la segunda parte de este capítulo, exploro la apropiación literaria de una pretendida genealogía escandinava. Me acerco al tejido imaginario greiffiano en el que enlaza su historia familiar con acontecimientos históricos y ficcionales, que trenza con el propósito de recuperar un linaje vikingo y nobiliario.

En el quinto y último capítulo, "Máscaras y espejos medievales: León de Greiff y François Villon, un cosmopolitismo trans-histórico," me acerco al proceso de auto-invención greiffiana de una máscara medieval. Analizo la fabricación de su diálogo ficcional con el poeta francés del siglo XV, François Villon, y el

22

Introducción

desarrollo de una relación de camaradería que, desafiando las lógicas espacio-temporales objetivas, se lleva a cabo en el orden de existencia simultánea de la tradición literaria. Se analiza la apropiación de la imagen y los textos de Villon por parte del escritor colombiano como una estrategia de asimilación paródica de lenguaje, estilo y leyenda que reflejan la propia condición de marginalidad greiffiana. Interpreto el uso de estos elementos medievales en la obra del colombiano como un comentario velado sobre la confrontación del artista moderno y la esfera social en la que se inscribe. Su medievalismo aparece, así, como una trasposición paródica de la figura del escritor en una sociedad que lo marginaliza. Finalmente, regreso a la cuestión central del cosmopolitismo e interpreto el diálogo entre de Greiff y Villon como un intento de conectar con figuras alternativas de la tradición literaria, a las que se acerca en busca de espejos en los cuales proyectar su propia imagen histórica. Su anacronismo y su reclamo de ser contemporáneo de un poeta medieval del siglo XV también se interpretan como la búsqueda de circular por un "tiempo profundo" que se contrapone a la linealidad cronológica de la historia.

Una de las pretensiones de este libro es la de corregir la falta de una suficiente recepción internacional de la obra de León de Greiff. Adicionalmente, al abordar como problemática central la cuestión de sus filiaciones cosmopolitas y su creación de una tradición literaria de corte universalista, busco reposicionar la obra de este poeta dentro del mapa comprensivo de una literatura mundial. Mi propuesta, en última instancia, es la de leer a de Greiff desde una perspectiva que responde a su propio deseo de circular en un orden literario global y, en esta medida, creo que este libro restituye esta faceta de su literatura. Por supuesto, este trabajo responde también a mi propia curiosidad cosmopolita. Considero que el ejercicio de la literatura y de la crítica literaria es, esencialmente, el de un diálogo con espíritus afines, con presencias familiares con quienes, a pesar de distancias históricas, políticas, geográficas, lingüísticas, ideológicas o estéticas, entablamos momentáneamente un vínculo de contemporaneidad. En última instancia este libro es, también, una invitación a reconocer a León de Greiff como un coetáneo cuyas preguntas, palabras, excesos, nos ayudan a reflexionar sobre nuestras propias genealogías imaginarias, nuestras geografías mentales, las cartografías de nuestras afiliaciones y la posibilidad de reinventar las redes de nuestras tradiciones intelectuales.

Capítulo uno

Entre el ámbito colombiano y la búsqueda de comunidades cosmopolitas

En un artículo escrito para el *Magazín Dominical* del periódico *El espectador* publicado en marzo de 1995, Jaime García Maffla recuerda que uno de los rótulos con los que la opinión generalizada ha calificado a León de Greiff es el de "poeta nacional." García Maffla no cuestiona directamente esta atribución, sino que se vale de ella como una afirmación estratégica para señalar la ironía de que en el país que lo reclama como abanderado su obra casi no haya sido leída.[1] Pero esto, en realidad, no resulta sorprendente si se tiene en cuenta la necesidad social y política de encontrar presencias simbólicas aglutinantes en las que se pueda depositar ese significante maleable e indefinido de la identidad nacional. Y sucede, como en el caso de León de Greiff, que esta atribución resulta muchas veces arbitraria y extremadamente problemática. Evidentemente, retomando el comentario de García Maffla, si se considera a León de Greiff solamente como una presencia simbólica, la asignación de este traje nacionalista no resulta conflictiva y puede presentarse como figura emblemática de intelectualidad y sensibilidad artística. Pero cuando el lector entra en su obra le resulta inevitable percatarse de la paradoja de esta calificación y se ve obligado a cuestionar aquella etiqueta. Para empezar, habría que preguntarse ¿de cuál nación estamos hablando? ¿de Colombia? y ¿dónde se rastrean esas características de representatividad o las marcas de pertenencia que hacen de él un poeta esencialmente colombiano? ¿Su título se sustenta únicamente en el hecho de haber nacido y vivido dentro de los límites de un territorio políticamente demarcado? Si bien es verdad que, como lo señala José Lezama Lima, "lo único que crea cultura es el paisaje" (376), no puede adoptarse una posición determinista para juzgar las obras de los autores de acuerdo con el lugar en el que producen sus obras. ¿Se lo considera como poeta

25

Capítulo uno

nacional porque en algunos poemas—tal como sucede en sus "Relatos" de Matías Aldecoa, Erik Fjordson, Ramón Antigua y Claudio Monteflavo—hace referencia a determinados lugares de la geografía del país? ¿Es esta una característica suficientemente válida en su obra para que pueda ceñirse este título? Recuérdese que la obra greiffiana discurre por muchos otros territorios tanto geográficos como intelectuales, y el ámbito colombiano es solo uno más en una serie bastante amplia de espacios explorados que se proyectan en una escala global. Considero importante poner todas estas objeciones sobre la mesa, sobre todo cuando tenemos en cuenta que la poesía greiffiana se define desde un principio por una voluntad de rechazo y un movimiento de salida respecto a su entorno histórico, social y literario local. Desde sus inicios, su obra halla su impulso en una fuerza centrífuga que lo obliga a desplazarse hacia espacios periféricos que no solamente se encuentran por fuera del país, sino fuera del continente, y fuera de la esfera cultural hispanohablante. Teniendo en cuenta estas consideraciones, resulta muy difícil aceptar la calificación de poeta nacional. Si hay un poeta al cual no le queda este membrete, es al cosmopolita, "trashumante," "trovero," "vago de todos los caminos," León de Greiff.

Pero el rechazo de esta categoría no invalida la necesidad de hacer un cuestionamiento más detallado sobre el contexto de producción de su obra y con la historia literaria que la precede. Para comprender su grado de independencia y autonomía, es necesario tener en cuenta de qué manera da continuidad o contrasta con las corrientes estéticas e ideológicas anteriores. Desde los años subsecuentes a sus primeras publicaciones, la crítica literaria ha insistido en que su poesía es un producto "raro" en la literatura colombiana. William Ospina aborda esta cuestión en su ensayo "León de Greiff y la música verbal." Al tratar de situar la figura greiffiana en el panorama de la literatura de comienzos de siglo XX, Ospina observa un brusco gesto de separación entre el final de la época modernista y la aparición de *Tergiversaciones*. Señala que en la poesía greiffiana no es posible encontrar "nada del clasicismo de Valencia, de su exotismo de frisos y de su fría elegancia. Nada del humor caribe de López […] Nada del grito de feroz rebeldía de Profirio Barba-Jacob ante las avaricias del cielo" (171). Este distanciamiento respecto de las figuras mayores de las letras lo lleva a concluir que la escritura de León de Greiff "parece pertenecer a otra tradición" (171).

El ámbito colombiano y la búsqueda de comunidades

Los argumentos de Ospina ofrecen un acertado diagnóstico del lugar que ocupa la poesía greiffiana en el panorama colombiano de la primera mitad del siglo XX. En efecto, su obra ya revela una distancia respecto al modernismo estilizado del poeta de *Ritos* y evidencia una renuncia frente a los compromisos políticos e ideológicos que orientaban la visión artística de Guillermo Valencia. Se aleja también del tono y las temáticas regionalistas defendidas por Luis Carlos López, desplazando su vena humorística hacia la autoironía y la crítica de la clase burguesa que comenzaba a instalarse en las ciudades durante la primera mitad del siglo. En cuanto al impulso romántico y al subjetivismo desgarrado de Barba-Jacob, también estos difieren de la rebeldía burlona y el nihilismo de León de Greiff. Pero vale la pena explorar más allá de los tres puntos de referencia a los que alude Ospina. Muy disímiles resultan, por ejemplo, la ampulosidad y la pirotecnia verbal presentes en la poesía greiffiana cuando se comparan con el aliento contenido y la poderosa capacidad sugestiva de José Asunción Silva. Tampoco la rebeldía sofocada de Rafael Pombo ni su postrero tono pedagógico se acercan a la ironía satírica y a la búsqueda de independencia del arte que encontramos en el autor de *Libros de Signos*. Este ejercicio de contraste y revisión histórica me permite coincidir con Ospina en su aseveración de que la poesía greiffiana carece de precedentes en la historia literaria del país.[2]

Pero, a pesar de que comparto el juicio del ensayista y poeta, considero que este tipo de aproximaciones puede resultar demasiado restrictivo en su categórica definición de líneas de contacto e influencia. Al leer únicamente desde esta perspectiva, se corre el riesgo de anular otros acercamientos que puedan revelar puentes de continuidad que no reposan exclusivamente en el plano estético o temático. Para comprender que la obra greiffiana no es un objeto completamente extraño dentro de la historia literaria colombiana, es necesario buscar conexiones que se verifican en otras esferas. Una vía de estudio alternativa es la de contrastar sus actitudes frente al compromiso socio-histórico, frente al lenguaje y frente a tradiciones distintas a la hispánica, con la de escritores colombianos que lo anteceden. Dicha mirada comparativa revela una cierta unidad de actitudes y propósitos con autores que, de otra forma resultarían ajenos a su genealogía poética. La cercanía entre León de Greiff y Silva se hace evidente cuando las observamos bajo esta lente.

Capítulo uno

León de Greiff, sucesor de José Asunción Silva

Para trazar el paralelo entre Silva y de Greiff vale la pena recordar, como señala Piedad Bonnett, que hay una semejanza en la relación que estos dos poetas entablan frente a sus respectivas situaciones históricas. Bonnett anota que ambos tienen un punto de partida común: su rechazo a los valores y las condiciones planteadas por el contexto social en el que produjeron sus obras (134). Silva, a finales del siglo XIX, vivió en una Bogotá que todavía no alcanzaba a convertirse en una verdadera urbe, en medio de una sociedad provinciana que, por una parte, defendía una tabla de valores tradicionales y, por la otra, comenzaba a transformarse debido a los intereses de una nueva clase media en proceso de consolidación—de la cual el mismo Silva formaba parte—. Debatiéndose entre su oficio de poeta y las necesidades financieras que lo acuciaron durante sus últimos años—entre ellas el acoso de cobradores y las numerosas bancarrotas que lo empujaron al suicidio—, Silva se vio obligado a asumir una doble naturaleza: la del artista que rechaza los intereses materiales del mundo burgués y la del comerciante que se esfuerza por dar prosperidad a sus negocios. Si, en una dimensión práctica, el poeta buscaba en vano nuevas oportunidades para sacar a flote sus inversiones y propiedades, en su obra poética lo que se manifiesta con mayor relieve es el rechazo por estos mismos valores mercantiles y prosaicos que formaban parte de su cotidianidad. El poeta bogotano vivió dividido entre la búsqueda, siempre infructuosa, de recuperar un capital financiero que le permitiera reclamar su lugar de privilegio en los círculos de la sociedad burguesa, y la pretensión de una aristocracia artística y espiritual que rechazaba estas mismas preocupaciones mundanas.[3]

Aunque no vivió la misma escisión interior que Silva, León de Greiff también construyó su obra como un acto de protesta contra la sociedad mercantilista que, ya para su época, había enraizado en el panorama social del país. A diferencia del bogotano, de Greiff habría de insertarse en un momento de mayor desarrollo tanto urbanístico como económico. Bonnett anota a este propósito que la época vivida por de Greiff correspondió a un período de rápidas transformaciones sociales, durante las cuales Colombia "pasó de la sociedad patriarcal [...] hacia la modernización del estado, el crecimiento de las ciudades, el intento de industrialización y el ensanchamiento de las clases medias" (134). El poeta antioqueño sería testigo de primera mano de estos procesos gracias a sus

El ámbito colombiano y la búsqueda de comunidades

experiencias laborales: primero trabajó como contador del Banco Central, luego como administrador de la prolongación de la vía de ferrocarriles en la zona de Bolombolo en Antioquia—que insertaría luego como un territorio legendario de su poesía—, y de forma tardía como miembro del cuerpo diplomático en su calidad de agregado cultural en Suecia. A pesar de haber participado en estos proyectos, la poesía de León de Greiff pone en cuestión los ideales de progreso, las ventajas de la industrialización y los beneficios del desarrollo económico. Su obra, como sugiere Bonnett, se plantea como una respuesta y un contrapeso a su contexto sociohistórico. Y, al igual que Silva, busca transformar su propia marginación en una categoría de distinción, de elevación intelectual y espiritual que debe entenderse como una crítica profunda a la sociedad de su tiempo. Valga decirse a este respecto que no obstante los avances estructurales y económicos, la población colombiana de las primeras décadas del siglo XX mantenía todavía mucho de la rigidez ideológica de finales del siglo XIX. Es por estas razones que coincido con Bonnett en afirmar que las obras de Silva y de Greiff pueden ser comprendidas, tomando la expresión freudiana, como una respuesta a su propio "malestar en la cultura."

En segunda instancia, debe anotarse que estos dos escritores entran en el panorama literario colombiano como figuras de renovación. De manera similar a lo que sucedería con León de Greiff durante la segunda mitad del siglo XX, el poeta bogotano aparece a finales del XIX como una figura que rompe con los presupuestos estéticos y literarios imperantes. "Encontrarse con José Asunción Silva, después de recorrer la poesía colombiana anterior a él, es asistir a una transformación a primera vista inexplicable," dice Ospina en su ensayo "Lo que Silva vino a cambiar" (81). En efecto, su poesía no encaja dentro de la línea de poetas románticos y neoclásicos que forman el canon literario colombiano de su tiempo. En su prólogo a la *Obra Completa* de Silva, Eduardo Camacho anota:

> Si damos un vistazo a la poesía colombiana que antecede a la suya, la diferencia es tan grande como la que existe entre la poesía de Bécquer y el rimbombante romanticismo trasnochado de Zorrilla o el acartonado neoclasicismo de Núñez de Arce. No debe olvidarse que antes de Silva el panorama poético colombiano está dominado por figuras de sentido estético bastante arcaico: Rafael Núñez, Jorge Isaacs y sobre todo Miguel Antonio

Capítulo uno

> Caro. Sólo la figura de Rafael Pombo se acerca en este sentido
> a la de Silva. Pero nada hay en la literatura colombiana del XIX
> que pueda compararse a los turbadores versos del "Nocturno" o
> a la soberbia matización de "Poeta di paso." (XVI–XVII)

La radical transformación que trae el autor del "Nocturno" a la
poesía colombiana se puede subrayar en tres aspectos principales:
1) su ruptura con el paradigma del poeta romántico y del escritor
políticamente comprometido con proyectos fundacionales de
nación, 2) su apropiación de un nuevo lenguaje poético y el refinamiento de sus posibilidades expresivas y 3) su apertura hacia una
tradición cultural abarcadora y cosmopolita.

Silva pone en cuestión los pilares poéticos e ideológicos defendidos por poetas como Núñez y Pombo, quienes abogan por el
compromiso social del escritor, la preeminencia de la función pedagógica de la literatura y el sitio del poeta como parte de un proyecto
nacional. Coincido con Jiménez Panesso en observar que el poeta
bogotano marca una ruptura con la figura del "poeta civil" en su
renuncia a ocupar las funciones de "ideólogo, docente y moralista"
(186). A diferencia de una literatura que se abre hacia la esfera pública, la poesía de Silva se repliega sobre una dimensión artística y
subjetiva que desplaza su foco de atención hacia espacios interiores
y se concentra en las reflexiones sobre su propia materialidad. Si
para sus predecesores la literatura cumplía una tarea de redención
social, para Silva el arte adopta una función compensatoria y de resguardo. Panesso insiste en que Silva se ha desligado de sus funciones de portavoz político, moral y espiritual, para dar paso a la figura
de un artista "puro" (186). En otras palabras, el poeta del famoso
"Nocturno" es el primero en establecer la poesía como un terreno
independiente, desligado de todo propósito pedagógico, ideológico
o utilitario. Visto de esta forma, el poeta bogotano es un represen-
tante de un arte "esteticista." De acuerdo con Kelly Comfort:

> aestheticism as the tendency toward artistic autonomy is best
> characterized by the call for complete artistic freedom—free-
> dom from morality, from didacticism, from convention, and
> […] from the responsibility of realistically representing reality.
> In contrast to the commonly accepted and long-standing view
> that literature (or any other art form) is meant to hold a mir-
> ror up to reality, aestheticism purports the contrary and argues
> either that reality as a subject matter should be avoided or that
> life ends up mirroring art. (6)

El ámbito colombiano y la búsqueda de comunidades

Uno de los aportes más notables de la obra de Silva a la poesía colombiana posterior yace en haber desembarazado al arte de su necesidad de imitar y representar, dejándolo el campo libre a obras posteriores que vendrían a reclamar el mismo espacio de independencia del arte respecto a la esfera social.

La segunda gran renovación que Silva trae al campo literario colombiano es la de su lengua poética. Al distanciarse de los cánones decimonónicos y los presupuestos literarios y culturales imperantes en el ambiente intelectual del país—a los que contrapuso las influencias que tomó, principalmente, de la poesía francesa simbolista y parnasiana—, Silva construyó un lenguaje de naturaleza marcadamente artística: imprimió a sus poemas ritmos y músicas aprendidos fuera del círculo de la tradición hispánica, configuró nuevas medidas de versificación, desligó la escritura de las cargas retóricas de los movimientos precedentes, incorporó nuevos registros de palabras e insertó otros campos de referencias culturales. Es en estas conquistas que el poeta colombiano revela su entronque con lo que Xavier Villaurrutia considera como el núcleo del modernismo: el redescubrimiento de sus propios elementos constitutivos. Juan Gustavo Cobo Borda recuerda el juicio que este último hace en su famosa antología *Laurel*:

> Los precursores se llaman Manuel Gutiérrez Nájera, José Asunción Silva, Julián del Casal. Son espíritus inconformes ante el eclipse de la poesía en lengua española. Al contrario de sus contemporáneos españoles, son espíritus abiertos a nuevas influencias y [...] se enfrentan simultáneamente con el problema de la operación creadora que es la poesía y que es siempre, ante todo y sobre todo, un problema de lenguaje. La sacudida que provocan es, pues, la sacudida del lenguaje. Redescubren el sentido y el sonido de la palabra, también su color y materia. (11)

En el caso de Silva, esta "sacudida" es producto de su voluntad de renovación del lenguaje poético. Sus poemas apelan a una experiencia sensorial de la palabra y se construyen sobre la base de su capacidad sugestiva, más que de su funcionalidad comunicativa.

Mediante este cambio de paradigma en el uso de la lengua poética, Silva no solamente introduce en el país una estética de corte modernista y reafirma su cercanía a una corriente esteticista, sino que, como lo plantea Cobo Borda, entronca con la corriente mayor de la poesía moderna (16). Esta última, como lo ha ilustrado

Capítulo uno

Hugo Friedrich, se define como un tipo de literatura caracterizada por una aguda consciencia de su lenguaje, una profunda capacidad autoreflexiva, la búsqueda de una constante renovación formal, una gran atención al estilo, y la defensa de una voluntaria oscuridad que antepone la experiencia sensorial del lenguaje a la comprensión del significado.[4] No es sorprendente, tampoco, que estos principios estéticos lleguen a la poesía colombiana por vía de Silva y sean retomados más tarde por León de Greiff, ya que la obra de ambos dialoga de manera profunda con los autores franceses de finales del siglo XIX—Verlaine, Rimbaud y Baudelaire—en los que Friedrich sitúa el origen de esta corriente.

Ahora bien, para volver a encontrar en la literatura colombiana una búsqueda de autonomía en el arte y una conexión profunda con esta corriente moderna inaugurada por Silva, hay que esperar hasta la llegada de León de Greiff. Desde la irrupción del primero hasta la entrada del poeta de *Tergiversaciones,* lo que sucede en Colombia es, a grandes rasgos, una continuación de la línea del modernismo—ya convertido en escuela y, por tanto, reducido a códigos estéticos y lingüísticos—que encuentra su exponente más formal en Valencia y su epígono más destacado en Barba-Jacob. Impulsado por su propia rebeldía y plenamente consciente del lugar de marginalidad ocupado por el artista en su propio contexto social, de Greiff reafirma la necesidad de desligar la poesía de todo imperativo utilitario, moral, político y pedagógico. Su escritura se encadena con el gesto de ruptura inaugurado por Silva y exacerba la negativa a participar de proyectos de participación social o construcción de identidad nacional que habían sido fundamentales para autores como Pombo, Núñez y el mismo Valencia. Al igual que Silva, León de Greiff plantea la relación con su entorno en términos de oposición y deriva de esta dinámica una de las temáticas centrales de su poesía: la ruptura entre el individuo y su entorno, entre el espacio del arte y el espacio de lo social. Su obra se distancia de toda filiación política, no asume la defensa de ningún sistema de creencias, ni participa de la tarea de consagración de un proyecto nacional. Por el contrario, la poesía del antioqueño se plantea como un ejercicio nihilista de puesta en cuestión de los mismos.

El artista, tal como lo concibe de Greiff, es una figura marginal y autónoma que mantiene su estado de independencia y hace

El ámbito colombiano y la búsqueda de comunidades

contrapeso a las exigencias de su entorno. Cercano a una filosofía de *l'art pour l'art*, de Greiff entiende la poesía como un territorio aislado, de circulación paralela a la del ámbito social. Desde esta posición, el poeta busca establecer redes de contacto y líneas de diálogo ceñidas a círculos intelectuales cerrados, dentro de los cuales el uso de un lenguaje elaborado y un sistema de referencias culto sirven como marcas de identificación y barreras de separación. Es en este plano donde la creación de un lenguaje artístico se intersecta y se complementa con la afirmación de autonomía. No obstante, resulta importante anotar que, al menos en la obra greiffiana, este aislamiento no implica una incapacidad para cuestionar y criticar su propia situación histórica. Esta es una actitud que también ocupa un lugar importante en su poética y se manifiesta de forma remarcable en la vena de sus poemas satíricos.

Para comprender la complejidad del lenguaje greiffiano de una manera más abarcadora, es necesario tener en cuenta la relación que existe entre su voluntad de oscurecimiento y la toma de distancia respecto a la esfera social. Las estrategias poéticas y retóricas utilizadas por de Greiff deben ser comprendidas no solo como una escogencia estética sino como una manera de dar respuesta a su contexto histórico. Puesto que para poetas como Silva y de Greiff la poesía no tiene un compromiso pedagógico, sus obras tampoco cargan con la obligación de plegarse a una clara voluntad comunicativa. Estas se presentan, más bien, como artificios elaborados en contravía del uso común de la lengua. Dicha diferenciación radical del lenguaje poético respecto al lenguaje cotidiano es, para Gwen Kirkpatrick, uno de los rasgos que diferencia a los poetas modernistas y que determina la pérdida de su capacidad de participación activa en la realidad exterior al arte (46). Coincido con esta idea planteada, pero creo necesario matizar la desventaja que sugiere esta afirmación. La toma de distancia respecto a la lengua corriente no determina necesariamente una disminución en su capacidad de actuación en lo real sino un replanteamiento de términos. El dejar de lado el uso comunicativo de la palabra abre la puerta a formas alternativas de interacción. El uso de un lenguaje de carácter más oscuro y complejo puede interpretarse, así, como una crítica indirecta al empobrecimiento intelectual y cultural de la sociedad en la que se enmarca. Esto puede señalarse, por ejemplo, en la "Balada de asonancias consonantes," incluida en *Libro de Signos*:

Capítulo uno

> Para el asombro de las greyes planas
> suelo zurcir abstrusas cantilenas.
> Para ofender a la mesocracia ambiente
> si risa hago sonar de monte a monte;
> Tizno mis versos de bizarro rictus
> para el mohín de lo leyente docto;
> para «divertimento» de mí mismo
> trovas pergeño: absurdos y sarcasmos! (*OC* vol. I 148)

El poeta quiere ser abstruso para provocar un efecto de choque y, también, para revestirse de un aura de aristocracia intelectual que lo distinga y lo sitúe por encima de las "greyes planas." Este gesto retador de *épater le bourgeois* responde a una estrategia defensiva que busca compensar la condición de aislamiento a la que se ve relegado por no ser considerado como un individuo productivo en el esquema social y económico de la clase burguesa en ascenso. En su análisis sobre la condición de los poetas modernistas en un contexto capitalista, Ángel Rama recuerda que "en ese mundo regido por la fabricación y apetencia de las cosas, los principios de competencia, la ganancia y la productividad, el poeta no parece ser una necesidad. Por lo menos éste así lo siente y agudísimamente" (*Rubén Darío* 56).[5] De Greiff, al igual que Silva, responde a esta situación mediante una sacralización de la figura del artista y la celebración de su riqueza cultural, que contrapone a la pobreza espiritual de lo que este último denomina burlonamente "la mesocracia ambiente." La invectiva contra la sociedad y el deseo de separación de la misma, se realizan en esta balada tanto en el plano temático como en el estilístico. No sólo se hace explícito el desdén por la clase burguesa, sino que se refina el arsenal de ofensas de tal forma que no puedan ser comprendidas por un lector no educado. Mediante el uso de cultismos se restringe el margen de comprensión a un círculo cerrado de iniciados.

La comunidad de "lectores artistas"

Si en una primera instancia la oscuridad del lenguaje poético modernista puede interpretarse como una barrera de dificultad que traza una división entre el artista y el burgués, en un segundo nivel se presenta como una herramienta destinada a crear un código de comunicación al interior de una comunidad de pares intelectuales. La especificidad del lenguaje utilizado por Silva y

El ámbito colombiano y la búsqueda de comunidades

León de Greiff presupone la existencia de un público capaz de penetrar y comprender su lógica interna y su sistema de referencias culturales. Dicho de otra forma, apela a un tipo específico de lectores, con el cual comparte tanto una disposición sensible como un bagaje de conocimientos. En *De sobremesa*, la novela de Silva, esta necesidad de diálogo con sus semejantes, figuras intelectual y culturalmente afines, se manifiesta de forma explícita. Su protagonista, Fernández, expone de viva voz su teoría sobre el "lector artista" frente al selecto grupo de amigos reunidos en su lujoso salón. Luego de justificar su negativa a escribir un nuevo poemario por la certeza de no ser comprendido por el público de su tiempo, Fernández aduce:

> Es que yo no quiero decir sino sugerir y para que la sugestión se produzca es preciso que el lector sea un artista. En imaginaciones desprovistas de facultades de ese orden ¿qué efecto produciría la obra de arte? Ninguno. La mitad de ella está en el verso, en la estatua, en el cuadro, la otra en el cerebro del que oye, ve o sueña. Golpea con los dedos esa mesa, es claro que sólo sonarán unos golpes, pásalos por las teclas de marfil y producirán una sinfonía. Y el público es casi siempre mesa y no un piano. (236)

Las ideas expuestas por el personaje parten del presupuesto de que los lectores de su época no comparten ni el lenguaje ni la disposición requeridos para implicarse dentro del proceso comunicativo. Para Fernández, la única figura con las facultades para entrar en diálogo con sus obras es alguien de similar nivel intelectual, formación y capacidad sensible. Apelando a una metáfora musical, equipara al receptor ideal de estas obras con un instrumento dispuesto a compaginarse con la música. El proceso de lectura se entiende como una "actividad estética" que según Jiménez Panesso "implica nuevas exigencias al lector" (136). Como consecuencia de esto, el margen de recepción de este tipo de poesía moderna se reduce a un número limitado de individuos. Debido a que esta poesía moderna se convierte en un "arte para pocos" (137), dichas comunidades de lectores artistas se desplazan hacia los márgenes de los circuitos sociales, económicos y de mercado, planteando una dimensión alternativa de vinculación, circulación y recepción de conocimientos y productos intelectuales. Haciendo contrapeso a las dinámicas que relegan al artista a la condición de individuo improductivo, estos círculos alternativos configuran una suerte de

Capítulo uno

mercado interno en el que se reconoce a los escritores como creadores de productos que se aprecian de acuerdo con una escala de valores estéticos, no utilitarios ni económicos. Esta es, por demás, la idea que se materializa simbólicamente en el salón de Fernández y la reunión de intelectuales que allí se congregan buscando refugio del mundo exterior.

Esta cuestión de la creación de comunidades de lectores en la época del modernismo ha sido estudiada de forma rigurosa por Gerard Aching, quien anota a este propósito: "The modernistas anticipated and attempted to establish an exclusive dialogue among their ranks and with specific readers *by exquisite design*" (18, itlálicas en el original). El pasaje de la novela de Silva comentado líneas atrás ejemplifica de manera paradigmática esa necesidad de entablar una conversación con un círculo que comparte un mismo horizonte de expectativas, un conjunto de presupuestos estéticos y un sistema de creencias. Tanto en sus textos poéticos como en otros escritos de circulación más amplia—crónicas, artículos periodísticos, etc.—escritores como Darío, Silva y Julián del Casal se dirigen a un lector que, siguiendo la lectura de Aching, es capaz de intervenir en sus "rituales de reconocimiento ideológico" (21). Para este crítico, el uso de un lenguaje y un sistema de referencia refinados, cosmopolitas y voluntariamente difíciles, constituye la marca de identificación por medio de la que se reconocen los miembros de estas comunidades intelectuales. En un análisis muy fino, Aching procede a señalar hasta qué punto dichas estrategias poéticas tienen en el fondo una imbricación política. El "diseño exquisito" de los modernistas, es:

> not only to refer to an aesthetic practice embedded in local and transnational cultural politics and institutions but also to show how this self-conscious practice cannot be separated from the modernistas' preoccupation with and involvement in their uncertain profession(alism). The term, therefore, signals the complementariness of the movement's aesthetics and cultural politics. These artists and intellectuals cultivated their exquisite literary style precisely to generate a particular reciprocity with their reading public. (18)

El refinamiento de la escritura, tal como se presenta aquí, revela tres elementos claves de la poética modernista que se hallan presentes en la obra de Silva y que pasan luego, reelaborados bajo un

El ámbito colombiano y la búsqueda de comunidades

signo distinto, a León de Greiff: la consciente elaboración de un estilo, el trazado de conexiones poéticas e intelectuales, y la búsqueda de una comunidad lectora. Quiero señalar, pues, como otro punto de coincidencia entre estos dos poetas la utilización de un "diseño exquisito" en el que la voluntad experimental con el lenguaje se encuentra estrechamente ligada con una toma de posición frente a sus contextos históricos y sociales.

Ahora bien, debe anotarse que el diseño del lenguaje greiffiano no es "exquisito" en la misma medida que lo es en Silva o en Darío. Al situarse como un colofón del modernismo, de Greiff toma una distancia mediada por el humor y la ironía respecto a los cánones tradicionales de armonía, belleza y composición característicos de gran parte de la literatura de este período. A pesar de que de Greiff recupera de la estética modernista un considerable bagaje de estructuras formales, un amplio acervo de conocimientos artísticos y una sensibilidad mediada por la cultura, la manera como aborda su propia creación literaria se sitúa en un plano distinto. La primera barrera de acceso a su poesía es el carácter "extraño" de su lenguaje. Su léxico y su escritura no pueden catalogarse únicamente como refinados o estilizados—adjetivos que podrían utilizarse para hablar de las obras de Darío o del colombiano Valencia—puesto que se inclinan, más bien a provocar una reacción de asombro por su calidad de rareza. Su poesía, como la define Charry Lara, es "un permanente ejercicio de habilidad verbal" (186) que se acerca a un arte de prestidigitación extremadamente exigente. De Greiff presupone que el receptor de su obra tiene un conocimiento de varios idiomas, maneja con fluidez distintos registros de lenguaje—poético, científico, musical, vernáculo—y posee una amplia familiaridad con distintas tradiciones literarias y culturales. Adicionalmente, la constante mención de mitologías, obras literarias, filosóficas, poéticas e históricas de diversas tradiciones y registros configura el carácter "libresco" de su escritura. Esta complejidad formal, lingüística y de especialización de conocimientos se cierra como una estrategia defensiva que limita el acceso a un grupo reducido de "lectores-artistas." Al igual que Silva, el poeta de *Tergiversaciones* dirige su obra a un público exclusivo y específico. Ya en la "Balada de asonancias consonantes," comentada anteriormente, se demarca con claridad la línea entre el círculo de iniciados. Esta misma división entre el "nosotros" y el "ellos" se reitera en textos como la "Balada del abominario. Diatriba

Capítulo uno

imprecante y oratoria" y *"Au Monsieur qui ne comprends pas,"* en los cuales el mundo interior del artista y la dimensión exterior de la realidad se presentan como dimensiones aisladas e incompatibles. Sin embargo, en otros poemas se evidencia de forma más directa su desdén por la "mesocracia ambiente" y el menosprecio por su incapacidad de comprensión del lenguaje artístico, tal como sucede en su "Esquicio No. 2 Suite en do mayor":

> He forjado mi nueva arquitectura
> de vocablos (un día diré el secreto sibilinamente porque nadie
> capte el sentido recóndito de su forma) clara, cerebral, pura.
> (*OC* vol. I 237)

Los primeros versos establecen las líneas básicas de su filosofía creadora: presenta el poema como un producto del trabajo sobre la materialidad del lenguaje. El poeta "forja" las palabras y actúa de acuerdo con un plan conscientemente diseñado, a la manera de un arquitecto. La metáfora no es gratuita y señala con precisión la concepción del oficio poético como un esfuerzo técnico. Este lenguaje, además, se presenta como un código cifrado que, por ende, no es comunicable a todo el mundo. El secreto, como anota de Greiff, está en su arquitectura. En otras palabras, el significado no se encuentra aislado del significante, sino que se construye a través de este. De Greiff es consciente del nivel de exigencia de su texto y con gesto de suficiencia burlona planta como desafío el reto de comprender este poema. En la sección segunda se dirige a un "tú" anónimo, a un "otro" al que desafía, y que viene a tomar el lugar simbólico del cuerpo amplio de la sociedad a la que se dirige:

> Cóge, si puedes, esa melodía;
> Cápta, si puedes, su perfume avaro.
> Noche y día
> Vaga claro
> Canto raro:
> ¿quién irá a castigar su libérrima herejía? (*OC* vol. I 238)

El gesto es retador. Arroja el poema como una afrenta o un requerimiento que forzosamente va a quedar sin respuesta. El uso de la frase condicional "si puedes" denota la posición de superioridad cultural desde la cual se dirige la voz poética ya que presupone, de entrada, que el lector medio no está en las condiciones de colegir el "perfume avaro" de su texto.

El ámbito colombiano y la búsqueda de comunidades

Resulta interesante observar, de igual manera, la insistencia que hace de Greiff en presentar su lenguaje como un acto de disidencia al calificarlo como "libérrima herejía," con lo cual se presenta a sí mismo como un transgresor de las normas. La actitud provocadora del poema parece sugerir que la condición para establecer un diálogo con este poema es la de aceptar esta transgresión y compartir sus "rituales de reconocimiento ideológico," retomando el término de Aching. Pero de Greiff sabe con certeza que el ciudadano promedio y el público general no tienen interés en estos actos de rebeldía y, por lo tanto, no van a insertarse en esta lógica alternativa que les permita descifrar sus versos. Y así lo manifiesta categóricamente líneas más adelante: "Nada les dice, nada les dice / ¿qué va a decirles ésa melodía?" (*OC* vol. I 238). La segunda persona del singular se transmuta al plural y confirma que el ataque greiffiano se enfila hacia el cuerpo amplio de la sociedad, hacia las "greyes planas" que confronta y rechaza. Es así, pues, que mediante el uso de distintas herramientas poéticas y lingüísticas, de Greiff hace evidente su estrategia de exclusión destinada a resguardar el espacio del arte como una dimensión exclusiva para una comunidad de lectores artistas.

Utilizo la expresión acuñada por Silva para hablar de esa comunidad virtual de receptores a los que se dirige el poeta antioqueño. Creo posible subrayar una coincidencia en la visión que ambos arrojan sobre la necesidad de crear círculos intelectuales cerrados. La actitud greiffiana de displicencia y su queja de no ser comprendido es un eco de la actitud del personaje de la novela *De sobremesa*. Tanto José Fernández como León de Greiff escriben con la certeza de ir a contracorriente, de estar chocando no sólo con las expectativas del público en general sino también con su ideología y sus valores morales.[6] El diálogo que tiene Fernández con uno de sus contertulios es bastante revelador a este propósito de esta coincidencia:

> —¿Por qué no escribes un poema?, José, insistió Sáenz.
> —Porque no lo entenderían tal vez, como no entendieron los "Cantos del más allá," dijo el poeta con dejadez. ¿Ya no recuerdas el artículo de Andrés Ramírez en que me llamó asqueroso pornógrafo y dijo que mis versos eran una mezcla de agua bendita y de cantáridas? Pues esa suerte correría el poema que escribiera. (236)

Compárese este último comentario de Fernández con el adjetivo que utiliza de Greiff para calificar su "canto" en la segunda parte del

39

Capítulo uno

"Esquicio No. 2 Suite en do mayor." En el fragmento de la novela, el crítico censura el libro de Fernández porque no se alinea con una tabla conservadora de valores morales y religiosos. Por tanto, al igual que el poema greiffiano, puede ser tachado de "hereje." La resistencia de los lectores de finales del siglo XIX y principios del XX al tipo de literatura moderna que representan Silva y de Greiff no se debe únicamente a un rechazo frente a un lenguaje poético exigente o a una estética refinada, sino que revela una posición ideológica conservadora. Los lectores de finales del siglo XIX y principios del XX, acostumbrados a ver en la literatura un subsidiario del discurso político o religioso, difícilmente podían aceptar obras tan desligadas de imperativos morales como fueron las de estos dos poetas. La postura defendida por ellos es la de una radical secularización de la literatura, característica de una época en la que, como señala Rafael Gutiérrez Girardot, "la religión había perdido su valor, y la filosofía y la ciencia no prestaban orientación sino más bien acentuaban y postulaban una cultura secular" (*Modernismo* 119). En este contexto, se pregunta Gutiérrez Girardot "¿qué saber podía dar un nuevo sentido a la vida, qué podía recuperar el supuesto paraíso perdido?" (119). La respuesta que ofrecen Silva y de Greiff a esta pregunta es la de concebir el arte como un sustituto de la religión. En sus obras se efectúa una significativa y radical transposición de valores: debido a que el discurso religioso no es capaz de presentarse como un sustento trascendente válido y comprensivo, la poesía pasa a ocupar un lugar preeminente.[7] Con esta negativa a insertarse y reproducir las prácticas discursivas imperantes dentro del contexto de la sociedad burguesa de su tiempo, se consolida todavía con mayor fuerza la condición de marginalidad tanto de sus producciones intelectuales como de los círculos de lectores artistas en los que estas últimas circulan.

El café y el círculo de los "panidas"

En la poesía greiffiana, la idea de una comunidad intelectual al margen del espacio social se presenta de una manera distinta de la que señalamos en Silva. Para León de Greiff, la búsqueda de un espacio alternativo de circulación de conocimientos se halla manifiesta en tres elementos cruciales: 1) la recreación poética de círculos intelectuales y artísticos, 2) la articulación de relaciones y diálogos intrapoéticos entre sus heterónimos, y 3) la búsqueda de vínculos culturales diversos en un contexto global.

40

El ámbito colombiano y la búsqueda de comunidades

El primer aspecto puede ser fácilmente señalado tanto en su obra como en su biografía. Durante los años de su juventud en Medellín, a mediados de la década de 1910, como lo recuerda Eduardo Castillo, el poeta forma parte de un grupo de trece jóvenes "músicos, pintores, poetas dispuestos a conquistar la tierra [...] trece nefelibatas—como hubiera dicho Darío—locos de azul, de ensueño y de armonía, paradójicos, petulantes, románticos, melenudos, aficionados, como Alcíbiades, a cortarle la cola al perro para épater le bourgeois" (37). Con ellos, León de Greiff funda la revista *Panida*.[8] Esta fue una de las primeras publicaciones que trajo a Colombia un aire de renovación e impulsó una primera ola de modernidad literaria. Los únicos diez números que llegaron a publicarse aparecieron entre el 15 de febrero y el 20 de junio de 1915 y en sus páginas se halla el testimonio de una radical voluntad de renovación artística e ideológica dentro del panorama colombiano de la época. *Panida* sirve como medio de difusión tanto de obras de los miembros de este cónclave, así como también de traducciones y reproducciones de textos literarios europeos que trazan el mapa de la curiosidad y los intereses de esta generación de jóvenes artistas. Pero, como anota Juan Luis Mejía Arango en la introducción a la edición facsimilar de la Universidad EAFIT, "más que una propuesta estética definida" esta revista pretende "dar testimonio de su rompimiento con los cánones sociales y culturales imperantes en la pequeña Villa de la Candelaria de 1915" (9). A pesar de que la vida de este grupo fue relativamente corta, su repercusión en el imaginario greiffiano es de larga duración. Su participación en este grupo deja una huella importante como elemento temático y como punto inicial en la configuración de la idea de una comunidad artística situada por fuera, y en contra, de la sociedad burguesa. La "Balada de los trece panidas," escrita en 1916, es un primer testimonio poético de su participación en ese clan de artistas:

> Músicos, rapsodas, prosistas
> poetas, poetas, poetas
> pintores, caricaturistas,
> eruditos, nimios estetas;
> románticos o clasicistas,
> y decadentes—si os parece—
> pero eso sí, locos y artistas. (*OC* vol. I 32)

Capítulo uno

La estrofa inicial traza las características que definen y agrupan a sus miembros e ilustra de manera clara la idea propuesta por Aching a propósito de la búsqueda modernista de establecer espacios de diálogo entre individuos del mismo rango. La estrategia de enumeración utilizada por de Greiff en los cinco versos iniciales puede ser interpretada como un énfasis en la condición de igualdad que existe entre los diferentes participantes del grupo quienes, a pesar de las diferencias en sus disciplinas, se reúnen bajo la categoría comprensiva de "artistas." El final de esta estrofa ofrece, además, un rasgo significativo que define su característica prototípica: de Greiff los presenta como "locos." Con esto, nuevamente, busca hacer visible su voluntad de desplazarse hacia una condición de marginalidad, de oposición a la norma y subraya el movimiento a contracorriente de su discurso. En este texto, como en el resto de su obra, asume como títulos de distinción los adjetivos que la sociedad arroja al artista a manera de ofensa. De Greiff invierte el signo de palabras que para la sociedad burguesa de su tiempo tienen una connotación peyorativa y las transforma en valores positivos y signos de reconocimiento ideológico. Él y los miembros de su círculo son los "raros," "bohemios," "improductivos."

Gutiérrez Girardot recuerda que el teatro de acción de la figura del poeta bohemio, que se oponía con sus extravagancias a las exigencias de la sociedad de su época, es el café. Allí, anota, "encontraban lo que les negaba la sociedad: reconocimiento, público, contactos, admiración, seguidores, y porque huían de la mansarda pobre y de la soledad. El café era un mundo contrario al de la vida cotidiana burguesa" (*Modernismo* 152). En este tipo de lugares se hacía posible la formación de comunidades alternativas donde se verificaba la creación de un mercado alternativo para sus obras e ideas y se configuraba un punto de anclaje social. La "Balada de los trece Panidas" se localiza significativamente en este espacio y permite subrayar los elementos comentados por Gutiérrez Girardot:

> en el café de los Mokistas
> los Panidas éramos trece!
> [...]
> Fumívoros y cafeístas
> y bebedores musagetas!
> Grandilocuentes, camorristas,
> crispines de elásticas tretas;
> inconsolables, optimistas,

El ámbito colombiano y la búsqueda de comunidades

indiferentes—si os parece—
en nuestros Sábbats liturgistas
los Panidas éramos trece! (*OC* vol. I 34)

El poema establece una conexión estrecha entre el grupo y su lugar de reunión, que presenta como el escenario propicio para la inserción del escritor en un círculo social frecuentado por pares. Allí no solamente entra en un activo comercio de ideas y discursos alternativos a los de la sociedad burguesa, sino que también halla la oportunidad de desarrollar un lenguaje bizarro, rebelde, que se demarca del uso ordinario de la lengua y establece un código de disidencia. La "Balada de los trece panidas" ejemplifica de manera profusa esta inconformidad lingüística mediante la deformación y la hiperelaboración artificiosa de su léxico. Véase, por ejemplo, el uso del neologismo "cafeístas" y los cultismos "fumívoros" y "musagetas," que utiliza para definir a sus pares. Sin embargo, el aspecto más interesante del poema anterior radica en la connotación "herética" que atribuye al arte y al *locus* del café. La reunión de los panidas, como vemos en los dos versos finales, se presenta a la manera de un *sabbat*, un ritual profano que se planta en contra de las convenciones y las convicciones de una sociedad conservadora y marcadamente católica. De Greiff contribuye a presentar el arte no solamente como un sustituto de religión sino como una fuerza de oposición a la institución y la religiosidad característica de la sociedad colombiana de su tiempo. De esta forma, si el arte es concebido como una suerte de apostasía, la comunidad artística pasa a ser vista como una secta herética y, en último término, el lugar de reunión del café se convierte en un lugar *non-sancto*. De ahí, en parte, se deriva la importancia que cobra este espacio en su obra, donde aparece como elemento repetitivo y marcadamente simbólico.[9]

Guardando en mente las evidentes diferencias que existen entre esta comunidad intelectual plasmada en esta "Balada de los trece panidas" y la reunión de contertulios que hallamos en la novela de Silva, considero que existen suficientes líneas de semejanza entre ambas como para trazar un paralelo. En primer lugar, el principio de construcción de una comunidad intelectual alternativa y diferenciada del ámbito de la sociedad burguesa es un móvil común en la obra de ambos escritores. Aunque en el caso greiffiano el punto de reunión se localice en el espacio social del café y en la novela de Silva el diálogo se ciña a un espacio privado, aislado de

43

Capítulo uno

la esfera pública y casi herméticamente cerrado a su influjo, uno y otro proponen la necesidad de inscribir al artista en un círculo de pares intelectuales en el que se comparte un lenguaje, un código de referencias y un campo sensible e ideológico. En segunda instancia, mientras el grupo de intelectuales que ficcionaliza Silva se compone de miembros de la clase alta, con una educación refinada y un gusto artístico exquisito, los panidas greiffianos son un grupo de bohemios que no gozan de los mismos privilegios. Los primeros viven de rentas, negocios, propiedades y están integrados hasta cierto punto dentro del mundo de la alta burguesía, a la cual rechazan sin desligarse completamente de ella. Los personajes greiffianos, por el contrario, no revelan estos lazos de afinidad y se presentan como tipificaciones del artista improductivo. Los dos grupos, sin embargo, reclaman un orgulloso estatuto de marginalidad: el primero por un refinamiento que lo sitúa por encima del prosaísmo de la vida cotidiana, y el segundo por un ataque más enfático y agresivo de la vida burguesa que lo relega por fuera de sus fronteras. No obstante, es fundamental observar que en ambos casos el núcleo articulador de sus reuniones es el arte y la posición de centralidad que a este se le concede en dichas comunidades cerradas, donde se convierte en un sustituto de otros discursos aglutinantes como el de la política o la religión. En el seno de estas comunidades alternativas, como ya se ha señalado antes, se posibilitan y se configuran tanto un uso particular del lenguaje como unos rituales de reconocimiento ideológico que se convierten en marcas de identificación y signos de una actitud estético-política frente a la sociedad burguesa.

La comunidad de heterónimos

El segundo aspecto señalado en el proceso de construcción de comunidades intelectuales en la obra greiffiana es el de la articulación de diálogos intrapoéticos que reproducen las mismas necesidades de configurar círculos de comunicación con espíritus e intelectos afines. Es verdad que la "Balada de los trece panidas" tiene un asidero real y puede decirse, sin temor a equivocación, que hace referencia a la experiencia juvenil greiffiana. Esta actitud referencial no será, sin embargo, una línea constante en su poesía posterior. La tematización de los círculos de intelectuales y las comunidades artísticas que aparecen en su obra, aparece bajo la forma de sus

44

El ámbito colombiano y la búsqueda de comunidades

heterónimos. La totalidad de la producción greiffiana se halla poblada por un gran número de personajes poéticos y alteregos con individualidades bien definidas que mantienen entre ellos una estrecha relación de intercambios, encuentros y discusiones. Más allá de un innovador recurso poético, la multiplicación de "autores" y voces dialogantes puede entenderse como un movimiento correctivo que, a través de la ficcionalización de una comunidad poética, consolida un espacio de refugio y resistencia. En su conjunto, la cuadrilla de alteregos viene a rectificar simbólicamente la carencia de anclaje social y busca compensar el desplazamiento experimentado por los artistas/bohemios en su contexto histórico específico.

La presente interpretación de la cuestión de los heterónimos greiffianos difiere de aquellas que han sido planteadas por la crítica literaria durante el siglo XX y las primeras décadas del XXI. Mi lectura pone en relación la multiplicidad heteronímica con la tendencia modernista a formar círculos intelectuales alternativos y plantear, de esta forma, una respuesta a su condición de marginalidad. Críticos como Orlando Rodríguez Sardiñas y Mejía Rivera han estudiado con atención la cuestión de los heterónimos en de Greiff y coinciden en señalar su capacidad de dotar a cada uno de ellos con una voz, una biografía e incluso una tendencia filosófica distintivas. En su artículo "León de Greiff: imágenes y figuraciones de una poética de vanguardia" Rodríguez Sardiñas interpreta estos *alter-egos* proyecciones del "yo" greiffiano como "criaturas que se corresponden en mayor o menor grado con su creador" (226). Por su parte, Mejía Rivera en su libro *El extraño universo de León de Greiff* considera la cuestión de la multiplicación de "yoes" como una voluntad de disolución en el otro, como una necesidad de aniquilación de las fronteras de individualidad, e interpreta este aspecto de la obra greiffiana como una meditación de corte budista sobre la transitoriedad del mundo de las apariencias.[10] Estas lecturas adelantan dos interpretaciones muy distintas y, aunque el debate podría resultar interesante, lo que me interesa señalar en este momento diverge de las indagaciones que apuntan a establecer la causa de la multiplicación de voces y máscaras. Menciono estos estudios para distanciarme críticamente de ellos. Mi apuesta es la de observar el conjunto de los heterónimos como la realización de un proyecto estético que ofrece una respuesta simbólica a la marginalización del artista, su carencia de público y espacio de trabajo, así como también a la precariedad

Capítulo uno

de su participación social y su necesidad de fabricar nuevas redes de contacto por fuera de los círculos inmediatos de su sociedad y su herencia cultural.

Al hacer una primera categorización de lo que Rodríguez Sardiñas denomina los "coautores" de la poesía greiffiana, este crítico reconoce un aspecto fundamental en la construcción de estas figuras: "Todos, o casi todos, serán bardos, trovadores, juglares y poetas de la 'imbele folía.'" (218). La importancia de esta observación reside más allá del apoyo que brinda a la tesis sostenida por el crítico, según la cual los *alter-egos* greiffianos son proyecciones de una subjetividad dominante. El hecho de que todos ellos compartan un oficio me permite apuntar a un aspecto relativamente distinto: sus heterónimos configuran lo que también podría denominarse una comunidad de artistas. Cada uno de ellos, como anota el crítico, construye una obra individual y posee un bagaje de experiencias, historias y cualidades que lo distingue de sus semejantes. Pero, en su conjunto, todos ellos se reconocen como miembros de un mismo gremio. Es así que figuras tan dispares y dispersas como Leo le Gris, Matías Aldecoa, Diego de Estúñiga, Gaspar von der Nacht, Sergio Stepansky, Erik Fjordson, Harold el Oscuro, logran encontrarse en una condición de igualdad y se agrupan bajo la categoría de "poetas."

La formación de una comunidad artística al interior del corpus greiffiano no se limita a una abstracta agrupación de individualidades que comparten el oficio de la escritura. Por el contrario, la configuración de estos círculos cobra una densidad tangible y se complejiza en sus múltiples diálogos y las lecturas cruzadas. Al acercarse a las relaciones que se trazan entre ellos, el lector puede darse cuenta del grado de afinidad y camaradería que existe tanto a un nivel de experiencias como de compenetración intelectual. Por una parte, estos personajes comparten anécdotas, viajes e historias que constituyen la base de sus vivencias comunes. Un ejemplo de esto puede hallarse en el "Relato del Skalde." El personaje que da título a la composición evoca el tiempo de las aventuras compartidas con otros heterónimos:

> —recuerdas, Erik, esos días caldeados,
> recuerdas Aldecoa, aquellas noches cribadas,
> decantadas, hechas polvo finísimo de orbes,
> y aquesas, Proclo, aquesas otras jadeantes,
> eléctricas, densas noches de tempestad? (*OC* vol. I 417)

El ámbito colombiano y la búsqueda de comunidades

El uso del vocativo y la estrategia de apelar directamente a una memoria compartida refuerzan la idea de una amistad de larga date entre el "Skalde" y sus compañeros. El sitio en el que sucede el encuentro rememorado es Bolombolo, el lugar mitificado por de Greiff en su poesía. Recuérdese que esta fue la región donde el poeta trabajó durante el año de 1926 como administrador en la extensión de la línea de ferrocarriles de Antioquia y que, en el imaginario de su obra, se convierte en un espacio simbólico de retiro de la sociedad, así como también un lugar de paso y reunión para sus personajes.

Además de este tipo de vínculos, los heterónimos del universo greiffiano aparecen como lectores y críticos de sus pares. A lo largo de los distintos mamotretos, encontramos evidencias de que se leen unos a otros y establecen un vasto tejido intratextual e intertextual que incluye citas, referencias, parodias e incluso alusiones a obras futuras de sus camaradas. Esto es, justamente, lo que encontramos en uno de los pasajes de *Prosas de Gaspar*, donde el grupo de artistas bohemios discute sobre el libro de uno de ellos:

> La noche toda hémosla pasado en el Café, bebiendo.
> [...]
> Comentamos, presumo, "Barbara Charanga," aquel libro, todavía inédito, de don Lope de Aguinaga; breviario de malicias y de intransigencias—el libro—y carcaj de acedos venablos y de buídos estiletes, para ejemplario de la Bestia.
> E hicimos de Aristarcos y de Arquílocos criticantes, o de Zoilos, en algún compás de la barahúnda, trifulca, batahola o guasábara verbal. (*OC* vol. I 280)

La conversación que se enmarca significativamente en el espacio del café evidencia el lugar central que el acto de lectura y de crítica ocupa en las dinámicas de este círculo intelectual. La relación con los libros es el vehículo que media en la creación de conexiones intelectuales y sociales. Leer es una acción vinculante, que permite acercar al otro hacia un círculo de familiaridad. Como se hace explícito en la cita, hay por parte del narrador un interés verdadero en conocer de forma profunda la producción literaria de sus congéneres, en este caso el ausente *alter-ego* Lope de Aguinaga. Resulta interesante observar dos elementos a propósito de los comentarios que hace el Skalde. En primer lugar, mediante el uso de un léxico abigarrado resalta la naturaleza crítica y agraviosa

Capítulo uno

del volumen inédito en cuestión. Nótese que el énfasis se pone en la textura, el tono y la intencionalidad del lenguaje, y no en el posible contenido temático o de trama, corroborando de esta manera el rol fundamental que tiene el "diseño exquisito" de la lengua poética como signo de identificación grupal dentro de estos círculos artísticos. En segunda instancia, la voz poética asume directamente el rol de crítico literario situándose en la línea de figuras paradigmáticas de este oficio como Zoilo—el gramático griego de quien se dice fue uno de los primeros comentaristas y censores de las obras de Homero—o Arquíloco—otro poeta conocido por sus composiciones belicosas y agraviantes—. Esta curiosidad y disposición a la lectura detallada, penetrante y, por momentos, irónica, es ciertamente una actitud común en el caso de los otros heterónimos. Hay entre ellos una reciprocidad en la atención y el deseo de establecer diálogos poéticos profundos. Es por esto que cada uno de ellos tiene la seguridad de encontrar en los otros un "público" estética e ideológicamente dispuesto a recibir sus creaciones.

Retomando el término de Silva, la comunidad de heterónimos greiffianos constituye, cabalmente, un círculo de "lectores artistas" que hace un contrapeso simbólico a la carencia de un público amplio y culturalmente preparado en el contexto de la sociedad burguesa. Además de una profesión compartida y las conexiones biográfico-literarias que se tienden entre estos personajes, existe también un consenso ideológico que fortalece sus lazos de unidad. La consagración del arte como valor fundamental y el rechazo de la vida burguesa son dos elementos de reconocimiento que se encuentran en la base de sus vínculos. Esto mismo es lo que ya se había señalado al comentar sobre las comunidades artísticas ilustradas en *De sobremesa* y la "Balada de los trece panidas."

Los heterónimos y sus vínculos con la esfera global de cultura

El tercer aspecto que quiero abordar respecto a la cuestión de las comunidades intelectuales y la creación de sus heterónimos se encuentra relacionado con su carácter cosmopolita. Jaime Mejía Duque y Jorge Zalamea identifican en la multiplicación de *alter-egos* una vía de expansión intelectual a través de la cual León de Greiff entabla líneas de relación con tradiciones por fuera del

El ámbito colombiano y la búsqueda de comunidades

espectro de su cultura nacional y el circuito hispánico. Mejía Duque considera el conjunto de estos personajes como una herramienta de la que se vale la imaginación greiffiana para expandirse por terrenos culturales foráneos ("Nueve" 152). Su "perspectiva amplificadora," comenta, "ha organizado un cosmos dentro del cual se pueden recorrer órbitas diferentes" ("Nueve" 157). Cada una de sus personas literarias, como lo confirma Zalamea en su artículo "El consorcio cosmopolita," se vincula con una tradición cultural diferente, a la que se asocia siguiendo un principio representacional:

> Los vikingos encabezados por Erik Fjordson; los flamencos capitaneados por Gaspar el noctámbulo; las tribus escitas a la zaga del nihilista Stepansky; las hordas godas tras el lelaica Beremundo; sajones y anglos bajo la guía del Skalde cornúpeto; y, como en toda invasión, gentes de otras condiciones y procedencias más o menos sumisas a condotieros como el Monteflavo o segundones como el Aguinaga. Y cada uno de ellos trae consigo mismo y con sus gentes un impresionante bagaje, una desbordante impedimenta de dioses, ídolos y héroes; de fábulas, mitos y creencias; un atuendo de épocas abolidas y de comarcas remotas; una monumental escenografía para la reconstrucción de dramas, farsas, idilios, epopeyas y expediciones. (87)

Coincido con la enumeración que hace el crítico y su lectura instrumental de los heterónimos como herramientas para establecer conexiones culturales. En su repaso de los mismos destaca ya algunas de las regiones más prominentes en el universo greiffiano: los imaginarios nórdico, galo, germánico, sajón y oriental. La multiplicidad de estos personajes refleja un amplio espectro de curiosidad y materializa el deseo de compenetrarse con una dimensión global. Sin embargo, creo importante añadir que las asociaciones planteadas por de Greiff quieren marcar lazos de cercanía con tendencias literarias o autores que se adoptan como modelos. A este respecto, creo oportuno dirigir la atención a los heterónimos Gaspar von der Nacht y Harald el Oscuro, con los cuales hace referencia a un personaje literario específico y a una saga histórica precisa. El primero de estos nombres es una germanización del "Gaspard de la Nuit" de Aloysus Bertrand. La importancia de esta referencia estriba, por un lado, en la conexión que denota con la poesía francesa del siglo XIX, de la cual Bertrand es un predecesor

Capítulo uno

directo. Por el otro, debe tenerse en cuenta que este último es, en cierta manera, el precursor de la forma del poema en prosa que habría de retomar Baudelaire y, más adelante, el mismo León de Greiff a partir de su tercer mamotreto, al que justamente titula *Prosas de Gaspar*. El heterónimo "Harald el Oscuro" refiere, muy posiblemente, a la legendaria historia del rey Harald que aparece en las sagas islandesas recopiladas y escritas por Snorri Sturluson, lectura que no sólo nutre de forma significativa el acervo de imágenes y referencias de la poesía greiffiana, sino que se integra orgánicamente en el proceso de invención de su propia genealogía poética.

Si se entiende la creación de este conjunto de heterónimos como una estrategia expansiva de construcción de puentes con ámbitos literarios mundiales, puede darse un paso más adelante y proponerla como una tarea de creación de comunidades intelectuales a un nivel transcultural, transgeográfico y transtemporal. El conjunto de los *alter-ego* no solamente funda un círculo de diálogo intratextual, como se planteaba en párrafos anteriores, sino que busca insertarse en un circuito de comunicación y flujo de conocimientos que cuestionan los límites de fronteras nacionales, lingüísticas e históricas. La idea de entablar relaciones de cercanía con espíritus afines se reproduce, pues, a una escala mayor en la que se integran las presencias de escritores y artistas localizados por fuera de ámbitos inmediatos de contacto. Los "Relatos de Gaspar," incluidos en el cuarto mamotreto, son particularmente ilustrativos acerca de este propósito. En uno de ellos, se presenta directamente la conversación que Gaspar mantiene con poetas ajenos a su órbita espacial e histórica:

> con Arturo Rimbaud discurrí largamente,
> con Arturo Rimbaud discurrí longamente
> de esos álgidos tópicos.
> [...]
> Tristan Corbière y yo departíamos acerca del Mar, del Mar No
> Visto...
> (en ocasiones con Leo Le Gris y Matías Aldecoa) (*OC* vol. I 401)

Gaspar, el narrador y protagonista de estos relatos, se pretende no sólo contemporáneo sino compañero íntimo de estos poetas franceses de finales del siglo XIX. Si se asume que este último actúa como *alter-ego* de León de Greiff, se pone de relieve un

50

El ámbito colombiano y la búsqueda de comunidades

evidente anacronismo. El poeta colombiano nace en 1895, cuatro años después de la muerte de Rimbaud y 20 años después de la de Corbière. Este desfase temporal, sumado a la imposibilidad del encuentro por razones geográficas, confirma la naturaleza ficcional de este encuentro. Sólo en el ámbito literario esta coincidencia se revela posible.

Si, en cambio, al abordar la figura de Gaspar von der Nacht como la de una entidad autónoma, el lector espera encontrar una mejor base de coherencia temporal, encontrará esta expectativa también es desmentida. Tras situarse en el contexto francés de finales de siglo, el personaje greiffiano salta a un espacio y un tiempo radicalmente distintos. Apelando a la primera persona para enfatizar irónicamente en la veracidad de su relato, narra una aventura sucedida a principios del siglo XVIII, en la que pretende haber participado: "Del bravo Carlos XII fui ayudante. En la hazaña / de Bender, con él iba. Qué paladín heroico! / qué adalid!" (*OC* vol. I 402). La batalla de Bender a la que se refiere tiene lugar en el año 1714 en la actual Moldavia y es el evento que marca la salida de Carlos XII y sus tropas del territorio que por entonces se hallaba bajo el control del imperio otomano. La introducción de este tipo de anécdotas que conecta a Gaspar con otros personajes históricos dispersos, de igual manera, hace explícita la renuncia a una coherencia biográfica y a un pacto de verosimilitud histórica. La biografía del narrador/personaje debe leerse bajo una luz distinta que permita comprender la superposición de épocas y lugares. La incongruencia de tiempos y referencias no constituyen un error ni un desconocimiento histórico, sino que nos plantan frente a un ejercicio lúdico de desorganización temporal. El heterónimo de Gaspar se presenta como una voz dialogante que penetra en el espacio amplio de la tradición literaria difuminando o anulando las limitaciones geográficas o históricas que, en otro plano, se plantearían como obstáculos. Este personaje paradigmático de la obra greiffiana habita en un universo poético en cuyo interior coexisten y circulan de forma simultánea las presencias de Rimbaud, Corbière y Carlos XII.

En *Through Other Continents*, Wai Chee Dimock hace una observación muy adecuada para comprender la dinámica greiffiana de desarticulación de la secuencia lineal de la historia. Para ella, "literature is the home of nonstandard space and time" (4). Esta idea le sirve de sustento para explorar una lectura de cronologías

Capítulo uno

que se desmarca intencionalmente de la teleología lineal de las historias nacionales. Para recuperar una lente de gran escala que le permita comprender una noción histórica discontinua y de larga duración, que abarque un amplio espectro períodos y geografías, acuña el término de "tiempo profundo." Esta lente histórica tiene como objetivo hacer visibles las líneas que conectan continentes y milenios en diferentes círculos y modos de relación (3). De esta forma, pueden trazarse mapas que revelan redes de asociación no sucesivos, que ponen en relación los textos literarios no solamente con otras creaciones contemporáneas sino también con obras y autores que se hallan a siglos y continentes de distancia (5). En esta búsqueda de redes amplias, añade Dimock, se hace posible reconocer cómo "[different] continents make up the spatial width of one community of readers" que se hallan unidos mediante "the threads of deep time that string them together" (22).[11] Los poemas comentados anteriormente ilustran con claridad estos postulados y esta perspectiva de acercamiento a la literatura como dimensión alternativa, comprensiva y vinculante, propicia para construir una comunidad cosmopolita a través de los distintos períodos de la historia de la humanidad. La dispersión de los heterónimos greiffianos y la ecléctica amplitud de sus diálogos con distintos elementos históricos, constituyen a mi parecer un ejemplo adecuado de ese "tiempo profundo" de la literatura. Sin embargo, la coincidencia más sobresaliente entre la poética del colombiano y la teoría de Dimock es la de la construcción de comunidades transhistóricas y transnacionales de lectores. El primero, desde el ámbito de la poesía, y la segunda desde el campo de los estudios académicos, reconocen la capacidad del espacio literario para crear y mantener redes de asociación, familiaridad y genealogía que escapan de los límites estrechos de las geografías políticas y la linealidad de las secuencias temporales.

Para concluir esta sección, quiero subrayar la conexión existente entre la cuestión de los heterónimos y la invención de una tradición cosmopolita en la obra de León de Greiff. En las páginas iniciales se planteó la condición de la marginalidad del artista en la sociedad burguesa como una de las causas que motivan la conformación de comunidades intelectuales alternativas que se convierten en mercados internos para la circulación de conocimientos y obras que, de otra manera, no lograrían insertarse en el espacio social. Estos grupos de pares intelectuales o lectores

El ámbito colombiano y la búsqueda de comunidades

artistas—ejemplificados en *De sobremesa* y la "Balada de los trece panidas"—constituyen, hasta cierto punto, un antecedente objetivo en la creación del clan de *alter-ego* greiffianos. Sus lógicas de interrelación, como se vio, realizan en un nivel textual el deseo socialmente manifiesto de conformar una agrupación alternativa de espíritus afines, fundamentada sobre la base de un lenguaje y una estética compartidos, y sostenida por rituales de reconocimiento ideológico y un rechazo radical a los valores de la sociedad burguesa. De forma complementaria se ha señalado también que cada una de estas entidades ficcionales se constituye como un instrumento de conexión con otros espacios culturales y tradiciones literarias. Cada uno de los heterónimos reproduce, de manera individual, el impulso de configurar nuevos círculos de diálogo con otros interlocutores que puedan ser reconocidos como semejantes. Su búsqueda de lazos de familiaridad se efectúa—siguiendo la misma línea que otros poetas modernistas como Darío, Casal y el mismo Silva—por fuera de los espacios de su herencia nacional e hispánica. En su movimiento expansivo, los heterónimos greiffianos pretenden conectar con una dimensión global de pares intelectuales que, pasando por Francia, atraviesa Europa y se ramifica hacia otros puntos cardinales aislados y periféricos. Al hacer esto se efectúa un significativo ensanchamiento en la noción de comunidad, que pasa de ser concebida como un asunto limitado a condiciones de cercanía e inmediatez, a ser asumida como una dimensión bastante más amplia y comprensiva. Por medio del uso instrumental de sus heterónimos como emisarios de exploración y conexión con circuitos culturales foráneos, de Greiff busca negociar las lógicas de integración y diálogo entre lo local y lo global, así como también influir en un reposicionamiento de las producciones intelectuales latinoamericanas dentro del espectro amplio de la tradición literaria mundial.

Capítulo dos

Tradición, sentido histórico y cosmopolitismo

La aparición de León de Greiff en el contexto de la literatura colombiana fue un acontecimiento de sorpresa. Como lo observaba William Ospina, la poesía greiffiana parece no pertenecer a su medio y ser un producto extraño a sus predecesores. Por esto, a lo largo de casi un siglo de acercamientos críticos, sus lectores han abordado este territorio sin saber muy bien cómo responder a la pregunta sobre sus puntos de anclaje y sus filiaciones. Si León de Greiff busca distanciarse de la herencia nacional e hispánica para conectar con una esfera global, la cuestión que se plantea es cómo entender, entonces, el espectro sus vínculos culturales. En el capítulo anterior propongo una primera hipótesis según la cual el poeta colombiano da continuidad al impulso cosmopolita del modernismo y hace eco de los principios de la autonomía del arte inaugurados por Silva en el contexto nacional. Al observar esto, subrayo la posibilidad de conectar a de Greiff con un precedente en la historia literaria de Colombia, al mismo tiempo que destaco en dicha coincidencia una misma voluntad de entroncar con la corriente abarcadora de la poesía moderna. En la línea que une a estos dos escritores es posible rastrear una conexión genealógica alternativa que reposa sobre coincidencias artísticas e ideológicas que no se reduce a un principio de continuidad cronológica y coincidencia geográfica. Si la obra del bogotano puede vincularse con la de su compatriota antioqueño, no es por el hecho de que hayan sido producidas dentro de un mismo territorio nacional, ni tampoco por la secuencia temporal en la que se encadenan. Más allá de estas categorías, debe resaltarse el hecho de que comparten un núcleo de afinidades estéticas y electivas, así como un similar "deseo de mundo." En la formación de sus mapas de lecturas, ambos parten de una inicial ruptura con los vínculos de una herencia inmediata que son suplantados por puentes voluntariamente escogidos y se extienden a través de trazados mundiales.

Capítulo dos

Como iniciador de la literatura moderna en Colombia, Silva abre las puertas para que circulen tradiciones poéticas distintas a las ya manidas fuentes hispánicas y clásicas a las que se limitaba la curiosidad de los escritores nacionales del siglo XIX. En su obra, las corrientes francesas del simbolismo, el parnasianismo, el decadentismo, así como también la escuela inglesa del prerrafaelismo, se integran en un proceso de síntesis que propone la participación en un ámbito cultural diverso y abarcador. Me interesa señalar el gesto de libertad implícito en la relación que establece Silva con los poetas europeos de finales del siglo XIX. Al adoptar como modelos a figuras como Théophile Gautier, Charles Baudelaire, Paul Verlaine, Joris-Karl Huysmans o Gabriele D'Annunzio, rompe con la obligación de limitarse a los referentes ya conocidos de la historia literaria de su país y de las letras hispánicas. Su relación frente al canon precedente pone en cuestión la preeminencia de una herencia cultural de carácter patriótico, a la cual antepone un corpus de autores e influencias europeos escogidos de acuerdo con criterios estéticos e ideológicos individuales. Esta ruptura marca en Colombia la entrada de un espíritu crítico que permite replantear la dinámica de relación con un espectro cultural cosmopolita.[1]

Pero entre la aparición de Silva y las primeras publicaciones de León de Greiff media una figura tan ineludible como problemática. Se trata de Guillermo León Valencia (1901–1971), quien en 1899 publica su poemario *Ritos*. Este volumen se abre con un primer texto que simbólicamente marca su apego a la escuela modernista. El poema se titula "Leyendo a Silva" y juega un papel fundamental en el replanteamiento de términos entre la herencia recibida por vía de continuidad histórica y la cultura adquirida de manera individual. Su obra se da a conocer al amparo de la estética anunciada por el predecesor que saluda en su poemario. Sin embargo, a pesar de presentarse como un continuador de sus formas y su lenguaje, Valencia no se adhiere a la defensa de la condición de independencia y autonomía del arte. Aunque su escritura confiesa una reconocible deuda con la estética de origen parnasiano y simbolista, vuelve a poner en juego la poesía en el tablero de la política y la ideología, asignándole a su literatura una función pedagógica y de defensa de valores cívicos, morales y religiosos. No obstante, en su tarea como traductor, busca erigirse como impulsor de una curiosidad cosmopolita y difusor de la poesía moderna. Gracias a él entraron al ambiente cultural de Colombia traducciones de

56

Tradición, sentido histórico y cosmopolitismo

Baudelaire, D'Annunzio, Stéphane Mallarmé, Oscar Wilde y una de las primeras muestras de poesía china conocidas en el país titulada *Catay*.[2] De manera que, si sus poemas promulgan principios conservadores y se manifiestan en defensa de una identidad nacional, fue su trabajo como traductor y difusor cultural el que tuvo un verdadero impacto en la ampliación de los horizontes culturales y literarios en Colombia. Su contacto con la cultura europea da continuidad al acicate de curiosidad por otras tradiciones que ya había aparecido con Silva. Lo que es más, Valencia aprovecha su conocimiento de las literaturas francesa e inglesa para acceder, a través de ellas, a manifestaciones literarias que de otra manera le habrían estado vedadas.

Al revisar la tendencia cosmopolita de estos dos modernistas, puede señalarse que su aporte no consistió únicamente en el trazado de nuevas rutas y la acumulación de materiales culturales y literarios de diverso origen. La aspiración erudita de conocer más y de explorar fuentes europeas, orientales, medievales y nórdicas, plantea una cuestión que va más allá de la curiosidad literaria o de un exotismo afectado. Consiste en un replanteamiento radical en la forma de asimilar el archivo. Estos dos predecesores allanan el camino para que León de Greiff pueda hacer un reclamo de derechos de participación y promueva una reorganización del mapa de la cultura universal. Lo que estos dos escritores anticipan es la atrevida reorganización greiffiana de la biblioteca europea y universal—retomando la metáfora utilizada por Aníbal González (10)—destinada a replantear las jerarquías y dinámicas de subordinación de letras nacionales en el mapa de la literatura mundial.

El replanteamiento en las dinámicas de relación frente a la historia literaria, la construcción de genealogías intelectuales propias, el trazado de vínculos artísticos independientes y la diversificación de redes de contacto a través de diferentes culturas que se anuncia en Silva y Valencia, se efectúan de una manera radical en León de Greiff. Su voluntad de fabricarse una tradición literaria que desafíe los lineamientos clásicos de este concepto se convierte en una de las columnas centrales de su práctica literaria y su visión de mundo. Con el fin de poder comprender con mayor profundidad la originalidad de la relación que León de Greiff establece frente a la tradición literaria, considero necesario adelantar algunas consideraciones preliminares sobre este concepto y su transformación en el contexto de la poesía moderna.

Capítulo dos

Herencia vs. tradición

En *Los hijos del limo*, Octavio Paz nos recuerda que la definición más clásica del concepto de tradición se ha entendido comúnmente como: "la transmisión de una generación a otra de noticias, leyendas, historias, creencias, costumbres, formas literarias y artísticas, ideas, estilos [...] cualquier interrupción en la transmisión equivale a quebrantar la tradición" (15). Esta postura circunscribe un espacio restrictivo, ceñido a un principio de conservación y acomodamiento a normas previamente determinadas. La columna que sostiene este postulado es la idea de permanencia. La tradición se trata, entonces, de una ley de mantenimiento de semejanzas con el origen. En este contexto, la novedad no se observa como una característica deseable en sí misma, sino que se tiende a estimar de mejor manera el acomodo a las exigencias de lo canónico. La "antigua tradición," continúa Paz, "es siempre la misma [...] postula la unidad entre el pasado y el hoy" (16).[3]

Esta idea clásica es, en general, la que opera en los estudios que se ocupan de las relaciones de un autor con su herencia literaria, su pasado histórico y la relación con la comunidad en la que se inscribe. Dentro del ámbito latinoamericano, algunos críticos que se han acercado a este tipo de discusiones toman como base estos conceptos. Este es el caso, por ejemplo, de Pedro Henríquez Ureña y Ángel Rama quienes en sus análisis sobre la historia de la literatura en lengua española y las investigaciones sobre el entrecruzamiento del orden literario y el orden social en los países latinoamericanos, han planteado cuestiones centrales sobre su naturaleza y operatividad: ¿De dónde surge la tradición latinoamericana? ¿Quiénes hacen parte de ella? ¿Cómo se perpetúan sus elementos? Para elaborar sus respuestas, ambos abordan la "tradición" como un concepto estable que denota el proceso de transmisión de conocimientos a través del tiempo y que define la identidad social de un grupo. La conciben como un bagaje que cada individuo "recibe" y se configura como signo de identificación. De acuerdo con esta lógica, cada artista se ve en la obligación de acarrear el peso que le impone su carga histórica y su pertenencia grupal. Esta visión resulta bastante determinista y restrictiva. Por un lado, limita la posibilidad de expresión y desarrollo individuales, supeditando la elección individual a las normas colectivas y, por el otro, antepone la noción de la diferencia del grupo—sea ésta nacional, regional, racial o lingüística—a

58

Tradición, sentido histórico y cosmopolitismo

la necesidad de establecer vías de comunicación con dimensiones más amplias.[4]

A diferencia de Rama y Henríquez Ureña, otros latinoamericanos han buscado replantear desde la base sus términos de relación con la historia a fin de entablar puentes con espacios localizados por fuera de sus círculos de contacto inmediatos. Uno de los críticos que con mayor ahínco y justeza señala la posibilidad de pensar la tradición de forma diferente es el mismo Paz. El mexicano anota que mientras la idea clásica de tradición se sostiene en una concepción de la historia en la que el pasado tiene un peso preponderante, para los modernos la balanza se inclina hacia un perpetuo e inasible futuro en el que se cree posible alcanzar, por medio de una constante revolución, ese mundo ideal que los antiguos situaban *in illo tempore*. El hombre moderno sitúa su punto de mira en el futuro y pregona la necesidad de un cambio constante. Se efectúa entonces una inversión de signos: en lugar de un principio de identidad con el pasado se comienza a valorar lo nuevo y original, lo siempre distinto. Lo moderno, sostiene Paz, es una constante "ruptura" con el pasado, una exaltación del cambio y la negación (*Los hijos del limo* 16). Para los modernos, en consecuencia, la idea de tradición se adapta a las exigencias de sus nuevos ideales: la búsqueda de una constante transformación, el deseo de individualización y de ruptura. El artista moderno ya no resiente la obligación de acarrear con el peso del pasado, puesto que ahora persigue el fantasma esquivo de lo original, lo extraño, lo siempre otro. Al operar mediante esta lógica de diferenciación, lo que se configura ya no es una línea de continuidad sino una cadena de separaciones que Paz denomina como "tradición de la ruptura" (*Los hijos del limo* 15).

A pesar de que la expresión utilizada por el mexicano pueda parecer contradictoria, resulta bastante efectiva para describir la dinámica de constante cambio que caracteriza la literatura moderna. Paz aborda la discusión proponiendo estas preguntas: ¿Puede llamarse tradición a "aquello que rompe el vínculo e interrumpe la continuidad" (*Los hijos del limo* 15)? ¿Puede llamarse tradición a un movimiento que se fundamenta precisamente en la contravención del principio fundamental de la misma? La respuesta que adelanta es sólo parcial y se sustenta en el argumento de que "si se aceptase que la negación de la tradición a la larga, por la repetición del acto a través de generaciones de iconoclastas, puede constituir

Capítulo dos

una tradición" (*Los hijos del limo* 15). No obstante, advierte, esta idea de una tradición fundamentada en la ruptura encuentra un punto ciego: "¿Cómo llegaría a serlo realmente sin negarse a sí misma [...] sin afirmar en un momento dado, no la interrupción, sino la continuidad?" (*Los hijos del limo* 15). Con esta objeción quiere hacer un comentario sobre la breve duración de lo que denomina como la tradición moderna, cuyo origen ubica en el movimiento romántico europeo y cuya última llamarada se extingue en el período de las vanguardias.[5]

No quiero desviarme aquí hacia una discusión sobre el ocaso de la tradición de la ruptura sino destacar las transformaciones implícitas en el paso de la noción clásica de tradición a su concepción moderna. En primer lugar, se constata un cambio de paradigma en la relación con el pasado. En segunda instancia, se observa que el individuo cobra un papel más activo en la dinámica de recepción o rechazo de los elementos transmitidos por vía de herencia cultural. Si, como observa el mexicano, la tradición puede componerse también de gestos de rechazo que desafían las líneas de continuidad cronológica y las imposiciones de la comunidad, esta dimensión comienza a convertirse en un proyecto de construcción individual. La deuda con los predecesores es ahora un problema difuso que cada escritor resuelve en el interior de su propio espacio de creación. Así, aunque la teorización de Paz no altere radicalmente el concepto de la tradición como un fondo de lecturas común o un elemento aglutinante, la intervención del individuo en su proceso de aceptación o rechazo de legados hace visible una dinámica de mayor libertad y maleabilidad. El paso que dan los escritores y artistas modernos en la reconfiguración de las relaciones con la historia que los precede, es fundamental para que esta pueda comenzar a concebirse como el producto de una invención personal.

A pesar de la notable transformación que se verifica a partir del romanticismo todavía a principios del siglo XX la idea de tradición se resiste a abandonar su terreno de estabilidad y sigue observándose como una pasiva asimilación de saberes, formas y conocimientos transmitidos por vía de continuidad temporal. Esto puede comprobarse al leer la alusión que T.S. Eliot hace en las primeras líneas de su ensayo "Tradition and the Individual Talent," publicado en 1919:

Tradición, sentido histórico y cosmopolitismo

> In English writing we seldom speak of tradition, though we occasionally apply its name in deploring its absence. We cannot refer to "the tradition" or to "a tradition"; at most, we employ the adjective in saying that the poetry of so-and-so is "traditional" or even "too traditional." Seldom, perhaps, does the word appear except in a phrase of censure. If otherwise, it is vaguely approbative, with the implication, as to the work approved, of some pleasing archeological reconstruction. You can hardly make the word agreeable to English ears without this comfortable reference to the reassuring science of archeology. (37)

Eliot es consciente de la problemática inherente al uso de esta palabra y, al criticar la falta de claridad con la que se recurre a ella en la crítica inglesa, apunta a un asunto de mayor envergadura: la falta de precisión conceptual. La dificultad para definir con propiedad "la tradición" o a "una tradición" radica en la falta de un fundamento sólido para comprender cabalmente un complejo sistema de relaciones con la historia, los legados del pasado, y la conformación de cánones estéticos. Adicionalmente, Eliot pone en evidencia el uso errado del término "tradición" como un instrumento de juicio que, en lugar de calificar efectivamente la calidad de una obra, revela la posición ideológica del sujeto enunciador.

Al comprobar estas falencias, Eliot propone la necesidad de elaborar una nueva definición crítica. Su texto "Tradition and the Individual Talent" se inscribe, así, como una intervención en el debate sobre la relación entre el individuo y la tradición. Los puntos principales que allí discute son: la inestabilidad y la movilidad de los textos que configuran el corpus de las tradiciones, la posibilidad de crear genealogías literarias individuales, el replanteamiento de las lógicas de pertenencia, el borramiento de las líneas de ordenamiento histórico, y la filiación a ciertas tradiciones no condicionadas de forma determinista. Al igual que Paz, el norteamericano comienza por desmontar la noción que se sustenta sobre un principio de repetición, continuidad y fidelidad al origen. El problema que observa Eliot en la definición clásica, es que resulta insuficiente para dar cuenta de las dinámicas móviles de la literatura moderna. Si esta última funciona bajo la premisa de una constante búsqueda de renovación no puede adaptarse a los modelos que postulan "la unidad entre el pasado y el hoy"—repitiendo las palabras de Paz. Eliot ve la necesidad de un cambio de enfoque:

Capítulo dos

> Yet if the only form of tradition, of handing down, consisted
> in following the ways of the immediate generation before us in
> a blind or timid adherence to its successes, "tradition" should
> positively be discouraged. We have seen many such simple cur-
> rents soon lost in the sand; and novelty is better than repetition.
> Tradition is a matter of much wider significance. (38)

En primer lugar, debe señalarse que aquí no se plantea la necesidad de un rompimiento total con la historia. Su propuesta es la
de buscar formas distintas de interactuar con ella, ensanchar su
significado y ampliar el campo comprensivo de las relaciones entre
el sujeto y su herencia. Puesto que la tradición no se reduce a una
continuidad de lo anterior, pero tampoco niega una relación con
el pasado, deja abierta la posibilidad de establecer conexiones que
pueden prescindir del encadenamiento cronológico. El énfasis se
pone en la capacidad de renovar redes y establecer nuevas vías de
relación. Mediante este giro, Eliot busca poner a tono su concepto
con dos de los valores fundamentales de la modernidad: el culto de
lo nuevo y la consagración de lo individual.

Las ideas de Eliot se hallan en sintonía con la noción de Paz en
la medida en que ambos reconocen la discontinuidad como una
condición para establecer vínculos alternativos. Los dos señalan,
además, que el rechazo de lo inmediatamente anterior, de la generación precedente, no implica una renuncia a participar del espacio comprensivo de una tradición que tiene "un significado mucho
más amplio." Así entonces, la relación con esta última dimensión
no se reduce al gesto de recibir, de aceptar lo dado. Sin embargo,
queda abierta la pregunta de cómo acceder a este espacio. Eliot
responde desde una posición subjetivista: "It [tradition]cannot be
inherited, and if you want it you must obtain it by great labor. It
involves, in the first place, the historical sense" (38). Así, demarca
claramente una línea divisora entre dos términos bien diferencia-
dos: tradición y herencia. Mientras este último es pensado como
una carga que se impone, la tradición requiere una escogencia y un
proceso de conquista. En esta dinámica de oposición, la herencia
se circunscribe a los legados que se transmiten por continuidad
cronológica y contigüidad cultural, mientras que la tradición aparece como una acumulación de conocimientos que debe alcanzarse
por medio de un trabajo de apropiación voluntario. A esta idea
de adquirir un bagaje cultural escogido individualmente subyace
lo que podría llamarse una filosofía del trabajo, que se constituye

Tradición, sentido histórico y cosmopolitismo

como base de la lógica eliotiana de evolución poética y de interacción con el arte y la cultura. En lugar del saber "gratuito" de la herencia, Eliot prefiere el saber "conquistado" por medio de labor y esfuerzo. De la secuencia de estos argumentos puede deducirse una de las conclusiones centrales del pensamiento eliotiano: la tradición aparece como un espacio susceptible de ser construido por el individuo que, mediante un esfuerzo de apropiación, puede inventar su propia genealogía.

León de Greiff y la tradición literaria

Esta división conceptual entre herencia y tradición, al igual que la capacidad individual de construir un pasado propio, son cruciales para comprender la relación de León de Greiff respecto a sus predecesores literarios inmediatos y frente al espacio más amplio de la literatura mundial. En el capítulo anterior subrayé la aparente desconexión que existe entre este y sus antecesores colombianos, destacando que su obra no ofrece líneas de continuidad evidentes con las líneas estéticas dominantes durante el siglo XIX en Colombia. Dejando en claro la salvedad de la corriente de poesía moderna iniciada por Silva, de Greiff no se inscribe de forma certera dentro del corpus literario nacional. A partir de una noción clásica de la tradición, esta postura crítica resulta válida y comprensible puesto que de Greiff no busca dar continuidad a lo que hasta entonces era el canon literario colombiano. No obstante, si se adopta la perspectiva esbozada por Eliot, es posible ganar una comprensión más abarcadora de su obra. En lugar de acomodarse al marco de referencias y convenciones estéticas trazadas por sus predecesores, el poeta colombiano se acerca a otros ámbitos artísticos que, por no serle propios, debe asimilar por medio de un esfuerzo de comprensión y adaptación. De Greiff marca tácitamente una línea divisoria entre la herencia de sus antecesores inmediatos—de quienes se desliga—, y la idea de una tradición dentro de la cual tiene que elaborar sus propias redes de familiaridad. Desde el principio de su obra se halla presente esta voluntad de crear su propia genealogía poética. En el soneto que abre *Tergiversaciones* ya puede señalarse con evidencia este principio de su poética:

> Porque me ven la barba y el pelo y la alta pipa
> Dicen que soy poeta..., cuando no porque iluso
> Suelo rimar—en verso de contorno difuso—
> Mi viaje byroniano por las vegas del Zipa...,

Capítulo dos

> Tal un ventripotente agrómena de jipa
> A quien por un capricho de su caletre obtuso
> Se le antoja fingirse paraísos … al uso
> De alucinado Poe que el alcohol destripa!
>
> De Baudelaire diabólico, de angelical Verlaine,
> De Arthur Rimbaud malévolo, de sensorial Rubén,
> Y en fin… hasta del Padre Víctor Hugo omniforme…! (*OC* vol. I 3)

En este poema-autorretrato, traza un primer abanico de filiaciones en el que enumera ya de forma temprana—el poema está fechado en 1916—, las presencias literarias que habrían de nutrir su obra. La primera referencia es a Byron, mediante el cual revela una cercanía con el espíritu de rebeldía propio del romanticismo. En el segundo cuarteto menciona a Edgar Allan Poe, a quien asimila como figura emblemática del poeta maldito y de quien retoma una estética de signo nocturno. Enseguida nombra a Rimbaud, Verlaine y Baudelaire, por vía de los cuales se acerca a la literatura francesa de finales del siglo XIX, bajo cuya influencia habrían de formarse gran parte del imaginario y de los recursos formales de su poesía. Incluye en el último verso a Víctor Hugo y bajo su auspicio se reconecta con otra vertiente del romanticismo francés. Pero uno de los aspectos más significativos de esta enumeración de vínculos literarios es constatación de ausencias significativas, en cuya falta se evidencia el gesto de separación respecto a su herencia nacional e hispanohablante. Ningún escritor colombiano tiene un lugar visible en este recuento de influencias y, con la excepción de Darío, no se menciona a ningún otro latinoamericano. La plaza de excepción que gana este último no resulta sorprendente si se tienen en cuenta, para empezar, las coincidencias en las lecturas formativas y los principios estéticos que comparten León de Greiff y el poeta nicaragüense. Darío no solamente es el antecesor más próximo del escritor colombiano y la figura más emblemática del modernismo sino que, por vía de sus aficiones poéticas comunes, se afilia a esa comunidad virtual de lectores-artistas a la que quiere pertenecer el autor de *Tergiversaciones*. El listado de afinidades greiffiano busca trazar una suerte de comunidad intelectual que viene a superponerse al vacío cultural de su entorno inmediato.

Sin embargo, al leer el poema en el contexto de la literatura latinoamericana de principios del siglo XX, es necesario reconocer que no representa una verdadera novedad. Su lista de influencias

Tradición, sentido histórico y cosmopolitismo

y maestros literarios constituye un lugar común dentro del círculo de poetas modernistas quienes, décadas atrás, habían comenzado a trazar líneas de genealogía intelectual alternativas que los vinculaban con las mismas fuentes de la poesía europea de fin de siglo. Poetas como Casal, Silva, Gutiérrez Nájera y Darío, conocían a fondo y habían asimilado como maestros a los mismos escritores a los que incluye de Greiff. En esta medida, el colombiano no hace más que dar continuidad a la estética modernista que buscó efectuar una renovación poética sobre la base de una asimilación sincrética de autores parnasianos y simbolistas que se integran como influencias formativas en el panorama poético latinoamericano de la época. La noción de tradición como una invención subjetiva y personal que se advierte en la obra greiffiana ya latía de forma muy activa en otras obras anteriores del modernismo. Una de las tareas de este movimiento fue, precisamente, la de conquistar para América una verdadera emancipación intelectual y cultural que no había sido posible adquirir a pesar de la independencia política que habían logrado la mayor parte de los países del continente durante la primera mitad del siglo XIX. El camino seguido por los literatos latinoamericanos fue el de reemplazar los modelos estéticos recibidos de la herencia clásica y española, y abrir su curiosidad a fuentes provenientes de otros lugares, dando una notable preferencia a la corriente más moderna de la literatura francesa. Al romper con el legado español, los modernistas logran efectuar lo que podría denominarse una "ruptura fundacional" que les permitió reemplazar el peso de una cultura heredada con los elementos adquiridos en otras literaturas. A partir de este quiebre, todos los elementos incorporados pasan a concebirse como un fruto elegido, incluso aquellos que pertenecen a la corriente más profunda de la poesía española o de las culturas indígenas que empiezan a ser exploradas tímidamente. La tradición no es para estos modernistas un "deber ser" sino un derecho y un espacio conquistados.

Pero si los autores que de Greiff está leyendo son los mismos a los que habían recurrido los modernistas anteriores para construir su propia tradición poética, la filosofía de la lectura que aquel plantea viene a representar un verdadero cambio. En el poema citado anteriormente hay una meditación sobre su manera de asimilar sus fuentes literarias que se subraya en el uso de dos palabras clave: "capricho" y "fingimiento" ("A quien por un *capricho* de su caletre obtuso / Se le antoja *fingirse* paraísos"). Resulta curioso

Capítulo dos

observar que el poeta acepte abiertamente y se defina de entrada como un "fingidor," un imitador irónico. De Greiff acepta sin reparos y casi con cierto orgullo su condición de subordinación y su actitud imitativo-burlesca. En su labor como poeta adapta sus "paraísos," su imaginario, al "uso" de sus maestros, situándose en una posición de voluntaria—aunque irónica—inferioridad. Esta concepción de la lectura permite inferir un acercamiento a la tradición que se basa sobre una apropiación "caprichosa" de las fuentes. La manera greiffiana de enfrentarse a sus figuras tutelares es deformándolas por medio del humor y la ironía. Pero esa estética del "capricho," ese tipo de lectura que deforma, son actos de afirmación de la voluntad y, como tales, se plantean como ejercicios creativos. Leer a Poe significa, así, adaptar una imagen personal de Poe, singularizarlo como una creación de su propio imaginario. Es por esto que considero que la lectura y la tradición aparecen en su poética como espacios lúdicos, abiertos a una constante recreación y a los caprichos de voluntad. Jiménez Panesso señala, precisamente, que la ironía y la parodia son dos de los mecanismos más frecuentemente utilizados por de Greiff para entablar un diálogo con los distintos autores que escoge como fuentes de su tradición literaria ("León de Greiff" 8). A diferencia de modernistas como Darío, el poeta colombiano se relaciona con sus maestros literarios de una forma ambigua, que oscila entre la idealización y la ironía. El tono de admiradora exaltación por lo europeo y lo francés que encontramos en la poesía de los primeros modernistas, se transforma en de Greiff en una lectura velada por el sarcasmo y la parodia. Esto lo nota claramente Jiménez Panesso, quien observa que incluso las referencias que el poeta colombiano hace a los autores que "presiden su ritual de entrada en la escena poética" no son del todo "ceremoniales" sino que se hacen en tonos "más cómicos que solemnes" ("El argonauta y el bufón" 8).

La necesidad de fabricar para sí mismo una línea de ascendencia es una de las temáticas greiffianas más constantes. Si en el texto anterior se subrayaba la escogencia de una genealogía poética, en otro poema como la "Balada—Baladeta en mí"—incluido en *Fárrago*— de Greiff presenta su reclamo de pertenecer a una azarosa variedad de linajes cuyo único punto de contacto es su voluntad asociativa:

> Venido a menos víking, de poeta
> (¡y en el trópico!) estoy. Cuando cavilo:
> ¿será mi estilo (por llamarle estilo)

Tradición, sentido histórico y cosmopolitismo

—de ése mi estilo (estilo a la jineta)
yo mismo en veces (pocas) me horripilo—,
barroco estilo, ni motor de escándalos—,
por descender (si criollo a la zeta)
de Renanos, Iberos, Godos, Vándalos?
De Iberos (no español de pandereta),
de Renanos (si no bajo del tilo
romanticoide y menos soto el filo
guadañador: el Fuhrer non me peta),
[…]
de Renanos, Iberos, Godos, Vándalos.

De lo inconexo y sin orden soy veleta.
(Llévame el viento—como brizna—en vilo)
Ácrata soy—de buen humor—tranquilo.
Jamás sóbrame duro ni peseta.
La Noche es techo de mi sólo asilo.
Grandes recorta, mínimos agrándalos,
fechos, mi móvil Yo: ¿Síntesis? ¿meta?
de Renanos, Iberos, Godos, Vándalos? (*OC* vol. II 39)

Aunque puede argüirse que este texto hace referencia a los ascendientes nórdicos y germanos de la familia de Greiff, considero que el poema hace un énfasis en la ficcionalidad de las líneas genealógicas trazadas y asume abiertamente el entrelazamiento de estas líneas como el producto de una lógica de asociación subjetiva. La voz poética se presenta como descendiente de vikingos pero anclada en un territorio extraño a su naturaleza. La simbólica comprobación de encontrarse en un lugar ajeno—otro *leitmotiv* greiffiano—desencadena el cuestionamiento por el origen y abre la búsqueda de una genealogía que se multiplica por líneas dispersas. Con un tono lúdico, se muestra a sí mismo como heredero de varias culturas cuya disparidad, distancia histórica y falta de coherencia temporal hacen que el único punto posible de confluencia sea una "síntesis" subjetiva y caprichosa. El árbol de familia trazado aquí tiene muy poco de fidelidad histórica y debe comprenderse como un ejercicio de ficcionalización que de Greiff elabora para fabricarse la máscara de un pasado imaginario. La selección de elementos que aquí se lleva a cabo opera mediante un proceso de tergiversación cuyo objetivo final es el de proponer una reinvención subjetiva y parcial de la historia que se efectúa a través de un proceso de producción textual. La observación que Juan Manuel Cuartas hace sobre la construcción de la dimensión subjetiva en la obra del poeta colombiano

Capítulo dos

puede servir como apoyo para comprender el fenómeno que aquí se describe. Observa Cuartas que "la escritura de de Greiff representa [...] una síntesis a través de la cual el Yo se representa sin lograrse, recogiéndose y alejándose de sí por una intervención en la dinámica de la escritura" (113). Esa dimensión cambiante y en constante fluctuación que el crítico reconoce como característica del espacio del "Yo" puede proponerse también como una definición posible de la tradición literaria greiffiana, cuyos movimientos de expansión y movilidad se verifican en el espacio mismo de su textualidad.

Al concebir la tradición como un espacio creado de manera subjetiva y que se verifica en el plano mismo de la escritura, puede comprenderse el hecho de que sus fabulaciones prescindan de un rigor histórico y no se ajusten a líneas cronológicas verificables. ¿De qué otra manera podría comprenderse, si no, la diversidad de orígenes que se plasma en el poema anterior? Si se quisiera emparentar históricamente a León de Greiff, aunque fuera lejanamente, con las razas de las que pretende ser un heredero, se necesitaría recurrir a complicadas trampas históricas, que no nos asegurarían tampoco un conocimiento cierto de su pertenencia a ellas. Habría que recorrer un largo e intrincado camino para poder relacionarlo con el pueblo vándalo, o con los godos, o incluso con los íberos. Una distancia enorme en siglos y geografías lo aleja de ellos. En cuanto a su ascendencia vikinga y germana, puesto que sus bisabuelos fueron suecos y alemanes, la conexión resulta menos complicada, aunque igual de ficticia. ¿Cómo puede un hombre del siglo XX, un poeta latinoamericano rodeado de influencia española en materia de artes y letras, reclamarse descendiente de pueblos tan ajenos a su entorno? La característica artificial de estas referencias identitarias debe subrayarse no solamente en la implausibilidad histórica de su convergencia, sino también en el voluntario anacronismo al que recurre para referirse a ellas. Nótese que en el poema comentado se evita el uso de las denominaciones modernas para dar preferencia a términos que apelan a grupos culturales y configuraciones geográficas en desuso y que remiten a un mapa cultural alternativo. Así, la genealogía que aquí construye debe leerse como una ficción de enciclopedia.

Este procedimiento de dislocación de líneas cronológicas e invenciones genealógicas, revelan una dinámica de interacción con la historia que, por su naturaleza rebelde y subjetiva, podríamos calificar "nietzscheana." Materializando la idea del filósofo alemán

Tradición, sentido histórico y cosmopolitismo

de conquistar el origen por medio de la voluntad, de Greiff hace una apropiación tan fuerte y caprichosa de la historia que termina por asumirse como una imagen personal. La conexión entre el pensamiento del filósofo alemán y las estrategias de asimilación de conocimientos que aquí busco señalar se basan en una idea presentada en *Ecce Homo* donde se plantea una provocadora manera de aprovechamiento individual de la historia.[6] Nietzsche afirma lo siguiente:

> Con quien menos se está emparentado es con los propios padres: estar emparentado con ellos constituiría el signo extremo de vulgaridad. Las naturalezas superiores tienen su origen en algo infinitamente anterior y para llegar a ellas ha sido necesario estar reuniendo, ahorrando, acumulando durante larguísimo tiempo. Los grandes individuos son los más antiguos: yo no lo entiendo, pero Julio César podría ser mi padre, o Alejandro, ese Dioniso de carne y hueso. (*Ecce Homo* 25)

Aunque las ideas del alemán se expresan en un tono mucho más violento y tajante, hay una evidente semejanza entre estas y la poética greiffiana. Al igual que Nietzsche, de Greiff se manifiesta en contra de la aceptación de aquello que se le entrega como legado gratuito y opta por fabricarse un linaje imaginario. Ambos parten de una ruptura con los condicionamientos de las líneas de continuidad históricas y las imposiciones de una descendencia genealógica directa. Así como el filósofo afirma que su padre bien podría ser Julio César, el poeta se proclama descendiente de vikingos, renanos, íberos, godos y vándalos. La voluntad imaginativa prima en los dos casos sobre las determinaciones objetivas y la necesidad de coherencia histórica. Desde distintos lugares de enunciación y motivados por empresas estéticas y filosóficas diversas, de Greiff y Nietzsche coinciden en concebir la historia y la tradición como territorios inestables que pueden moldearse mediante un esfuerzo de aprovechamiento subjetivo.

El sentido histórico: la tradición como un orden de existencia simultáneo

Para que un poeta como de Greiff pueda fabricarse una línea de tradición propia, se hace necesaria una reconfiguración drástica de los términos de relación con el pasado. Este replanteamiento

Capítulo dos

va más allá de un gesto de ruptura e implica una flexibilización de las líneas de ordenamiento cronológico y de inserción en la historia. A pesar de que las ideas de Eliot no tienen, en principio, una conexión directa con la obra del colombiano, ni se refieren específicamente a las dinámicas de la literatura modernista latinoamericana, recojo las observaciones de este crítico como herramienta de estudio. Vuelvo al ensayo "Tradition and the Individual Talent" para subrayar la definición que el americano propone acerca del "sentido histórico":

> The historical sense [...] involves a perception, not only of the pastness of the past, but of its presence; the historical sense compels a man to write not merely with his own generation in his bones, but with a feeling that the whole of the literature of Europe from Homer and within it the whole of the literature of his own country has a simultaneous existence and composes a simultaneous order. This historical sense, which is a sense of the timeless as well as of the temporal and of the timeless and of the temporal together, is what makes a writer traditional. And it is at the same time what makes a writer most acutely conscious of his place in time, of his contemporaneity. (38)

El sentido histórico consiste en una percepción subjetiva de la historia en la que se asume que las obras artísticas de distintas épocas se disponen en un círculo de existencia simultánea dentro del cual se desdibujan las divisiones cronológicas. Se trata, pues, de entrar en una dimensión comprensiva que reúne y sitúa a una misma distancia las creaciones canónicas desde Homero y las raíces griegas hasta las manifestaciones más contemporáneas. Eliot aboga por habitar un espacio en el que Shakespeare, Baudelaire, Poe, Villon y Cervantes coexisten y se hallan al mismo alcance. En lugar de concebir la tradición bajo un paradigma lineal y evolutivo, se exhorta a pensarla como un sistema de relaciones de orden artístico y estético en el que un autor no se sitúa detrás de otro sino a su lado, a la par. El eje vertical de ordenamiento cronológico se reemplaza por un principio de horizontalidad en el que se establecen relaciones de cercanía sobre la base de afinidades ideológicas, temáticas, formales, y de otros órdenes. En otras palabras, Eliot quiere cambiar radicalmente la idea de una tradición evolutiva a una tradición relacional. Richard Shusterman coincide en señalar este punto: "The main point in Eliot's early rehabilitation of tradition was this living presence of past tradition and the consequent conception of

Tradición, sentido histórico y cosmopolitismo

tradition as a structural and not merely genetic order, and hence as a principle of aesthetic, not merely historical criticism" (53).

Esta idea de tradición dista de aparecer como una categoría estable y de divisiones categóricas precisas. Por el contrario, Eliot nos sitúa frente a un terreno en transformación y que exige constantes reorganizaciones. En este espacio, las conexiones con la tradición deben ser actualizadas de forma individual y cada escritor traza su propio mapa intelectual, asimilando e incorporando los elementos que le resultan más propicios establecer su propio sentido de contemporaneidad. Bajo estas premisas y en el contexto de una temporalidad flexible, Eliot considera que el escritor debe ganar una consciencia del alcance de su obra no sólo en el contexto de su tiempo, sino con respecto a la escala planteada por todos los autores que componen su tradición. La condición de contemporaneidad no implica, entonces, escribir *en* y *para* su época, sino construir una obra capaz de trascender el círculo de la actualidad para integrarse en ese círculo de "orden simultáneo" donde las categorías cronológicas se difuminan. La condición de contemporaneidad no reposa sobre la inmediatez y la actualidad, sino que se constituye en una categoría de análisis transversal. La exigencia implícita en el sistema eliotiano no es la de situarse a la avanzada de la historia, sino habitar la misma dimensión que todos los hombres.

Las coincidencias entre el acercamiento que León de Greiff hace respecto a las fuentes que constituyen su canon individual y los postulados eliotianos respecto a la conquista de un "sentido histórico" resultan remarcables y denotan la voluntad común de reconfigurar la relación del escritor y la tradición en el contexto de la literatura moderna. Aunque muy probablemente el escritor colombiano no haya podido leer el texto de Eliot en los años que precedieron a la publicación de *Tergiversaciones* y *Libro de Signos*, ya en estos primeros libros se hace evidente una semejanza entre su práctica poética y los postulados del norteamericano. La ecléctica formación de su genealogía individual, la escogencia de fuentes de diversas épocas y culturas, el recorrido a través de distintas líneas temporales y el establecimiento de diálogo con autores clásicos, medievales y modernos, hacen eco de ese llamado a construir un orden simultáneo tal como el que proponía Eliot en 1919.

En los poemas citados anteriormente se remarca una voluntad sincrética que aúna tendencias y autores de diversos períodos y orígenes. Esta práctica, no obstante, es común a la de la gran mayoría

Capítulo dos

de poetas modernistas y no revela con suficiente claridad la difuminación de la cronología y las líneas de ordenamiento temporal. La desestabilización del ordenamiento histórico y su reposicionamiento estratégico en el contexto de ese orden simultáneo de la tradición literaria aparece evidenciado en otros textos en los que, recurriendo a la estrategia de recrear diálogos ficticios, se sitúa en el mismo plano de existencia que otros escritores del pasado con los cuales, objetivamente, el encuentro habría resultado imposible. Dos textos paradigmáticos de estos entramados de tergiversación cronológica pueden servir como ejemplo. El primero de ellos es su "Relato de Gaspar" donde escenifica una conversación con Arthur Rimbaud:

> Cuando yo descendía por los ríos magníficos
> Con Arturo Rimbaud, discurrí largamente,
> —Con Arturo Rimbaud discurrí longamente
> de esos álgidos tópicos.
> (Rimbaud me era simpático
> por más que el hidrocéfalo mundo refunfuñe o rezongue ...
> Además, él me dio una explicación asaz satisfactoria
> Respecto a sus andanzas con Verlaine,
> Fuera de que a mí me tenían sin cuidado
> Sus de ellos aficiones sexuo-sentimentales) (*OC* vol. I 400)

La voz que habla desde la primera persona es la de Gaspar von der Nacht, el heterónimo greiffiano, quien relata el encuentro ficcional con Arthur Rimbaud. A pesar de que el colombiano interpone la máscara de su personaje para poder escenificar este encuentro, quiero llamar la atención sobre el gesto de acercamiento que aquí tiene lugar. Lo que en líneas generales se pone frente a los ojos del lector es una interacción desenfadada y atrevidamente cercana con una figura canónica. La voz que refiere el encuentro sitúa la conversación dentro de las líneas de una despreocupada camaradería y, con esto, difiere ya del tratamiento admirativo y de la actitud mitificadora que otros poetas modernistas utilizaron para referirse a sus maestros franceses—véase, por ejemplo, el "Responso a Verlaine" de Darío o el poema dedicado por Casal a Gustave Moreau en su serie "Museo ideal." Pero se aparta todavía más de esta actitud al introducir un tono de velada ironía y al situar al poeta francés en un mismo nivel de existencia y cotidianidad. La radical contestación que este poema hace a la concepción más clásica de la tradición literaria consigue realizar efectivamente un

Tradición, sentido histórico y cosmopolitismo

pliegue temporal para poner en contacto a un poeta del siglo XIX con una voz localizada en el siglo XX y, de esta manera, situar estas dos presencias en un nivel de verdadera paridad. Al abrir la posibilidad de que este diálogo tenga lugar y que el intercambio se realice en términos de estrecha cercanía, de Greiff hace posible que Rimbaud y su heterónimo Gaspar se presenten como verdaderos contemporáneos e ilustra, en la práctica, ese orden de "existencia simultánea" sobre el que teoriza Eliot.

La interacción que de Greiff plantea con Rimbaud no se limita al nivel de la conversación que aquí se toma como anécdota. La referencia al "Bateau ivre" es manifiesta desde el principio. El poema greiffiano toma la primera línea del texto francés y la traduce con una ligera modificación. El verso "Comme je descendais des fleuves impassibles" (Rimbaud 243) se transforma en "Cuando descendía por ríos *magníficos.*" Como se observa, sólo el calificativo final cambia. Esta cita trocada y la continuación irónica que da a su poema son indicativas de los términos de relación que el colombiano busca establecer tanto con su antecesor como con la tradición literaria en general: se acerca a distintas fuentes para tomarlas como un punto de partida, a la manera de modelos que puede modificar y que aprovecha para sus tergiversaciones personales. Pero, volviendo al caso específico del "Bateau ivre," el hecho de que de Greiff se remita específicamente a esta composición resulta profundamente significativo porque nos permite profundizar en la lectura e identificación que plantea respecto a la poesía de este *enfant maudit.* Al retomar directamente las palabras de estos primeros versos y al utilizar deliberadamente el pronombre personal "yo," se observa a sí mismo como el "barco ebrio" del poema rimbaudiano. Se identifica con este por su fuerza de libertad, que es el impulso que parece empujar todo el texto rimbaudiano. Pero es curioso que el poema del colombiano no haga referencia al segundo verso del texto original: "je ne me sentis plus guidé par les haleurs" (243). En él se ofrece una clave para la lectura del "Relato de Gaspar." Cuando el poeta, como el barco, "ya no es guiado por los sirgadores," conquista una furiosa libertad que le permite el descenso, el movimiento irrefrenable. ¿Es por esto que desciende "con" Rimbaud y no "de" él o "arrastrado" por él? Esta metáfora podríamos utilizarla para entender la relación greiffiana con el río total de la tradición: de Greiff quiere seguir libremente el curso de sus rutas en compañía de algunos poetas que él escoge como camaradas de viaje itinerantes, pero rechaza la idea

Capítulo dos

de ser arrastrado por estos. Por eso marca su relación con Rimbaud en los términos del diálogo, y no en los de una subordinación o deseo de mímesis.

Una búsqueda de contemporaneidad muy semejante es la que se subraya en la pretendida relación de amistad que Gaspar entabla con el poeta medieval François Villon,[7] sobre quién proclama: "Mas fui su camarada. Su camarada y algo más; casi su cómplice" (*OC* vol. I 295). Todavía más acentuada que en el caso de Rimbaud aparece aquí la voluntad de desconfigurar las líneas de ordenamiento temporales ya que en este diálogo ficcional la distancia cronológica abolida es de cuatro siglos. El gesto de aunar con tal facilidad lo medieval y lo moderno en este capricho histórico da cuenta de la maleabilidad que tienen las líneas de ordenamiento histórico dentro de su obra. Pero esta lista de conexiones que desafían la linealidad cronológica puede extenderse y complicarse en un trazado de conexiones en el que se incluyen figuras como Dinarzada y Sheherazada, o personajes históricos como Miguel Ney y Carlos XII, entre muchos otros. El entramado de reflejos que propone de Greiff presenta un juego ambiguo en el que las imágenes del pasado ganan nueva vigencia en el presente, y el presente busca retrotraerse hacia espacios como el de la Edad Media. Para dar sentido y coherencia a esta dimensión de la historia en la que pasado y presente se vuelcan uno sobre el otro en oleadas inconstantes, en el que se hace posible la coincidencia de Rimbaud, Villon y Sheherazada, propongo abordar la visión greiffiana de la historia a la manera del orden del "tiempo profundo" de Wai Chee Dimock o del orden existencia simultáneo propuesto por Eliot. De esta manera, el desorden temporal, espacial, cultural y la diversidad de personajes que allí confluyen se hacen comprensibles bajo el principio según el cual los elementos de la tradición no se suceden en una cronología lineal, sino que coexisten en un espacio dentro del cual los hilos de sucesión temporales han sido reemplazados por conexiones estéticas y subjetivas de orden trans-histórico y trans-geográfico.

El sentido histórico y el sentido cosmopolita

Aunque una primera lectura del ensayo de Eliot lo revela como un texto exclusivamente concentrado en los problemas del canon literario europeo y que asume tácitamente el privilegio de

Tradición, sentido histórico y cosmopolitismo

la centralidad de la cultura desde la que habla, las ideas que en él se presentan resultan bastante aprovechables para cuestionar las dinámicas de formación de tradiciones literarias en otros espacios culturales. Considero que este texto ofrece herramientas para adentrarnos en los debates sobre las lógicas de centro-periferia y los reclamos de participación cultural por fuera del contexto literario europeo, especialmente en el contexto del modernismo latinoamericano y, más puntualmente, en el caso de León de Greiff.

Una lectura atenta y contextualizada de "Tradition and the Individual Talent" deja entrever que se dirige a un tipo de lector específico: un intelectual europeo, culto e interesado en el arte y la poesía moderna. No es casual que su texto aparezca por primera vez en la revista *The Egotist*, conocida por ser una de las publicaciones londinenses más importantes para la difusión de la literatura más renovadora y experimental en lengua inglesa a principios del siglo XX. En esta revista fundada por Dora Marsden, contribuyeron de forma activa escritores como Ezra Pound, James Joyce, William Carlos Williams y el mismo T.S. Eliot—quien llegó a ocupar el cargo de editor. Guardando en mente el público al que se dirigía esta revista, así como el tono programático de su ensayo, es posible asumir que la admonición que allí se hace para que los escritores entablen un diálogo productivo con la tradición literaria tiene como finalidad dar un impulso y un apoyo teórico a la práctica poética que él mismo y sus contemporáneos abanderaron durante las primeras décadas del siglo XX.

Por estas razones considero que, a pesar de la ambición eliotiana de redefinir el concepto de tradición y proponer una nueva mirada sobre el sentido histórico del escritor en el contexto amplio de la historia literaria, su visión es todavía limitada y se circunscribe casi exclusivamente a la intelectualidad de Europa. Cuando estos postulados teóricos son trasplantados de su contexto original y se utilizan como herramientas para estudiar las dinámicas de formación de tradiciones y de establecimiento de redes de contacto desde lugares periféricos, se revelan mucho más abarcadores por cuanto hacen visibles problemáticas que van más allá de los límites iniciales de su enunciación. Si, por ejemplo, se interpreta el ensayo de Eliot a la luz de la literatura modernista latinoamericana, la resonancia de su llamado a apropiarse de un sentido histórico cobra muy distintos matices. Cuando un escritor latinoamericano de finales del siglo XIX o principios del siglo XX se enfrenta a la

Capítulo dos

pregunta de cuál es su lugar en la tradición literaria e intenta determinar las coordenadas de su contemporaneidad, debe responder de antemano a cuestiones sobre los límites de su tradición o justificar su propio derecho de participación en círculos foráneos que se le presentan como vedados. Para un latinoamericano de este período, la tarea de adquisición de un sentido histórico resulta bastante más problemática. Antes incluso de poder entrar en diálogos con el cuerpo total de la tradición se ve abocado a interrogarse a sí mismo sobre cuál es, en su caso, la corriente a la cual debe plegarse. ¿Se siente todavía deudor de una tradición hispánica a la cual necesita dar continuidad? ¿prefiere fortalecer una tradición nacional en ciernes fomentando los valores identitarios y diferenciales de su país? o ¿toma la opción de alejarse de estas últimas para forjar alianzas cosmopolitas?[8]

El texto en el que mejor se ejemplifica este cuestionamiento y la búsqueda de definición de un sentido histórico dentro de la corriente modernista es el prólogo de Darío a *Prosas profanas*. En sus "Palabras liminares" apela a una efectiva herramienta retórica de alegorización para representar el cuestionamiento de su "sentido histórico." En la teatralización de un diálogo imaginario con su "abuelo español" se pregunta, justamente, sobre cuál es la tradición a la que debe afiliarse y, más importante todavía, qué lugar ocupa en los distintos linajes que se le presentan como posibles. Darío se sitúa a sí mismo en el espacio de una galería de retratos que configuran simbólicamente el canon de las letras españolas y allí entabla una conversación con una figura paternalista que encarna una suerte de *auctoritas* que lo compele a reconocerse como deudor del linaje hispánico:

> El abuelo español de barba blanca me señala una serie de retratos ilustres: "Este, me dice, es el gran don Miguel de Cervantes Saavedra, genio y manco; este es Lope de Vega, este Garcilaso, este Quintana." Yo le pregunto por el noble Gracián, por Teresa la Santa, por el bravo Góngora y el más fuerte de todos, don Francisco de Quevedo y Villegas. Después exclamo: "¡Shakespeare! ¡Dante! ¡Hugo…!" (Y en mi interior: ¡Verlaine!) Luego, al despedirme: "—Abuelo, preciso es decíroslo: mi esposa es de mi tierra; mi querida, de París." (546)

La primera serie de cuatro retratos aparece como una síntesis de lo que, a los ojos del abuelo, constituye el gran linaje de la literatura

Tradición, sentido histórico y cosmopolitismo

española. Sin embargo, a pesar de que Darío reconoce la presencia de estos como "ilustres," no encuentra en ellos la necesaria familiaridad para asumirlos inmediatamente como presencias cercanas.[9] Al encontrarse frente a una tradición que, a pesar de su riqueza, no se adapta a las necesidades ni a los imperativos culturales de su momento histórico, Darío toma una postura crítica frente a la misma. El nicaragüense cuestiona los criterios de inclusión y los vacíos de ese primer canon que le presenta su guía. Se abre paso en esta galería con la voluntad de ampliar los criterios de inclusividad de la tradición hispánica incorporando a Gracián, Santa Teresa, Góngora y Quevedo. Esta intervención crítica no solamente tiene como objetivo rediseñar las líneas y las jerarquías literarias del canon sino también reclamar una instancia de participación activa en el proceso de configuración de las líneas de la tradición hispánica. El cuestionamiento al que somete Darío a la versión "heredada" por el abuelo señala una significativa inversión de posiciones de autoridad. Si la figura del abuelo asume inicialmente una superioridad marcada por la preeminencia histórica y de prestigio que le permiten dictaminar los lineamientos rígidos de la genealogía, la actitud inquisitiva de Darío comienza a subvertir este orden jerárquico. Al poner en cuestión la exclusión de otras figuras mayores que, para él, también deberían formar parte de este linaje hispánico, busca transformar los procesos de construcción del canon literario y abrir el camino para un redescubrimiento de una línea de tradición española alternativa que él mismo pueda asimilar de manera efectiva y autónoma.

Este diálogo debe leerse también como una toma de posición frente a las exigencias de la herencia hispánica todavía vigente durante las décadas posteriores a la independencia política de los territorios americanos. La confrontación que Darío textualiza en este prólogo, replica y sintetiza la demanda de autonomía cultural de los poetas modernistas. En esta medida, su aparente aislamiento estético, su exotismo y su afrancesamiento deben ser interpretados como una necesidad de conformar una tradición alternativa que le otorgue un campo de autonomía y le permita superar las limitaciones a las que se supeditó la producción artística y literaria del continente durante los siglos anteriores. A este respecto, Ivan Schulman anota que, en efecto, se produjo una ruptura con el ámbito hispánico que facilitó la apertura hacia otras "corrientes universales." No obstante, llama la atención sobre el hecho de que

Capítulo dos

la separación respecto a la península no fue definitiva e irreparable. Por el contrario, observa que si un poeta como Darío rechazó inicialmente "las huecas expresiones poéticas de la España de aquellas calendas" en sus obras de madurez llegará a incorporar "los mejores elementos de la literatura peninsular del Siglo de Oro" (88).

Pero el aspecto que más me interesa señalar en la cita del prólogo a *Prosas profanas* es su propuesta de reconfigurar un sentido histórico propio que se extiende más allá de las fronteras de lo hispánico. El círculo de la tradición en el cual quiere incluirse Darío no se restringe a los límites de su nación, ni de la literatura en lengua española; su mapa literario y las figuras con las cuales quiere medirse están dispersas en una escala de "tiempo profundo" y no necesariamente se circunscriben a una sola lengua. Tal como lo hará León de Greiff años más tarde, Darío pareciera seguir al pie de la letra el mandato eliotiano de escribir "not merely with his own generation in his bones, but with a feeling that the whole of the literature of Europe from Homer and within it the whole of the literature of his own country has a simultaneous existence" (Aching 38). La confluencia que el nicaragüense plantea de figuras como Shakespeare, Dante, Hugo y Verlaine es una prueba de lo anterior. Resulta interesante comprobar, además, la coincidencia de esta lista de figuras tutelares que enumera Darío con la que propone de Greiff en el soneto que abre *Tergiversaciones* en el que Byron, Poe, Rimbaud, Hugo y Verlaine se reúnen bajo el mismo círculo.

Las estrategias de configuración del mapa de fuerzas formativas reconocible en la obra greiffiana responde a la misma necesidad de replantearse la pregunta sobre su propio lugar en la tradición y su condición de contemporaneidad. A diferencia de Darío, de Greiff no aborda esta cuestión en un texto argumentativo. Sin embargo, en los poemas comentados anteriormente ya se subraya la voluntad de dar una respuesta a la pregunta por su lugar en la tradición y la necesidad de definirse a sí mismo como un coetáneo de figuras localizadas por fuera de las fronteras de su herencia hispanoamericana. Su proyecto poético coincide en líneas generales con el reclamo dariano de renegociar sus redes de conexión y sus vínculos de pertenencia en el contexto de la literatura mundial. Es por esto que considero adecuado decir que tanto Darío como de Greiff buscan definir su sentido histórico a la par de lo que podría denominarse un sentido cosmopolita.

Tradición, sentido histórico y cosmopolitismo

Entiendo por sentido cosmopolita una percepción subjetiva no sólo del lugar en la historia y la condición de contemporaneidad, sino también una toma de consciencia de la ubicación dentro del mapa de la cultura y la literatura mundiales. Si el sentido histórico obliga al escritor a hacer una apropiación creativa y a establecer diálogos renovadores con diversos elementos de la historia literaria que lo preceden, el sentido cosmopolita lo empuja a construir puentes de conexión con autores y obras localizados por fuera de las barreras de su espacio de localidad. Ambos principios tienen una función expansiva y conectiva que compele a los escritores a reclamar un estatuto de participación en espacios más extensos que el de su anclaje cultural, geográfico y generacional. De igual forma que la propuesta de Eliot empuja a los escritores compenetrarse con la totalidad de la tradición, el sentido cosmopolita impulsa a establecer lazos de reconocimiento con autores y textos de otras latitudes y trazar coordenadas de afinidad que pueden extenderse, virtualmente, a todo lo largo del mapa literario mundial. Así como al acercarse a la dimensión histórica pueden difuminarse las líneas de división temporal para plantear un orden de existencia simultánea, la expansión en el arco de curiosidad y el deseo de compenetrarse con otras manifestaciones culturales alejadas constituye un puente que aminora la extensión de las distancias espaciotemporales.[10]

Antes de proseguir considero importante fijar los límites críticos de este concepto que aquí esbozo. Utilizo aquí el término de sentido cosmopolita para acercarme a la obra de León de Greiff y de otros poetas modernistas latinoamericanos contemporáneos que a finales del siglo XIX y principios del XX, se vieron abocados a cuestionarse sobre el lugar de sus propias obras por fuera del círculo restringido de la herencia hispánica. Al rechazar este punto de referencia y al alejarse también de sus tradiciones nacionales, empiezan a cuestionar cuál es el lugar que ocupan individualmente con relación a un ambiente cosmopolita con el cual se familiarizan a través de lecturas que, por lo general, se hallan mediadas por Europa. Su sentido cosmopolita, de esta manera, aparece como una necesaria toma de consciencia del lugar que se ocupa en el mapa universal de la cultura, respecto a cuyos núcleos se observan a sí mismos en una posición de marginalidad y retraso. Su deseo de insertarse y participar en el campo de una literatura universal se articula, por esta razón, como un movimiento correctivo cuyo

Capítulo dos

propósito es el de replantear los términos de su participación y localización en un contexto global.

El deseo de los modernistas era el de formar parte integral del panorama cultural y literario mundial que, gracias a los progresos industriales, tecnológicos y del mercado, parecía cada vez más cercano, abarcable e interconectado. No obstante, los escritores latinoamericanos de finales del siglo XIX y principios del XX, se embarcan en este diálogo acosados por la idea de "haber llegado tarde al banquete de la civilización," en palabras de Alfonso Reyes.[11] Apocados por una perspectiva colonialista internalizada, abren su diálogo con el espacio europeo percibiéndose a sí mismos como participantes periféricos respecto a lo que Pascale Casanova denominaría el "meridiano de Greenwich" de la literatura, que constituye una línea imaginaria que sirve como referente de modernidad y contemporaneidad cultural. Tal como lo define Casanova, este meridiano demarca los lugares de centralidad y las periferias culturales en el ámbito global.[12]Uno de los problemas centrales al que se enfrentaron poetas como Martí, Darío, Gutiérrez Nájera y de Greiff fue el de intentar lidiar con esta condición de retraso, que en última instancia sirve de acicate para ensanchar el arco de curiosidad intelectual y estimular el "deseo de mundo" que nutre sus obras.

En *The World Republic of Letters* Casanova considera a Rubén Darío como una figura central en el proceso de puesta al día de la literatura del continente. El rol fundamental del nicaragüense, observa la crítica, "had less to do with literary innovation than with speeding up literary time" (99). En sus comentarios sobre el poeta, Casanova destaca acertadamente dos elementos fundamentales. Primero, su crucial influencia en el reposicionamiento de las letras latinoamericanas frente al ámbito mundial. Segundo, el motivo que impulsó estas transformaciones. Para Casanova, la gran contribución de Darío fue la de corregir el retraso del ámbito cultural hispanohablante respecto al meridiano cultural parisino. Esta metáfora del meridiano utilizada por Casanova resume la lógica que impulsó las búsquedas cosmopolitas de Darío y otros modernistas de principios del siglo XX, para quienes el espacio latinoamericano se hallaba en una posición de retraso histórico frente a Europa. Su tarea, en esta situación, era la de recortar esta distancia y corregir lo que, en última instancia, era percibido como una falta. No era raro, de esta forma, que los escritores e intelectuales latinoamericanos de la primera mitad del siglo XX se consideraran a sí

Tradición, sentido histórico y cosmopolitismo

mismos como *latecomers*. Casanova pasa revista de algunos de los poetas que presentan su situación en estos términos, y en esta lista incluye a figuras centrales como Octavio Paz y Mario Vargas Llosa. La posición que León de Greiff asume respecto a esta situación es distinta. Aunque su tarea cosmopolita también se asume como la de una apertura a un ámbito de conocimiento y cultura universal, su condición periférica no es considerada como una desventaja. Al igual que sus predecesores modernistas, el colombiano es consciente de su condición marginal; sabe que está a una gran distancia del meridiano de cultura europeo. Sin embargo, su intención no es la de "ponerse al día" o corregir la falla inicial de su retraso. Todo lo contrario, su sentido cosmopolita asume la condición de marginalidad como un aventajado lugar de asimilación y producción. Su anacronismo es asumido como estrategia de relación con la historia.

Como práctica literaria y cultural latinoamericana, el desarrollo de un sentido histórico y cosmopolita que motiva el deseo de explorar otras literaturas y entablar un diálogo creativo con la historia, se hace reconocible a partir de las últimas décadas del siglo XIX. Mariano Siskind observa, por ejemplo, que en la crónica publicada por José Martí en 1882 sobre la visita de Oscar Wilde a Nueva York ya es evidente la articulación de un discurso cultural emancipador que llama la atención sobre el lugar de la literatura latinoamericana en el cuerpo de la tradición universal y que invita, justamente, a una apertura que posibilite la modernización de las literaturas del continente (*Cosmopolitan Desires* 107). Reproduzco parte de la cita de Martí a la cual alude Siskind:

> Vivimos, los que hablamos lengua castellana, llenos todos de Horacio y Virgilio, y parece que las fronteras de nuestro espíritu son las de nuestro lenguaje. ¿Por qué nos han de ser fruta casi vedada las literaturas extranjeras, tan sobradas hoy de ese ambiente natural, fuerza sincera y espíritu actual que falta en la moderna literatura española? [...] Conocer diversas literaturas es el medio mejor de libertarse de la tiranía de algunas de ellas; así como no hay manera de salvarse del riesgo de obedecer ciegamente a un sistema filosófico, sino nutrirse de todos, y ver cómo en todos palpita un mismo espíritu, sujeto a semejantes accidentes, cualesquiera que sean las formas de que la imaginación humana, vehemente o menguada, según los climas, haya revestido esa fe en lo inmenso y esa ansia de salir de sí, y esa noble inconformidad con ser lo que no es. (*Obra literaria* 287)

81

Capítulo dos

Si en este texto Siskind observa "the first Latin American world literary discourse," considero pertinente añadir también que se trata de una de las primeras evaluaciones que busca determinar el lugar de las letras latinoamericanas dentro de un contexto mundial y es, en cierta medida, una toma de pulso de su sentido cosmopolita. Este constituye uno de los primeros juicios que destacan la insuficiencia de las fuentes clásicas e hispánicas del continente, y asume esta limitante como una barrera que debe ser corregida. La persuasiva retórica martiana presenta hábilmente el conocimiento de otras literaturas como una estrategia liberadora y como una manera de sincronizarse con el mundo y corregir el aislamiento precedente. Martí justifica su argumento basándose en un principio cosmopolita que más tarde será utilizado también por Baldomero Sanín Cano: la unidad del espíritu humano. No obstante, este argumento debe leerse con atención para revelar la complejidad de sus implicaciones. La idea de que en todo sistema filosófico palpita un mismo espíritu permite hacer dos inferencias importantes. La primera es que, en consecuencia, un hombre de cualquier latitud tiene la capacidad de comprender todas las variaciones—históricas, sociales, culturales—de ese núcleo común. Si los condicionamientos accidentales pasan a un segundo plano, puede deducirse que un intelectual americano, tanto como uno europeo, se encuentra igualmente facultado para comprender distintas manifestaciones de ese espíritu común. La segunda inferencia es que todos los sistemas filosóficos o literarios tienen una misma validez relativa y merecen ocupar un lugar en el mapa universal. Así entonces, por medio de una generalización del valor de la diversidad, el cubano busca reubicar a Latinoamérica en el contexto de la cultura mundial situándola en un estado de paridad con otros espacios culturales frente a los cuales aparece como subsidiaria.

Puede objetarse, sin embargo, como lo hace el mismo Siskind, que las ideas cosmopolitas presentes en este texto sobre Wilde contradicen los postulados que pronuncia Martí en otro texto suyo más célebre, "Nuestra América."[13] Aunque en dicho escrito programático el cubano defienda la particularidad esencial del ser americano, en lugar de afiliarse a una idea de comprensión universalista del hombre, debe reconocerse que ambos textos apuntan a un mismo objetivo: la emancipación cultural y política del continente y su reubicación en el mapa político y cultural mundial. Es

Tradición, sentido histórico y cosmopolitismo

así que, a pesar de que la contradicción entre localismo y universalismo parece irresoluble, la conjunción de estas tendencias refleja la compleja naturaleza del cosmopolitismo latinoamericano prefigurado en los dos textos de Martí. Según Siskind, la oscilación entre una visión universalista y una particularista es una característica constitutiva de la estética modernista que trata, simultáneamente, de resaltar rasgos locales y de establecer puentes de familiaridad con ámbitos foráneos (*Cosmopolitan* 116). La creación de este campo de tensiones donde entran en contacto elementos locales y globales que, sin necesidad de anularse, se conjugan en una suerte de tercer término, se convierte en una efectiva herramienta de puesta en perspectiva del lugar que la cultura y las letras latinoamericanas ocupan dentro de un mapa literario mundial.

Para comprender esta dinámica de relaciones, quiero recurrir al concepto de "cosmopolitismo arraigado" acuñado por Kwame Anthony Appiah. Su definición resulta bastante útil para delinear el perfil de los escritores e intelectuales modernistas latinoamericanos: "[The rooted cosmopolitan] is attached to a home of one's own, with its own cultural particularities, but taking pleasure from the presence of other different places that are home to other different people" ("Cosmopolitan Patriots" 618). Esta idea general puede amoldarse al caso específico de ciertos artistas y escritores del continente, que logran conjugar un cierto sentimiento de pertenencia al espacio de origen con una búsqueda de arraigo a otros campos culturales e intelectuales. No obstante, las inclinaciones a integrar con mayor o menor profusión e intensidad elementos extranjeros, se manifiestan en ellos de formas y en grados distintos. En las obras de escritores como Martí y José Santos Chocano, por una parte, el "arraigo" y el peso de lo autóctono adquieren una importancia mucho mayor que supedita la asimilación de elementos foráneos al fortalecimiento de una identidad local. En esta lógica, el centro no se difumina y el concepto de pertenencia a una nación, una comunidad, una línea hereditaria aparece como principio rector y punto de retorno. El afán cosmopolita tiene como objetivo el de fortalecer las líneas de una identidad predefinida.[14]

Lo contrario sucede con la obra de un poeta como León de Greiff, en cuya obra los elementos locales pasan a un segundo plano. Para este, el círculo de sus afiliaciones se extiende a un nivel mucho más comprensivo. La red de sus contactos se extiende hacia coordenadas cosmopolitas que difuminan y reemplazan sus

Capítulo dos

líneas de pertenencia local. Operando de acuerdo con una lógica propia del cosmopolitismo estoico, este escritor busca mantener una comunidad cultural de carácter global que superpone a los elementos constitutivos de su anclaje local. Martha Nussbaum recuerda que la visión estoica del cosmopolitismo se erige sobre el principio de guardar una lealtad preferente a una comunidad de corte universalista, a la que debe darse preferencia por encima de otros compromisos de naturaleza accidental y restringida. Al habitar simultáneamente en dos comunidades—la de su nacimiento y la abstracta totalidad universalista—, el individuo cosmopolita debe alinear su lealtad fundamental respecto a la esta última (Nussbaum 7). Aunque la lectura de la filósofa norteamericana hace un énfasis en el dominio de las responsabilidades éticas, su perspectiva resulta de suma utilidad para comprender el círculo de las afiliaciones poéticas del modernismo, especialmente aquellas de un escritor como de Greiff. Trasponiendo a una discusión estética las ideas planteadas anteriormente, señalo en su poesía una puesta en escena de ese traslado de vínculos que reemplaza los circuitos inmediatos para insertarse en una comunidad poética de dimensiones universales. Su literatura no parte de un "arraigo" específico a partir del cual se lanza a la exploración del mundo, sino que busca difuminar las características de su propia localización. A este respecto resulta sumamente significativo, por ejemplo, que los topónimos con los que se refiere a algunas de las ciudades colombianas sean reinventados. Medellín y Bogotá, por ejemplo, aparecen en su obra bajo los nombres ficticios de "Netupiromba" y "Zuyexawivo." Cuando se refiere a espacios verificables en la geografía colombiana, como es el caso de Bolombolo, el poeta hace una poetización del espacio que busca presentarlo como un espacio asimilable al trópico, difuminando las particularidades verificables de su emplazamiento.

Sin embargo, la intención de León de Greiff no es la de borrar completamente las marcas de su lugar de enunciación. Por el contrario, busca hacer explícito el lugar desde el que escribe y desde donde se ubica para reconfigurar una imagen del mundo. Este lugar puede definirse como una intencionalmente imprecisa ubicación periférica. De Greiff habla desde un espacio de marginalidad latinoamericano que, en ocasiones, se inserta en la geografía montañosa de los Andes, y, en otras ocasiones, identifica como emplazamientos del trópico. Uno de los textos en los que hace un

Tradición, sentido histórico y cosmopolitismo

trazado de geografías que permiten identificar su lugar de enunciación lo hallamos en *Prosas de Gaspar*. Con el pretexto de narrar el nacimiento de uno de sus heterónimos, el poeta adelanta un listado de ciudades de resonancia exótica, literaria y mítica para luego emplazar a Matías Aldecoa en un pueblo situado en los Andes:

> No en Mossul ni en Bassora, ni en Samarakanda. No en Karlskrona, ni en Abylund, ni en Stockholm, ni en Koevenhavn. No en Kazán ni en Cawpore, ni en Aleppo. Ni en Venezia lacustre, ni en la "quimérica" Istambul, ni en la Isla-de-Francia, ni en Tours, ni en Stratford-upon-Avon, ni en Weimar, ni en Yasanaia-Poliana, ni en los baños de Argel ... Ni en ninguna Cibdad de ensoñación, ni en ninguna moderna factoría, ni en ningún placer minero, ni siquiera en el Polo glabro ni aledaños: pero sí en un adormilado villorrio de los Andes, vio la luz (del sol o de la luna y las constelaciones, o del familiar velón) el amigo Aldecoa (Matías, Francisco, Odín), y en los años postreros del último (por ahora) siglo. (*OC* vol. I 69)

La enumeración de ciudades en las cuales no pudo nacer Aldecoa tiene una doble finalidad. Por una parte, enfatiza en la condición arbitraria del lugar de nacimiento de un individuo y subraya la condición de no pertenencia—o de pertenencia accidental—a una determinada localidad. En este aspecto, el texto sintoniza con la aseveración que Nussbaum propone como base para su cuestionamiento de la idea de nacionalidades cerradas y su defensa del cosmopolitismo como alternativa ética: "The accident of where one is born is just that, an accident; any human being might have been born in any nation" (7). Por otra parte, el trazado que comprende localidades de Europa del norte y Europa central, Rusia, Medio Oriente e India, sitúa estos espacios en un nivel de paridad y coexistencia que los presenta como equiparables. Con la inclusión de este "villorrio de los Andes" en un mapa global, de Greiff lo inserta dentro de un círculo que reúne a otras ciudades de mayor renombre, peso simbólico y carga histórica. Dicha estrategia le sirve para negociar la integración y participación del territorio americano en un mapa de dimensiones cosmopolitas, así como también para situarse a sí mismo en esta dimensión de coexistencia y confluencia de culturas.

En una primera instancia, los términos de la serie que de Greiff pone frente al lector parecen compartir una misma dimensión: a nivel textual las ciudades de Mossul, Estocolmo, Estambul, Alepo y el "villorrio" colombiano se sitúan a igual distancia y resultan

85

Capítulo dos

intercambiables. De esta manera, la escogencia de uno de estos lugares como sitio de pertenencia, no implica una renuncia taxativa a extender líneas de relación con el resto del conjunto. Aldecoa pudo haber pertenecido a cualquiera de ellas, pero su accidente histórico fue el de aparecer en un pueblo localizado en los Andes. Sin embargo, a pesar de que la reorganización cartográfica de esta *Prosa de Gaspar* busca ejercer un movimiento correctivo, el espacio americano aparece todavía relegado a una condición de relativa marginalidad. Nótese que en la organización de la serie se lo deja en un último lugar, como si se tratara más bien de describir un proceso de selección por descarte. Adicionalmente, el adjetivo "adormilado" con el que se califica al villorrio sugiere una condición de retardo e insuficiente capacidad de intervención activa. En esta dinámica textual se establece una tensión entre el impulso cosmopolita que trata de situar a una altura equidistante estos distintos lugares—así como las tradiciones culturales que cada uno de ellos representa—y la comprobación de que el espacio americano todavía pertenece a un estrato periférico.

Como se observa, hay en la obra del colombiano una toma de consciencia que implica, simultáneamente, un reconocimiento de la amplitud del espectro cultural foráneo y la aceptación de su lugar frente a esta. Pero la particularidad de su obra radica en el hecho de que asume su condición de marginalidad con relación no sólo al espectro cosmopolita sino también respecto al de su localidad. De Greiff se presenta como un extranjero frente a los lugares a los que no pertenece por nacimiento ni herencia, así como también frente a aquellos que le son propios. Respecto a los primeros, por supuesto, no debe justificar su aislamiento. Algo distinto sucede cuando se presenta a sí mismo como un elemento extraño al espacio y la cultura que habita. Utilizando como soporte factual la historia de sus antepasados—recuérdese que sus bisabuelos son de origen nórdico-germanico y llegan al país a principios del siglo XIX[15]—se observa como una presencia anómala en el contexto de la realidad americana y construye su propia mitología de no-pertenencia. Resulta muy frecuente que en sus poemas se defina con expresiones irónicas tales como "el exiliado príncipe de Nolandia" (*OC* vol. II 86), "viking de río" (*OC* vol. I 410) o "venido a menos viking, de poeta / (¡y en el trópico!)" (*OC* vol. II 39), enfatizando en la desubicación de un heredero de pueblos nórdicos anclado en territorios americanos. Sin embargo, esta condición no constituye una

86

desventaja sino que se asume como una condición productiva que determina su relación con los elementos de su herencia inmediata y también con la tradición literaria cosmopolita. Al presentarse como un *outsider* tanto de los círculos locales como de otros países y culturas, se hace un atrevido aprovechamiento de los elementos que toma de ambos espacios. Su voracidad literaria, su voluntad de abarcar vastos territorios de cultura y transitar simultáneamente por diversas corrientes artísticas y filosóficas, su lectura creativa e incluso atrevida de los textos canónicos, así como su espíritu de síntesis de distintas tendencias, testimonian la necesidad de reclamar un derecho de plena participación en un ámbito cultural global. Al asumir su marginalidad como condición impuesta por su lugar de recepción y enunciación, sus estrategias de apertura en el arco de conocimiento y de ávida asimilación se exhiben como vías para justificar un estatuto de contemporaneidad con el mundo.

Siskind propone el término "deseo de mundo" como un concepto apropiado para acercarse y comprender la necesidad modernista de asimilar literaturas europeas y situarse a la par de estas últimas. Para el crítico, esta tendencia latinoamericana de apertura busca modernizar la vida intelectual y artística del continente por medio de prácticas discursivas que reclaman insertarse de lleno en el círculo de la literatura mundial. Siskind, como ya se ha dicho, comprende este espacio como una constelación discursiva que se abre a discursos marginales y que brinda validez a sus aspiraciones de modernidad. Retomando las palabras del crítico argentino, la especificidad latinoamericana en su aproximación a este espacio de pretendida universalidad es el hecho de no acercarse a literaturas foráneas con un sentido de "otredad" sino más bien como si se tratara de "distant relatives and kindred spirits whose names signify the presence of a world that includes Latin America" (*Cosmopolitan* 105). En esta búsqueda de conexiones, Siskind reconoce una voluntad de diálogo más que un deseo de traducir lo "foráneo" a un lenguaje propio (*Cosmopolitan* 121). En esta lógica, además, lo extranjero, lo exótico, lo diferente no son percibidos como manifestaciones de diferencias radicales, sino como "triggers of their desire to escape belatedness and exclusion" (*Cosmopolitan* 122). Las propuestas de Siskind resultan bastante útiles para ahondar en la comprensión del sentido cosmopolita que señalo en la obra greiffiana. La práctica literaria del colombiano puede ser descrita con justeza siguiendo estas líneas que definen las dinámicas

Capítulo dos

de apropiación y contacto cultural. Sin embargo, el movimiento correctivo greiffiano no se encamina directamente a compensar su "retraso," sino que reclama un derecho de participación en el círculo de una literatura mundial a partir de su espacio periférico.

Siskind subraya que la noción imprecisa de universalidad de los escritores modernistas es, justamente, lo que les permite proyectar su deseo de modernidad sobre un mapa de contornos difusos del campo literario mundial. Esta anotación me parece fundamental para ahondar en la lectura de la obra greiffiana por cuanto considero que desde su posición de doble marginalidad—ya que no pertenece ni al espacio de su localidad ni tampoco al ámbito de lo europeocosmopolita—elabora una imagen personal y caprichosa de la tradición. Desde su condición periférica, traza una imagen subjetiva de una literatura universal en cuyas coordenadas su obra encuentra vínculos de conexión y resonancia. Retomando los planteamientos de Siskind, puede afirmarse que así como "Martí, Darío, Gutiérrez Nájera, Gómez Carrillo and Sanín Cano," de Greiff también "[was] trying to produce a world from Latin America in order to inscribe [himself] in it" (*Cosmopolitan* 121).

Irónicamente, desde esta perspectiva crítica, puede observarse que el sentido cosmopolita greiffiano depende de la consciencia de su propio lugar de enunciación. No quiero sugerir con esto que el poeta colombiano pueda calificarse necesariamente un cosmopolita arraigado, según la definición de Appiah. Por el contrario, debe tenerse en cuenta que la relación con su localidad no se puede plantear en términos de apego, deuda o asumida filiación. Su apego local se propone, más bien, como la aceptación de unas condiciones dadas que lo obligan a escribir desde un espacio que percibe como ajeno, pero fuera del cual no puede situarse. Sus diálogos con la literatura mundial parten, pues, de la consideración de sí mismo como una presencia marginal dentro de un espacio que, a su vez, también se encuentra en la periferia de la tradición cosmopolita. A diferencia de un escritor como Martí, de Greiff no plantea su relación entre lo local y lo universal siguiendo una lógica binaria que traza una línea divisoria entre lo propio y lo ajeno puesto que, como sostengo, se encuentra al margen de estos dos espacios. A partir de esta consciencia de no-pertenencia, su estrategia para sintonizar y contemporaneizar con los espacios de la literatura mundial y la tradición se torna radicalmente distinta. Su intención no es la de insertarse por imitación en la corriente de otras tradiciones ni la de mimetizar tendencias adoptadas de otros espacios culturales, pero tampoco busca adaptar elementos foráneos a los cánones locales heredados. Su sentido cosmopolita lo impulsa a hacer una lectura desestabilizadora que reconfigura, desde los márgenes, las líneas de ordenamiento de la tradición literaria y las fronteras de los mapas culturales.

Consciencia de la marginalidad

La lectura de León de Greiff como un escritor marginal no quiere ser, en ningún caso, peyorativa. Busco, por el contrario, destacar su creativa desestabilización de la tradición y su audaz intervención en el trazado de unas coordenadas subjetivas para vincularse en un terreno cosmopolita. Al penetrar en estos espacios canónicos con la convicción de hacerlo como una figura heterodoxa, de Greiff lleva a cabo una tergiversación productiva de elementos antiguos y modernos, europeos, orientales, nórdicos y americanos, que no habría podido efectuarse desde una posición de centralidad cultural. Este tipo de lectura periférica efectuada por de Greiff me parece, en cierta medida, comparable a la que Beatriz Sarlo señala a propósito de Jorge Luis Borges. La crítica argentina observa que la obra de su compatriota también se construye a partir de la conciencia de estar en "las orillas." Su escritura, observa, "está perturbada por la tensión de la mezcla y la nostalgia por una literatura europea que un latinoamericano nunca vive del todo como naturaleza original" (6). Frente a esta situación de ambivalencia, la respuesta borgiana fue la de reinventar y rearmar los elementos asimilados, configurando así una visión alternativa de la tradición. Tanto en su relación de asimilación creativa de la literatura europea y cosmopolita como en su práctica de reorganización creativa de sus elementos, Borges y de Greiff se hallan en un remarcable paralelo. Adicionalmente, las obras de ambos escritores buscan responder a una pregunta similar: ¿cómo navegar la tradición desde un posicionamiento periférico? Sarlo ofrece una respuesta respecto a la obra de Borges que yo considero válida también para comprender la obra greiffiana. Retomando la afirmación de la crítica considero que el poeta colombiano también "hace del margen una estética" (8).

Uno de los textos borgianos en los que se hace más evidente esta toma de posición frente a la tradición universal es su conocido

Capítulo dos

ensayo "El escritor argentino y la tradición." Aunque comentaré este texto con mayor detalle páginas más adelante para tratar sobre la cuestión de la búsqueda de universalidad, quiero detenerme en la reivindicación que hace Borges respecto a la actitud de libertad frente al espacio de la literatura mundial. Luego de defender el derecho de los intelectuales del continente a participar de la totalidad de la tradición universal, apunta que "[los latinoamericanos] podemos manejar todos los temas europeos, manejarlos sin supersticiones, con una *irreverencia* que puede tener, y ya tiene, consecuencias afortunadas" (222, el énfasis es mío). En este texto es notable no solamente el reclamo que se hace de una entrada en la tradición, sino también el hecho de presentar la marginalidad como una ventaja estratégica. La "irreverencia" aquí se constituye, irónicamente, en el privilegio de aquellos que, por no pertenecer del todo, se encuentran en la libertad de transgredir. La revalorización que Borges hace de la marginalidad como un espacio de enunciación, tal como lo reconoce Juan E. de Castro, enfatiza en la posibilidad de agencia y transformación creativa ejercida desde espacios periféricos como el latinoamericano (63–64).[16]

En varios niveles, la obra de León de Greiff opera a partir de este mismo principio de asimilación y transformación creativa al que se refiere Borges. Su "irreverencia" se verifica en su ecléctico uso del lenguaje—que, como se ha dicho ya, aúna un registro medieval con el uso de neologismos y un vocabulario de cuño simbolista—; en la asimilación irónica e incluso paródica de las obras de sus predecesores—tal como puede observarse, por ejemplo, en sus reescrituras de poemas de Villon[17]—; en la tergiversación de citas o referencias a otras obras canónicas—como ya se observa en su lectura del "Bateau ivre"—; y en el tratamiento nada solemne de los predecesores a quienes escoge como influencias literarias—tal como fue señalado en el soneto que abre *Tergiversaciones*. Pero, de manera más notable y decisiva, su actitud contestataria se subraya en el cuestionamiento de las jerarquías canónicas y el rechazo de las líneas de ordenamiento geográfico/cronológico. El mayor gesto de desafío del poeta colombiano frente al canon y la tradición es el de entrar allí con la convicción de que se trata de un orden de existencia simultánea en el que todos los elementos que allí encuentra, sean antiguos o modernos, vecinos o foráneos, se hallan a la disposición de su capricho.

El ensayo de Borges se presta, además, para comentar sobre otro aspecto fundamental sobre la cuestión de la marginalidad

Tradición, sentido histórico y cosmopolitismo

dentro del mapa de la literatura universal. En su artículo "El cosmopolitismo como problema político: Borges y el desafío de la modernidad," Siskind analiza la condición arraigada del cosmopolitismo borgiano. El crítico hace una lectura minuciosa de las estrategias retóricas del famoso ensayo sobre la tradición y subraya una herramienta de diferenciación que pone en evidencia la posición enunciativa del texto. Según este, cuando Borges apela al uso del posesivo para afirmar que "*nuestra* tradición es toda la cultura occidental [...] los argentinos, los sudamericanos en general, *estamos* en una situación análoga; *podemos* manejar todos los temas" (222, el énfasis es mío), se hace evidente su identificación con un grupo cultural específico que busca intervenir y ganar entrada en el contexto cosmopolita. El objetivo borgiano es, según Siskind, "inscribir aquello que es específico del margen, su diferencia, su particularidad histórica, en la universalidad de la modernidad" (El cosmopolitismo como problema 88) y negociar una inserción en la dimensión universal sin renunciar, no obstante, a los elementos de anclaje local. No se halla en dicho texto, anota el crítico, una defensa de la "literatura universal" como género englobante y homogeneizador ("El cosmopolitismo" 87). Lo que reconoce Siskind es un "ejercicio de traducción de la propia localidad en términos universales y de la universalidad del otro en términos locales, pero no en función de reconciliar las dos dimensiones dialécticamente, sino una traducción que borra la especificidad de una y otra" ("El cosmopolitismo" 90).

Quiero tomar como guía la lectura de Siskind para observar en la poesía greiffiana una necesidad de replantear las condiciones de su marginalidad en el contexto de la cultura cosmopolita. El colombiano revela también una tensión entre su deseo de apertura al mundo y la determinación de escribir desde un contexto localizado que se revela en marcas textuales precisas. Si en el ensayo de Borges la identificación con el contexto latinoamericano se evidencia mediante el uso de pronombres y otras estrategias de auto-inclusión cultural, en los poemas de León de Greiff hay que buscar estas líneas de anclaje en la enunciación de lugares y las dinámicas de contraste entre la caracterización del "yo," o la voz poética que habla, y el entorno desde el que se enuncia. Algunos de los poemas en los que este choque de fuerzas se hace más evidente son su "Libro de Relatos"—sección incluida en *Variaciones alredor de nada*—y en los poemas que hacen parte del ciclo del "País de Bolombolo." Los escritos de esta última serie se localizan en este

Capítulo dos

lugar remoto de la geografía colombiana que, como lo recuerdan Fernando Macías Zuluaga y Miriam Velásquez en su *Glosario de referencias léxicas y culturales en la obra de León de Greiff*, es un corregimiento situado al sur del departamento de Antioquia donde el poeta trabajó durante su juventud como parte del proyecto de construcción del ferrocarril que atravesaría esta zona y que luego se convertiría en una suerte de territorio mítico de su poesía (101).[18] La "Fanfarria en sol mayor" es uno de los textos de esta serie y puede servir como un ejemplo para ilustrar las afirmaciones anteriores:

> Oh Bolombolo, país exótico y no nada utópico
> en absoluto! Enjalbegado de trópicos
> hasta donde no más! Oh Bolombolo de cacofónico
> o de ecolálico nombre onomatopéyico y suave y retumbante, oh
>   Bolombolo!
> Por aquí se atedia, en éste se atedia por modo
> violento la fantasía; monótono
> país de sol sonoro, de excesivas palmeras, de animalillos
>   zumbadores,
> de lagartijas vivaces, de salamandras y camaleones,
> cigarras estridulantes, verdinegros sapos rugosos, y melados
>   escorpiones.
> Por aquí refractan, en éste refractan luces blancas,
> y todo reverbera como innúmeras estatuas
> de sal, o como una falange elefantina recamada
> de pulidos escudos, o como las trompetas en la bárbara
> marcha de los dioses que entran al Walhalla,
> o como la carga
> de coraceros de Ney en la planicie desolada!
> [...]
> y sólo en la noche la astral urdimbre
> tiende su velo de Tánit inasible! (*OC* vol. I 193–194)

Tanto la descripción salpicada de hipérboles como la humorística enumeración de elementos de la flora y fauna, contribuyen a presentar este espacio como una suerte de sinécdoque exagerada del trópico. El poeta construye una imagen de este lugar como un espacio sobreabundante de realidad que desborda sus capacidades sensoriales. Para percibirlo, de Greiff interpone una pantalla cultural cosmopolita que refracta las imágenes captadas. Y es así que sólo al reflejarse en el espejo de sus lecturas y referencias artísticas e históricas foráneas, la realidad inmediata se vuelve materia asimilable: véase la referencia a Wagner y la mitología nórdica, al mariscal

92

Tradición, sentido histórico y cosmopolitismo

Michel Ney del ejército napoleónico y, por último, a la diosa fenicia Tanit. La tensión entre el lugar de enunciación y los elementos importados de otras tradiciones pone en evidencia ese proceso de doble refracción en el que los elementos locales se inscriben en el contexto de un lugar periférico, y los elementos foráneos se insertan en el marco de un espacio local.

Ahora bien, este esfuerzo por captar una realidad inmediata haciendo uso de los lentes importados puede comprenderse como una estrategia para inscribir su propia individualidad en el contexto de la literatura universal. De Greiff reclama un estatuto de participación en la tradición cosmopolita desde el contexto de su marginalidad y, sobre todo, sin renunciar a los términos de su marginalidad histórica y geográfica. El poema greiffiano pone en escena una dinámica de interacción entre lo local y lo universal que no busca resolverse en síntesis ni tampoco pretende la eliminación de uno de los términos de contraste. Lo que se pretende, más bien, es ensanchar el campo comprensivo de la tradición para poder dar cabida a estas manifestaciones surgidas desde territorios periféricos. El sentido cosmopolita greiffiano busca expandir, desde los bordes, el alcance de la tradición universal a la que busca no sólo acceder sino modificar mediante el ensanchamiento de sus fronteras. Es en esta medida que de Greiff construye una estética desde los márgenes.

Otro poema en el que se señala la tensión entre el condicionamiento de la localización y el deseo de apertura al mundo es la "Balada del mar no visto, rimada en versos diversos," de 1922. Aquí, el ejercicio de la mirada se convierte en un simbólico deseo de partida frustrado por el accidente histórico de su anclaje geográfico:

> No he visto el mar.
> Mis ojos
> —vigías horadantes, fantásticas luciérnagas;
> mis ojos avizores entre la noche; dueños
> de la estrellada comba;
> de los astrales mundos;
> mis ojos errabundos
> familiares del horrido vértigo del abismo;
> mis ojos acerados de viking oteantes;
> mis ojos vagabundos
> no han visto el mar... (*OC* vol. I 53–54)

El poema inicia con una frase negativa que va a configurar la dicotomía entre ausencia y presencia, fantasma y posesión. De

Capítulo dos

Greiff pone en primer plano el deseo visual insatisfecho que se agudiza con las sugerencias sobre una capacidad trunca y un destino frustrado. Los ojos se convierten en un elemento de tensión fundamental puesto que actúan como un órgano de observación de la realidad exterior y, simultáneamente, señalan una pertenencia genealógica con sus antepasados "vikings." Como signos de identidad que vinculan a la voz poética con sus antecesores, los ojos marcan una relación de contraste con el campo visual presente. La paradoja de descender de una raza de hombres nórdicos habituados a la navegación y el no haber podido contemplar este espacio tan íntimamente ligado a su estirpe sintetiza la ironía del texto. Esta consciencia de estar al margen, de hablar desde el lugar equivocado, constituye el lugar de enunciación del poema. El campo semántico que se construye por medio de los adjetivos atribuidos a los órganos visuales enfatiza, justamente, esta condición de no pertenencia al calificarlos de "errabundos" y "vagabundos." En la división espacial que establece el poema entre el espacio ausente y el espacio presente, el lector deduce que la voz poética se enuncia desde tierra firme, desde el interior de un territorio que aparece como dimensión de aislamiento. El marinero en tierra acepta su condición de arraigo forzado y desde allí se abre a una exploración imaginaria de territorios evocados por el deseo:

> Yo sé de los aromas
> de amadas cabelleras…
> yo sé de los perfumes de los cuerpos esbeltos
> y frágiles y tibios;
> de senos que esconden sus hálitos las pomas
> preferidas de Venus!
> Yo aspiré las redomas
> donde el Nirvana enciende los sándalos simbólicos;
> las zábilas y mirras del mago Zoroastro… (*OC* vol. I 53–54)

La particularidad de los territorios explorados por vía de la imaginación y de una memoria ficcionalizada constituye una exploración cosmopolita que intenta asimilar elementos de la mitología griega—Venus—, de la filosofía budista—Nirvana—y de religiones antiguas de Medio Oriente—Zoroastro. En esta enumeración de referencias, ninguna de ellas vuelve hacia el espacio de lo nórdico, como se esperaría en un ejercicio de recuperación nostálgica del pretendido origen vikingo, sino que da cuenta de

94

un movimiento de dispersión hacia otros espacios. De Greiff no reduce su poema a una lógica binaria de origen/exilio, sino a una tensión entre localidad y pluralidad cosmopolita. Y su intención, como se ha subrayado, no es la de optar por uno de los términos de la ecuación sino el de oscilar entre una dimensión universal comprensiva y su anclaje primero. En otras palabras, busca definir y construir su cosmopolitismo desde los márgenes de su particularidad histórica y su condición periférica. Su nostalgia, considerada dentro de esta lógica, tiene una función posibilitadora y no restrictiva. Si el impulso que subyace a este poema es el del retorno, es necesario reconocer que este no se plantea hacia una destinación específica. Por el contrario, sugiere la necesidad de embarcarse en la búsqueda de puntos de partida múltiples, en la construcción de una genealogía dispersa en el mapa de la cultura universal que puede llegar a asumir por medio de un trabajo de asimilación. Mediante estas estrategias de negociación entre lo local y lo universal, de Greiff está ejecutando un replanteamiento de términos de relación entre el espacio todavía periférico de su realidad latinoamericana y el mapa global de la cultura universal.[19]

Reclamo de acceso a la tradición universal

En su "El Relato de Harald el Obscuro," de Greiff pone en voz de este heterónimo una afirmación bastante significativa que abre la puerta a una interpretación de su "deseo de mundo." En un nostálgico monólogo, el personaje greiffiano afirma: "Todos los viajes, todos mis viajes, son viajes de regreso" (*OC* vol. I 431). Más adelante, el poema revela que el destino de Harald el Oscuro es azaroso y que la "nao pirata" de sus viajes discurre "por todos los océanos al azar, al azar, al azar…" (432). Esta afirmación dramática del personaje pone de manifiesto un elemento de bastante interés para discutir su noción de universalidad. Como viaje de retorno, su desplazamiento supone un movimiento de reintegro al espacio de pertenencia original. Ahora, si sus movimientos, dictados no por la voluntad sino por el accidente, se identifican también como una vuelta, la conclusión que parece sugerirse es, entonces, la siguiente: Harald viaja con el convencimiento de que pertenece a todas partes. El motor que impulsa sus desplazamientos es, ciertamente, la nostalgia. Pero la suya es de una naturaleza particular porque busca la restitución a una dimensión universal abarcante;

Capítulo dos

es una nostalgia de pertenencia integral al dominio de la literatura y cultura mundiales. Es así que, para de Greiff, todo descubrimiento se plantea como una recuperación y todo lugar conquistado significa un retorno. La dispersión de sus búsquedas, la amplitud de sus viajes, la expansión en el arco de su curiosidad intelectual y literaria son, todas, vías de reinserción en una deseada dimensión de pertenencia universal.

De cierta manera, la intervención greiffiana en el ámbito de las letras latinoamericanas hace eco de la posición del intelectual modernista en su renuncia a identificarse como un individuo "nacional" y en su deseo de proyectarse más allá del ámbito de su herencia hispánica. La reinvención de los mapas culturales que se efectúa en su obra da cuenta de la posibilidad de transitar por territorios que no se delimitan por fronteras políticas, geográficas o temporales y, al hacer esto, se embarca en un proceso de construcción de una estética y una tradición cosmopolitas. Tal como apunta Gerard Aching a propósito de la obra de Darío, puede decirse que la agenda poética de León de Greiff es la de configurar una suerte de "unidad transnacional." El crítico utiliza esta expresión para interpretar el llamado a una reunificación cultural entre España y Latinoamérica, que rastrea en "Salutación al optimista" (79). La incisiva lectura que este hace del poema dariano quiere evidenciar su intento de configurar poéticamente una base de identificación hispanoamericana que reposa sobre la recuperación de símbolos históricos, mitológicos y culturales que garantizan una continuidad cultural entre España y las naciones del continente americano.[20] A diferencia del nicaragüense, lo que León de Greiff propone es el de redibujar una cartografía cultural en la que se evidencien no solamente las conexiones entre Latinoamérica y España, sino también con el resto de Europa, Norteamérica, Asia, Medio Oriente y otros territorios solicitados por la curiosidad greiffiana. Pero, en lugar de apelar a símbolos, mitologías y elementos culturales compartidos, el colombiano fundamenta su proceso de identificación sobre la base de afinidades literarias, estéticas, filosóficas, ideológicas de carácter subjetivo. Su propósito es el de rastrear comunidades intelectuales y estéticas de espíritus afines, e insertar el espacio cultural latinoamericano dentro de estas coordenadas cosmopolitas.

Este cuestionamiento de la inmovilidad de las identidades nacionales y el llamado a un reposicionamiento estratégico de

96

Tradición, sentido histórico y cosmopolitismo

Latinoamérica en el mapa de la cultura mundial ya habían sido planteados por un prominente ensayista colombiano a finales del siglo XIX. En su ensayo "í," Sanín Cano ya hacía estas propuestas y se anticipaba en cinco décadas al artículo "El escritor argentino y la tradición," en el que Borges volvería a plantear la necesidad de rearticular el lugar de los intelectuales del continente frente a la literatura mundial. Publicado por primera vez en 1894 en la *Revista Gris,* el texto de Sanín Cano hace una férrea defensa del cosmopolitismo que empieza por cuestionar la clasificación de la literatura de acuerdo con patrones de pertenencia nacional:

> El sentimiento de las nacionalidades es todavía tan vivo que aun en la manera de comprender el arte tiene su influjo. Divide las gentes en literaturas lo mismo que si se tratara de hacer una clasificación de razas. Así han pasado al mercado de los valores literarios las denominaciones, sin duda muy artificiales, de literatura francesa, alemana, rusa, escandinava, con que están llenas hoy las obras de crítica y hasta los periódicos de a cinco centavos. (451)

Esta cita evidencia el hecho de que Sanín Cano considera estos sistemas de categorización como artificiales e innecesariamente restrictivos. Pero el punto contra el que se dirige la argumentación del ensayo, nos recuerda Jiménez Panesso, "es el nacionalismo como opositor cerrado a las ideas de modernización" (*Fin de siglo* 36). Para contrarrestar esta idea de aislacionismo cultural y de defensa de valores artificiales, Sanín Cano propone que la obra de arte sea considerada como un fin en sí mismo y no como un medio de expresión de rasgos divisorios; recordando los planteamientos de Goethe y de su concepto de *Weltliterature*, proclama la idea de que el arte se basta a sí mismo y debe ser universal (451). En lugar de servir a los propósitos de diferenciación fomentados por los nacionalismos que rechazan el contagio con otras razas, la literatura está en la obligación de fomentar el "tráfico intelectual" y servir como elemento cohesivo. En este sentido, la apertura de miras hacia otras culturas, ideas y campos de pensamiento se plantea como una tarea de reconocimiento de valores humanos compartidos:

> El hombre moderno [...] tiene la nostalgia de aquellas regiones del pensamiento o de la sensibilidad que no han sido explora-das. Cuando se mueve en busca de mundos nuevos va a renovar sus sensaciones estudiando las que engendra una civilización

Capítulo dos

> distinta. Para eso viaja Loti. Sus libros reproducen la tristeza
> infinita y multiforme de la raza humana en todas las latitudes.
> Los modernos que dejan su tradición para asimilarse a otras
> literaturas se proponen entender toda el alma humana. No
> estudian las obras extranjeras solamente por el valor que en sí
> tienen como formas o como ideas, sino por el desarrollo que su
> adquisición implica. (456–57)

Bajo estas ideas late el presupuesto de la unidad del espíritu
humano y la capacidad de los hombres de todas las latitudes de
comulgar con esta base fundamental de su existencia. Sanín Cano
plantea como tarea del hombre moderno el reconocimiento de
esta unidad en la diversidad y la expansión del sentido de humanidad por medio del enriquecimiento de su campo sensible. Así
como Paz equipara la modernidad con el deseo de exploración de
mundo—"¿Qué es ser moderno? Es salir de su casa, su patria" (*Los
hijos del limo* 131)—, Sanín Cano traza una equivalencia entre ser
moderno, ser universal y el desarrollo de una amplitud sensible y
de valores humanos. Para el ensayista colombiano, el cosmopolitismo se propone como una salida ética y estética que se contrapone
a las banderas de particularización nacionalista y que vehicula la
reconfiguración de mapas culturales.

Aunque el llamado a la acción de Sanín Cano parte de los
mismos presupuestos que el de la crónica martiana sobre Wilde
de 1882, la necesidad de apertura al mundo es planteada por el
colombiano de una manera mucho más estructurada y se presenta
como una necesidad cultural más apremiante. "De lo exótico" es
un texto programático que invita a los escritores latinoamericanos
a replantear sus vínculos de pertenencia nacionales para insertarse
dentro de un contexto y una tradición de orden universal:

> Es miseria intelectual ésta a que nos condenan los que suponen
> que los suramericanos tenemos que vivir exclusivamente de
> España en materias de filosofía y letras. Las gentes nuevas del
> Nuevo Mundo tienen derecho a toda la vida del pensamiento
> [...] Ensanchémoslos [nuestros gustos] en el tiempo, en el espa-
> cio; no nos limitemos a una raza, aunque sea la nuestra, ni a una
> época histórica, ni a una tradición literaria. (458)

El reclamo de participación latinoamericano en el contexto de la
literatura mundial se plantea de manera bastante asertiva e insiste
en que la herencia cultural hispánica y la lengua castellana no

Tradición, sentido histórico y cosmopolitismo

deben considerarse como límites. Por el contrario, invita a superarlas y reconfigurar una cartografía intelectual trazando puentes que corrijan el aislamiento en el que se habían mantenido los intelectuales latinoamericanos de los siglos pasados. El texto se construye en base a un esquema de oposición en el cual el apego exclusivo a lo hispánico es sinónimo de pobreza y el movimiento correctivo de apertura constituye un proceso de enriquecimiento. Su propuesta puede ser leída, entonces, como una invitación a emular en el plano literario las modificaciones que se verifican en el plano productivo de la industria y la circulación de bienes en el contexto mundial.[21]

Esta petición de "ensanchamiento" cultural, de apropiación desinhibida y de reposicionamiento en el mapamundi cultural adelantada por Sanín Cano, es puesta en marcha en una obra como la de León de Greiff y es planteada de nuevo a mediados del siglo XX en el ya comentado ensayo "El escritor argentino y la tradición." Resulta bastante interesante observar que, al plantear la idea según la cual los intelectuales del continente pertenecen por derecho propio a la totalidad de la vida cultural del universo, Borges vuelve sobre algunos postulados que ya circulaban en el ambiente literario e intelectual del continente desde finales del siglo XIX. Su intervención, no obstante, es fundamental para dar una mayor visibilidad y para ilustrar de manera performativa con su propia obra, las posibilidades de asimilación a un espacio global. Tanto en el ensayo de Sanín Cano como en el de Borges, se reconoce la necesidad de participar activamente en una tradición cosmopolita y un deseo de expandir los márgenes de la vida intelectual latinoamericana. Ambos, además, buscan reposicionar el espacio latinoamericano como un elemento clave y constitutivo del panorama cultural universal. Su diferencia estriba, no obstante, en que mientras Sanín Cano habla desde un contexto histórico en el cual el proceso cosmopolita apenas se estaba poniendo en marcha, Borges lo hace desde un momento posterior, cuando esta empresa de integración respecto a la cultura mundial había ya ganado un mayor terreno. El uso del imperativo que movía a la acción en "De lo exótico"—"ensanchémoslos"—se contrasta con el tono afirmativo del texto borgeano—"podemos manejar todos los temas europeos." Este último habla desde un punto logrado. Borges se sitúa en un momento de la historia cultural y literaria que ya ha visto pasar todas las luchas modernistas y vanguardistas

Capítulo dos

que, a fuerza de cosmopolitismo, erudición, viajes y descubrimientos, fueron conquistando para la literatura latinoamericana el derecho de entrada a esta dimensión universalista. Aquello que para Sanín Cano era un territorio que debía ser conquistado, para Borges constituye ya un espacio propio por el que se transita de forma irreverente, "sin supersticiones," y con la conciencia de que su marginalidad es una fuerza productiva.

La poesía de León de Greiff se sitúa, cronológica y culturalmente a medio camino entre el imperativo de Sanín Cano y la comprobación borgiana de acercamiento a la tradición universal. Su poesía constituye una respuesta tácita a las exhortaciones consignadas en "De lo exótico," en tanto abre su arco de curiosidad intelectual a dimensiones no alcanzadas por sus predecesores románticos ni tampoco por los modernistas que lo anteceden. La ampliación del horizonte cultural y la exploración de territorios universales han sido señaladas por numerosos críticos de su obra. Jaime Mejía Duque afirma, por ejemplo, que de Greiff "tiene algo de todas las escuelas y tendencias, desde Petrarca y el 'Romancero,' y desde más atrás, desde el Japón y China y Delfos, hasta la escritura automática [...] De Greiff ha organizado un cosmos dentro del cual se pueden recorrer órbitas diferentes" ("Nueve" 157). Por su parte, Lara reconoce como determinantes para la obra de León de Greiff la presencia de obras como las de Villon, Manrique, Góngora, Quevedo, así como de poetas de la antigüedad clásica, románticos ingleses y alemanes, italianos, rusos y orientales (182). Eduardo Gómez, por su parte, en su artículo "León de Greiff: el lírico contra la lírica tradicional," reconoce la obra de León de Greiff como precursora de una cultura universal en el panorama de la literatura colombiana (154). Este último puntualiza, además, la particularidad del imaginario poético greiffiano que, en su opinión, constituye un "mundo descubierto y no heredado" (157). Esta anotación encaja de manera justa con la división que propongo en este capítulo entre herencia y tradición, y se alinea con la propuesta de leer el universo poético greiffiano como un trabajo de conquista voluntaria de un corpus en el que se insertan elementos medievales, nórdicos, orientales y locales que conquista por una labor de apropiación.

Por otro lado, la poesía de León de Greiff puede observarse como un escalón intermedio que va desde la reverencia que profesa Sanín Cano respecto a la cultura cosmopolita y el manejo

Tradición, sentido histórico y cosmopolitismo

desenfadado de la misma descrito por Borges. Una de las lecturas sobre la poesía del colombiano que destaca este aspecto de manera más apropiada, es la que hace Piedad Bonnett, quien afirma:

> León de Greiff, el más cosmopolita de los poetas colombianos, entra a saco en la tradición, en la gran tradición universal, y recrea su caudal mitológico y se vale de la imaginería de siglos para expresar los temas que lo obseden. Así es por momentos un juglar medieval que hace "vibrar las cuerdas del rabel," o don Lope de Aguinaga, que obra "fazañas imposibles" o Tristán de Leonís dirigiendo "por todos los océanos nuestra nao pirata." (136–37)

Me interesa destacar, sobre todo, la expresión "entrar a saco." El comentario de Bonnett subraya tres puntos fundamentales de la poética greiffiana. En primer lugar, su imperioso deseo de apropiación de "otro," lo foráneo. En segunda instancia, su enérgica apropiación de otras tradiciones. Y, finalmente, la reiteración de una condición periférica que relega su entrada a la tradición a la condición de un "robo," un "pillaje." La crítica observa con agudeza que León de Greiff necesita de la irreverencia para franquear su entrada en la literatura mundial; de ahí que el uso de herramientas como la burla, la ironía y el humor, le resulten fundamentales para desestabilizar las jerarquías y líneas cronológicas de la literatura mundial en la que quiere inscribirse sin ser "autorizado." La justeza de la metáfora de Bonnett radica, además, en el hecho de que la acción de "robar" hace evidente un procedimiento de desterritorialización que se encuentra en la base de la relación greiffiana con la tradición: si por una parte los elementos asimilados son extraídos de su enclave original para dotarse de una nueva significación en un espacio cultural periférico y en la obra de un autor marginal que los toma como suyos, este último también logra desplazarse de su posición original cuando invade culturas foráneas y se viste metafóricamente con los trajes y las máscaras producto de sus asaltos. La lectura de León de Greiff como un "saqueador" no es exclusiva de Bonnett, sino que ya había sido propuesta en 1960 por Jorge Zalamea en su prólogo a las *Obras Completas*, editadas por Aguirre. La expresión que se utiliza en dicho texto para referirse a la asimilación greiffiana de otras tradiciones y a su actitud de curiosidad cosmopolita es la de una "invasión de territorio" (91). Con estos términos, se pone el énfasis en la conquista por la fuerza,

Capítulo dos

en la transgresión no consentida de barreras culturales. Es remarcable observar que, para referirse a las dinámicas de interacción de León de Greiff con la tradición cosmopolita, Zalamea se ve obligado a buscar términos distintos a los de "influencia" o "imitación." El crítico apunta a un elemento fundamental de la relación greiffiana con la literatura universal: su ruptura de las lógicas tradicionales de asimilación imitativa y la adopción derivativa de modelos. Al considerar su relación con la literatura universal como un "saqueo," se plantea una determinante inversión de líneas de fuerza. Tanto para Bonnett como para Zalamea, la empresa poética greiffiana representa un asalto desde los márgenes, un asedio efectuado desde la periferia para apropiarse y reivindicar la posesión de elementos considerados como ajenos. Esta intervención greiffiana en el mapa de la literatura mundial propone una capacidad de actuación reivindicativa y autónoma en la que se dislocan las relaciones de subalternidad y dependencia frente a los centros culturales europeos y se replantean los puentes de relación con otros espacios periféricos. Para el poeta, el canon no aparece como un lugar sacro ni la tradición es un espacio vedado. Por el contrario, se plantean como objetos de conquista. Su actitud invasiva, sus asaltos a las literaturas y las culturas en las que reclama acceso, redefinen las líneas de organización jerárquica de la tradición y replantean las lógicas de estratificación entre centro y periferia.

En las páginas anteriores he presentado una lectura en la que destaco la capacidad greiffiana para redefinir los términos de diálogo con la tradición literaria y su deseo de insertarse en una dimensión cosmopolita. El cuestionamiento de la herencia nacional e hispánica inmediatas, la construcción de una genealogía intelectual propia, así como la configuración de un sentido histórico y cosmopolita, son elementos que considero fundamentales para comprender su voluntad de inserción en el ámbito de la literatura mundial. Su actitud invasiva, la desestabilización de las líneas de ordenamiento cronológico y geográfico, así como la puesta en cuestión de las lógicas de influencia y apropiación de fuentes reconfiguran los mapas culturales en las que de Greiff proyecta su deseo de universalidad. De mis postulados anteriores derivo que una de las apuestas más interesantes de la obra del colombiano es la de cifrar simbólicamente su visión alternativa de la tradición y el cosmopolitismo, en el trazado de una nueva cartografía poética subjetiva. Es por esta razón que las figuras del trotamundos, del

102

Tradición, sentido histórico y cosmopolitismo

explorador, el viajero, así como las temáticas de la huida, el retorno, el viaje a la deriva y el llamado a la aventura—de las que trato en el capítulo siguiente—se configuran como elementos sumamente significativos en los que se codifica la relación greiffiana con la tradición y la literatura mundial.

Capítulo tres

Cartografías poéticas e invitación al viaje

Viajero inmóvil y trotamundos de biblioteca

Junto con otros poetas latinoamericanos como Julián del Casal y José Lezama Lima, León de Greiff pertenece a una particular familia de viajeros inmóviles que recorren el globo desde la quietud de sus bibliotecas.[1] Su "deseo de mundo" no implica un desplazamiento real a otros lugares, sino que se encuentra estrechamente ligado con el impulso de su curiosidad intelectual. Su "ir hacia afuera" no requiere de la experiencia del viaje puesto que los libros, los objetos de arte, los artefactos culturales les sirven como puente de comunicación. Para estos cosmopolitas de biblioteca, la configuración de una imagen del mundo se superpone a la necesidad del contacto efectivo con realidades ajenas a las de su entorno. Así, tal como el personaje del cuento borgiano "El Aleph," sin salir de las habitaciones de su casa ellos encuentran en el centro de su propio espacio un lugar para observar la totalidad del universo. Tanto Casal en el recogimiento de su apartamento como Lezama Lima en el barroco espacio de convergencia de su estudio, intentan ampliar el mapa de sus relaciones culturales más allá de su condición de insularidad. Sin haber visitado Oriente, el primero escribe poemas de inspiración pretendidamente japonesa tales como "Kakemono" y "Surimono" en los que la relación con la dicha cultura japonesa se establece a través de la contemplación de objetos artísticos que se interpretan de manera metonímica y que buscan representar una imagen ilusoria de su arte. Lezama Lima, por su parte, en sus ensayos sobre las "Eras imaginarias" elabora una imagen total del mundo y una reinterpretación imaginativa de la historia construida a través de un elaborado y complejo entretejido de lecturas y objetos provenientes de China, Egipto, Europa y el mismo espacio Latinoamericano.[2] Aunque a diferencia de ellos, León de Greiff

Capítulo tres

tuvo, efectivamente, la oportunidad de salir de su país y vivió fuera durante un par de años, considero que su obra es también la de un viajero inmóvil, y tiene un signo muy similar a la de la obra de estos dos cubanos. Acudo a dos razones principales para sustentar esta afirmación. En primer lugar, el poeta colombiano comparte con ellos la voluntad de elaborar un imaginario universal desde una posición claramente localizada y que se levanta sobre la base de un vasto conocimiento cultural, artístico y literario de la cultura universal. En segunda instancia, puede objetarse que su breve y limitado contacto directo con Europa y con Asia no tuvo un impacto verdaderamente significativo en el corpus de su obra y el proceso de su escritura. Su primer viaje transatlántico lo realiza a los 63 años, cuando ya la mayor parte de su obra poética había sido escrita. Para el año de 1958 se habían publicado siete de los ocho mamotretos que constituyen la totalidad de su obra poética, en los cuales había forjado ya los términos de un cosmopolitismo más intelectual que aventurero. Puede decirse que en sus lecturas y en su propia escritura ya había reconocido y construido imaginariamente los territorios que sólo en ese momento se preparaba para ver de manera directa. De cierta forma, su exploración poética había anticipado en décadas la visita a lugares que desde sus primeras publicaciones formaron parte integral de su universo poético: Suecia, Francia, Alemania e incluso China y Rusia. Cuando en el año de 1958 el "viking" anclado en el trópico visita finalmente Estocolmo ya lleva consigo toda una mitología nórdica inventada dentro del espacio de su poesía, que no será reemplazada ni obliterada por la observación directa de aquella otra realidad objetiva y tangible.

En este viaje tardío, León de Greiff transita por Suecia, la Unión Soviética, China, Alemania, Austria, Yugoslavia y Francia. El año siguiente a su primera visita a Europa, el poeta es nombrado Secretario de la Embajada de Colombia en Suecia, donde residirá desde 1959 hasta 1963. Resulta interesante comparar el trazado de su itinerario de viajes con el mapa de sus lecturas y las referencias literarias que se hallan en su poesía. Por una parte, el recorrido de sus lecturas resulta mucho más amplio, nutrido, interesante y profundo que el de sus desplazamientos como viajero. El arco de curiosidad literario greiffiano se extiende desde Europa hasta Oriente y atraviesa una vasta extensión histórica. Su bagaje de referencias abarca desde fuentes clásicas griegas hasta la literatura europea vanguardista, pasando por la poesía medieval trovadoresca,

Cartografías poéticas e invitación al viaje

tradiciones de Medio Oriente, referencias al pensamiento budista, guiños a la mitología y las sagas nórdicas, así como también las apropiaciones creativas de la literatura española del Siglo de Oro. Por otra parte, a pesar de que durante su estadía en Suecia el colombiano escribe una serie de textos que se hallan a medio camino entre la crónica y la tergiversación literaria, estos no representan un cambio fundamental en su acercamiento a la tradición literaria como orden de existencia simultáneo, ni tampoco marcan un cambio de actitud respecto a su asalto a la historia. Los textos que produce en esta época—publicados bajo el título de *Correo de Estocolmo*—tampoco ensanchan el círculo de sus temáticas ni añaden significativamente al catálogo de sus personajes o lugares de frecuentación imaginaria. Sus escritos suecos retoman narrativas ya aparecidas en algunas de las *Prosas de Gaspar y Bárbara Charanga*—principalmente, la reelaboración poética del asentamiento de sus antepasados nórdicos que vinieron de Europa para instalarse en Colombia. Lo que quiero subrayar con estas observaciones es el hecho de que en la obra greiffiana hay una primacía clara del conocimiento por vía intelectual, que toma preeminencia frente a la posibilidad de una experiencia directa. La imagen del mundo y la proyección cosmopolita que el colombiano quiere fabricar al interior de su obra se sustentan sobre la acumulación de ganancias culturales, literarias y artísticas obtenidas mediante la frecuentación de fuentes librescas. Su cosmopolitismo no exige un desplazamiento geográfico sino un afán universalista de conocimiento que puede realizarse desde la mesa de lectura.

La cartografía fundamental de los viajes greiffianos es, de esta manera, la que se puede trazar en el recorrido intelectual de su obra y que da cuenta de sus itinerarios poéticos, sus frecuentaciones culturales, sus espacios imaginarios y las líneas de su genealogía literaria. Las conexiones que forma con otros escritores, obras, tradiciones, campos culturales, son los que determinan finalmente la dimensión abstracta de universalidad en la cual se inscribe. El mapa de sus frecuentaciones puede leerse, así, como la proyección de su propio "deseo de mundo," la plasmación textual de ese orden simultáneo de existencia en el que entra de manera desenfadada trastocando categorías de clasificación y jerarquía. Al situarse frente a la posibilidad de explorar el universo, su propósito no es el de copiar o reflejar de manera fiable una realidad preexistente sino el de reorganizar los elementos que configuran un nuevo sentido de totalidad.

Capítulo tres

Cartografías poéticas y posicionamiento global

Para rastrear la voluntad de reelaboración de líneas geográficas e históricas en la obra greiffiana, me enfoco en dos textos: el primero, se sitúa al principio de su obra; el segundo, es un poema incluido en el séptimo de sus mamotretos. Me remito a estos escritos por dos razones principales. Por una parte, al seleccionar un texto temprano y uno tardío dentro del corpus del colombiano, quiero hacer manifiesta su constante preocupación por articular cartografías intelectuales alternativas y trazar nuevas vías de relación con la historia. En segunda instancia, considero que estos poemas presentan de manera clara el deseo de insertarse de forma participativa en el espectro amplio de una literatura y una cultura universales. El primero es la "Farsa de los pingüinos peripatéticos." Este poema con el que se abre *Libro de Signos* está firmado por un "trio coautor" conformado por los heterónimos de Matías Aldecoa, Leo Legris y Gaspar von der Nacht. Consiste en un recuento de los desplazamientos de la tropa simbólico-humorística de "pingüinos peripatéticos" que atraviesan el globo moviéndose en caravana desde los extremos polares hasta llegar al trópico. En su recorrido atraviesan un abigarrado conjunto de lugares cuya particularidad no es únicamente la rareza de su composición y su dispersión geográfica, sino el hecho de que se observa a través de una pantalla poética. En el texto se hace evidente la necesidad de reinventar la composición de un mapa mundial mediante una doble vía: la reinvención de líneas territoriales y la reinterpretación literaria de los paisajes enumerados o visitados. El poema se presenta casi como una aventura épico-humorística que formalmente se estructura sobre la base de una composición musical u operática. En la segunda "ronda"—que es la denominación que se asigna a cada apartado—, luego de haber efectuado una breve introducción, los pingüinos hacen finalmente su aparición:

> De pingüinos
> la tropa
> galana
> salía de paseo: caravana
> de abigarrada variedad innúmera
> (como "En las Estepas del Asia Central"
> de Alejandro, hijo de Porfirio, Borodin).
> [...]

Cartografías poéticas e invitación al viaje

Caravana,
caravana de pingüinos:
pingüinos asaz lindos y asaz feos,
torpes y asaz geniales.
Caravana
de pingüinos poetas
peripatéticos,
de pingüinos burgueses, filisteos
filistinos,
de pingüinos Orfeos,
superfinos
[...]
Emigrantes, al Polo le dijeron: ¡abur!
—a pesar de los pésimos servicios de transporte—
los épicos pingüinos. (*OC* vol. I 107–09)

A lo largo de las siguientes "rondas," de Greiff da cuenta del viaje de esta caravana que, en su multiplicidad, se presenta como un resumen caricaturesco de la humanidad. Su migración desde los polos hacia "los trópicos / y a los climas medios" (*OC* vol. I 111), es el tema central alrededor del cual se construye un juego de repeticiones, variaciones y adiciones. Sin embargo, a pesar de que se plantea como zona de confluencia esa región a la que de Greiff se refiere vagamente como "el trópico," el énfasis no recae sobre la conquista de este espacio. El poema se demora, más bien, en una iterativa representación de la tropa de pingüinos, así como en una reelaboración literaria de los espacios que estos atraviesan en su migración. El viaje pierde su dimensión teleológica y su impulso de movimiento ya no es aprovechado para asegurar la llegada a destino sino como una fuerza de reconfiguración imaginaria de territorios. Al trazar este tipo de mapas, de Greiff abre simbólicamente la posibilidad de transitar por nuevas vías de circulación cultural e intelectual. El interés greiffiano no es el de narrar la llegada a una meta, sino el de reinterpretar los caminos que se trazan en el proceso de acercamiento a ella. Los trayectos que se dibujan en el texto, entonces, no responden más que vagamente a un itinerario geográfico y pasan a configurar, más bien, cadenas asociativas de elementos culturales y literarios que se superponen al mapa físico del territorio. El tránsito espacial de los polos hacia el centro del globo pone en marcha un sistema de exploraciones intelectuales que se hace especialmente evidente en la "Ronda final." Luego de mencionar

109

Capítulo tres

que los pingüinos "continuaron su odisea" hacia el trópico, el poema abre una invitación: "Vamos los pingüinos, / pingüinos poetas, / a filosofar" y abre un recuento de conexiones filosóficas que toman primacía en el texto y eclipsan toda referencia a desplazamientos espaciales. En la enumeración de sus deambulaciones menciona a "Platones / y Minos, / Sénecas y Licurgos"; "Agustines y Celsos y Plotinos"; "Laotsés y Confucios y Gautamas"; "Erasmos sutiles"; "Gracianes y Bacones"; "Pascales, / y Spinozas, / Descartes y Calvinos y Aristóteles"; y termina con Schopenhauer, Kant, "el loco Blake" y "el loco Nietzsche" (*OC* vol. I 124–25). Esta revisión panorámica de la historia de la filosofía—que abarca desde las fuentes clásicas hasta los representantes del pensamiento moderno más revolucionarios del siglo XIX—eclipsa cualquier posible mención geográfica y hace evidente el hecho de que en la obra greiffiana todo movimiento se cumple en un plano intelectual y literario. Lo que nos ofrece es un recorrido por su bitácora de lecturas personales, un trazado de sus viajes intelectuales.

El hecho de reemplazar un mapa físico por un mapa intelectual testimonia un deseo de salida y evasión que ya formaba parte de la estética de escritores como Casal, Darío, Silva y otros modernistas. La imaginación y la carga erudita que se articulan en la "Farsa de los pingüinos peripatéticos" hacen un contrapeso a la reducción del mundo a categorías positivistas y a divisiones espaciales que se circunscriben los territorios a fronteras políticas, lingüísticas o históricas. Esto lo hace manifiesto en el mismo "Preludio," cuando ofrece una visión de conjunto de los países sobre los que trata su "rapsodia": "Soñados países—no están en los Mapas […] Países sin Reyes ni Imperantes ni Popes ni Papas / ni Presidenzuelos rufianes y grises…" (*OC* vol. I 105). Esta toma de distancia no puede ser interpretada simplemente como el escape hacia una torre de marfil. Por el contrario, como recuerda Kelly Comfort a propósito de la actitud esteticista de los modernistas latinoamericanos, este tipo de actitudes de rechazo a la realidad inmediata llevan implícita una puesta en cuestión del *status quo* y la propuesta de imaginar posibilidades alternativas para el arte y también para la vida (9). De Greiff opone la compensación del arte y las construcciones del pensamiento a las restricciones de la realidad. Es así que, al situar sus territorios fuera de los "Mapas," los "Países" y las jerarquías de poder representadas por "Reyes" y "Presidenzuelos"—nótese el uso irónico de las mayúsculas—, establece la necesidad de

110

Cartografías poéticas e invitación al viaje

construir una esfera de existencia por fuera de los ordenamientos jerárquicos y las divisiones políticas representadas por estas figuras. La función que tiene el trazado de una nueva cartografía es, de esta forma, la de plantear una forma distinta de insertarse en el mundo. Pero la alternativa que propone de Greiff no es la de un retorno a la naturaleza idealizada—opción de corte romántico—o la de proyectar en el futuro una solución utópica—actitud propia de un vanguardismo de corte futurista—sino la de reinterpretar la realidad en clave intelectual, situándose así en una línea similar a la de un poeta como Rubén Darío. Y es, finalmente, en la literatura, el arte, la música y la filosofía donde el colombiano encuentra una dimensión enriquecida y habitable. De ahí que su propuesta de escape no se limite a una evasión hacia la jungla o la estepa, sino que busque asimilar estos espacios tras pasarlos por la pantalla de una idealización poética. Cuando nos habla de la jungla, lo hace como una referencia reminiscente de sus lecturas de Rudyard Kipling; cuando se refiere a la estepa, busca evocar el espacio imaginado por Edgar Allan Poe:

> Soñados países—no están en los Mapas;
> tierras soleadas: pitones, leopardos,
> índicos junglares kiplinianos, arenales libios ...
> Estepas del Polo—Polo Norte o Sur—.
> Estepas del Polo—Polo Sur o Norte—.
> Estepas del Polo, glaciares, declivios
> que ponen pavores cual cuentos de Edgardos (*OC* vol. I 105)

El trazado de recorridos geográficos interpretados en clave cultural es un *leitmotiv* que atraviesa de principio a fin el poema y nutre varias de las estrofas que lo componen. Baste citar tres ejemplos adicionales para ilustrar su insistencia en la configuración de una geografía literaria:

> El Polo Norte.
> (Igual al Polo Sur).
> El Polo Norte:
> Un mástil rosa y negro.
> [...]
> Baudelaireanamente
> Lo quise así pintar:
> "oh charme inattendu
> d'un bijou rose et noir" (*OC* vol. I 106)

111

Capítulo tres

> Es uniforme, es uniforme el lleco.
> El lleco.
> Nada
> De fantásticos hielos,
> Oh Verne. (*OC* vol. I 107)

> Abandona la selva de los pinos
> y sigue hacia los trópicos.
> (En el itinerario
> trátase de alguna incursión por Ecbatana
> —a lomo de dromedario—; (*OC* vol. I 109)

A medida que de Greiff avanza enumeraciones topográficas, las pone en paralelo con sus propias lecturas y conocimientos: la metáfora del mástil "rosa y negro" de los polos le sirve como excusa para citar a Baudelaire; la mención del espacio de "fantásticos hielos" le da pie para hacer un guiño a una novela que se desarrolla justamente en un desierto helado, *Las aventuras del capitán Hatteras* de Jules Verne; y, en el último de los fragmentos citados, la mención a la ciudad antigua de Ectabana le sirve para desplazar la mirada hacia un campo de conocimiento distinto, acercándose a la historia del Imperio Persa. Así, la acumulación de topónimos, direcciones, trayectorias y aventuras revela una caprichosa pero extremadamente consciente recopilación cultural que se muestra como un cuaderno de bitácora de su trayectoria cultural.

La "Farsa de los pingüinos" permite destacar el deseo de reinterpretar artísticamente la realidad y hacer una reorganización activa de la geografía mundial. Sin embargo, para señalar la proyección universalista y el "deseo de mundo" greiffiano considero necesario abordar el "Relato de los oficios y mesteres de Beremundo," en el que de Greiff vuelve sobre la cuestión de reinterpretación de cartografías universales. Aquí no solamente se subraya la apertura de su interés literario, sino que también puede señalarse una de las estrategias textuales más típicamente greiffianas de proyección universalista: la enumeración. El texto hace parte del séptimo mamotreto, *Velero Paradójico*, y a lo largo de dieciocho páginas ofrece, en la voz de Beremundo, una narración exhaustiva de sus viajes y ocupaciones. Mediante un inventario de objetos, nombres, territorios y datos culturales, de Greiff testimonia el deseo de insertarse en una dimensión cosmopolita siguiendo una vía acumulativa. En la narración de la biografía imaginaria de este personaje se recurre a listas, repeticiones, minuciosas relaciones de viajes y tránsitos,

Cartografías poéticas e invitación al viaje

que tienen como propósito comunicar una idea de sobreabundancia y saturación cuyo objetivo es el de reflejar la condición pletórica de la cultura universal. Este poema-catálogo se construye como un reflejo de esa dimensión totalizante. El poema se abre con una doble declaración de propósitos: trazar una cartografía de sus desplazamientos y hacer un recuento de los oficios en los que ha incursionado:

> Yo, Beremundo el Lelo, surqué todas las rutas
> Y probé todos los mesteres.
> Singlando a la deriva, no en orden cronológico ni lógico—en sin
>   orden—
> narraré mis periplos, diré de los empleos con que nutrí mis ocios,
> distraje mi hacer nada y enriquecí mi hastío…;
> —hay de ellos otros que me callo— (*OC* vol. II 201)

Los dos ejes temáticos y simbólicos son, como puede verse, el viaje y el trabajo. El primero de estos da cuenta de la voluntad expansiva. El segundo, se presenta como posibilidad de habitar y transformar los lugares en los que se inserta. Beremundo aparece como un viajero que se instala los sitios de su recorrido, los habita temporalmente y los transforma. En los versos iniciales hace manifiesta esta actitud participativa:

> Catedrático fui de teosofía y eutrapelia, gimnopedia y teogonía y
>   pansofística en Plafagonia;
> berequero en el Porce y el Tugüi, huaquero en el Quindío,
> amansador mansueto—no en desuetud aún—de muletos cerriles y
>   de onagros, no sé dónde;
> palaciego proto-Maestre de Ceremonias de Willfredo el Velloso
>   (*OC* vol. II 201)

Aunque la enumeración de oficios y lugares parece, de entrada, incongruente y chocante por su rareza, es importante notar la voluntad de inserción activa en cada uno de estos destinos. En Plafagonia—región situada en la costa norte de Anatolia y que ya aparece mencionada como uno de los pueblos aliados de los troyanos en *La Ilíada*—se propone como catedrático de materias poco corrientes, rimbombantes e incluso inventadas (i.e., pansofística). Luego, sin un espacio de tránsito, salta directamente a la geografía de Colombia y se presenta primero como minero artesanal en los ríos de Antioquia—"berequero en el Porce"—y como buscador

113

Capítulo tres

de tesoros en el departamento del Quindío. Para continuar con el efecto de desestabilización, se traslada luego a otra época y a otro continente: lo vemos como ayudante palaciego del famoso conde que garantizó la independencia del condado de Barcelona respecto de la monarquía carolingia en el año 985. Para acoplarse a estos sitios asume en cada uno de ellos una profesión que le confiere un cierto sentido de anclaje local momentáneo. El "deseo de mundo" greiffiano lo empuja no solamente a asimilar múltiples y numerosos conocimientos sino a presentarse como un verdadero participante de la historia, la cultura y el arte que asimila. En los desplazamientos bruscos que aparecen en el poema y que se muestran casi como una deambulación, el lector puede reconocer un juego de tergiversaciones que tiene como propósito garantizar su inserción en los sitios y épocas explorados. Pero, para encontrar su lugar en la historia y en los lugares que recorre, estos deben ser reinventados. Como puede observarse, no es el personaje de Beremundo quien se adapta a los espacios de su exploración, son éstos los que son modificados por de Greiff para dar cabida a su personaje.

Para construir la biografía imaginaria de Beremundo y dar sustento a sus deambulaciones, el autor colombiano opera sobre la base de un orden de existencia simultáneo similar al que describía T.S. Eliot y parece navegar por las aguas del "tiempo profundo" teorizado por Wai Chee Dimock. Beremundo puede transitar entre siglos distintos, habitar espacios alejados, acercarse a culturas diferentes debido a que aborda la historia y la tradición como espacios relacionales. Al concebir este orden como una superficie plana en la que virtualmente todos los elementos son equidistantes y pueden ser aprovechados, es posible navegar dentro de ella "no en orden cronológico ni lógico," sino de una manera lúdica y caprichosa. De Greiff comprime la dimensión histórica y la traduce a un plano dentro del cual las líneas de sucesión cronológica se transforman en distancias espaciales y posiciones geográficas. El espacio de simultaneidad creado a través de sus recorridos ataca tanto las lógicas de modernidad y progreso que relegan a Latinoamérica a un lugar secundario, así como también la posición de centralidad ocupada por elementos consagrados de la cultura europea. Es así que este replanteamiento de las dinámicas de interacción le permite trazar un mapa alternativo en el que se renegocian las dinámicas de retraso/contemporaneidad y localidad/cosmopolitismo.

Cartografías poéticas e invitación al viaje

En *The Avant-Garde and Geopolitics in Latin America*, Fernando Rosenberg observa que esta tendencia a la espacialización de la dimensión histórica es una característica recurrente de la literatura modernista y vanguardista latinoamericana. Según el crítico, la reducción de las categorías de ordenamiento temporal a una dimensión espacial tiene como objetivo hacer un cuestionamiento de las lógicas de causalidad, de la linealidad temporal y de las relaciones de subordinación de origen colonial que relegan el espacio latinoamericano a una posición de retraso y marginalidad (36–37). A diferencia de otros teóricos que consideran este procedimiento de compresión del tiempo en una línea de simultaneidad como un logro democrático de reunión de perspectivas múltiples (como es el caso de Mikhail Bakhtín y Benedict Anderson), o como una neutralización de posiciones diferenciales (según arguye Franco Moretti), Rosenberg lo concibe como una vía para trazar un mapa global comprensivo (37). El desafío que observa en esta tarea es, no obstante, el de dar cuenta de "an increasingly unified global logic that nevertheless escapes representation as such because this simultaneity is spatially discontinuous" (38). La imposibilidad de representar en su totalidad un territorio de amplitud global, discontinuo y en constante transformación determina, pues, que la labor cartográfica no asuma como objetivo fijar fronteras definitivas ni determinar categorías universales de organización mundial. La nivelación de elementos dispares en un círculo de simultaneidad es entendida por el crítico como una herramienta de conocimiento que, consciente de su anclaje local y de las limitaciones de su lugar de enunciación, traza un mapa de elementos históricos y cosmopolitas condicionado por el lugar de observación desde el que se construye. Rosenberg insiste en señalar que la elaboración de estos mapas se efectúa necesariamente "from a concrete position, not from an abstract universality" (38) y por tanto debe tenerse en cuenta el rol fundamental que tiene el "posicionamiento global" en dicho proceso de construcción de redes. Traigo a la discusión los postulados de Rosenberg porque considero que ejercen un movimiento correctivo a la posición eliotiana (de origen claramente eurocentrista) y permiten adelantar una interesante lectura de la práctica poética greiffiana de penetración en la historia y de asimilación de la tradición literaria mundial.

En el comentario del "Relato de los oficios y mesteres de Beremundo" he señalado la visión greiffiana de un orden de

Capítulo tres

existencia en el que se comprimen las divisiones cronológicas y distancias geográficas objetivas. Como se ha visto, el principio de simultaneidad del que parte el poeta colombiano le permite situar en un mismo nivel una gran cantidad de elementos dispares, eventos y personajes de épocas distintas, así como también lugares localizados en coordenadas dispersas. Los desplazamientos de Beremundo elaboran una cartografía imaginaria que, asumiendo la discontinuidad como condición y posibilidad creativa, abarca una dimensión de carácter global. Con esto, de Greiff apunta al objetivo de proyectar una imagen de universalidad que asume, de entrada, su condición fragmentaria y las limitaciones de su lugar de enunciación. Su proyecto expansivo se inscribe entre el impulso generado por su "deseo de mundo" y los condicionamientos de lo que Rosenberg denomina su "posicionalidad en el globo" (14).

La lectura geopolítica que Rosenberg hace de las producciones literarias latinoamericanas de principios del siglo XX—principalmente las vanguardias—, propone la necesidad de reconocer en los discursos cosmopolitas construidos desde posiciones periféricas, la potencialidad de contestar las lógicas de ordenamiento y jerarquía establecidos entre los centros de acumulación simbólica de capital cultural y sus bordes (16–17). El poema que aquí se comenta constituye un ejemplo de renegociación de posiciones que se lleva a cabo mediante la configuración de un mapa en el que elementos locales y foráneos, canónicos y marginales, cultos y populares, antiguos y modernos, se superponen y se deslizan uno sobre otro como en un juego de paneles corredizos. El personaje de Beremundo cumple la función de movilizar una dinámica de entradas y salidas, así como también la de difuminar los trazados de líneas de frontera. Al oscilar constantemente entre centros y periferias—tanto históricos como culturales—, al trasladarse de manera abrupta entre sitios que no guardan relaciones de estrecha cercanía y al desplazarse sin transiciones de un momento histórico a otro, se desestabilizan las lógicas de ordenamiento histórico y las estructuras de jerarquización sobre las que se sustentan los cánones que relegan las obras latinoamericanas—y por ende la suya propia—a una posición de retraso y aislamiento. El siguiente fragmento del "Relato de Beremundo" puede ilustrar las observaciones anteriores:

Cartografías poéticas e invitación al viaje

Fui topógrafo ad-hoc entre "El Cangrejo" y Purco y Niverengo,
(y, ad-ínterim, administré la zona bolombólica:
mucho de anís, mucho de Rosas del Cauca, versos de vez en cuando)
[...]
Estuve en Narca y en Pultawa y en las Queseras del Medio, en
    Chorros Blancos
Y en El Santuario de Córdova, y casi en la de San Quintín
(como pugnaban en el mismo bando no combatí junto a Egmont
    por no estar cerca al de Alba;
a Cayetana sí le anduve cerca tiempo después: preguntádselo a
    Goya);
no llegué a tiempo a Waterloo: me distraje en la ruta
con Ida de Saint-Elme, Elselina Vanayl de Yongh, "viuda del
    Grande Ejército (desde antaño
... más tarde)"
y por entonces y desde años antes bravo Edecán de Ney—:
Ayudante de Campo... de plumas, gongorino.
No estuve en Capua, pero ya me supongo sus mentadas delicias.

Fabriqué clavicémbalos y espinetas, restauré virginales, reparé
    Stradivarius
Falsos y Guarnerius apócrifos y Amatis quasi Amatis.
Cincelé empuñaduras de dagas y verduguillos, en el obrador de
    Benvenuto,
Y escriños y joyeles y guardapelos ad-usum de Cardenales y
    Cardenalesas.
Vendí Biblias en el Sinú, con De la Rosa, Borelly y el ex-pastor
    Antolín. (*OC* vol. II 204–5)

En el poema vemos al personaje greiffiano saltar desde el ámbito de poblaciones colombianas (Purco, Niverengo, Bolombolo) hacia ciudades localizadas en Europa del Este (Pultawa), para luego estar de vuelta en el continente americano (Queseras del Medio, Chorros Blancos) y desplazarse de nuevo hacia Francia (Waterloo) y España (Santuario de Córdova). De igual manera, trastoca el orden temporal y lo reduce a una línea de coincidencia que le permite encontrar, en el mismo horizonte, elementos, personajes y eventos que se extienden desde el renacimiento (Benvenuto Cellini), pasando por el siglo XIX (Goya, el mariscal Ney), hasta su propio momento histórico (la mención a su labor de topógrafo en Bolombolo es, indudablemente, un guiño autobiográfico). Beremundo se mueve con extremada facilidad al interior de un

Capítulo tres

espacio en el cual los desplazamientos intelectuales se equiparan con ambiciosas exploraciones geográficas e históricas. Con este recurso poético, lo que de Greiff busca llevar a cabo es, en última instancia, reducir el universo a una dimensión textual.

La propuesta de plasmar la totalidad del mundo en el espacio de una ficción literaria que aquí señalo, resulta similar a la que Borges postula en "El Aleph." En el cuento, Carlos Argentino Danieri, un escritor caricaturesco y de pobres méritos, encuentra en el sótano de su casa en Buenos Aires un punto de observación en el que "están, sin confundirse, todos los lugares del orbe, vistos desde todos los ángulos" (Borges, vol. I 623). En las imágenes que ve a través de esta ventana al universo encuentra la materia para un largo poema titulado "La Tierra" y que pretende ser una exhaustiva "descripción del planeta" (vol. I 629). En determinada ocasión, Argentino Danieri invita al personaje Borges a presenciar esa suerte de milagro qué es el Aleph y, a través de su narración, el lector se convierte en testigo de este fenómeno. El narrador, luego de hallarse frente a este portento, admite su ansiedad a la hora de traducir a palabras la visión que se le ha concedido:

> En ese instante gigantesco, he visto millones de actos deleitables o atroces; ninguno me asombró como el hecho de que todos ocuparan el mismo punto, sin superposición ni trasparencia. Lo que vieron mis ojos fue simultáneo: lo que transcribiré, sucesivo, porque el lenguaje lo es. Algo, sin embargo recogeré. (vol. I 625)

La profusa enumeración que sigue a esta confesión de impotencia—cuyo recuento, como el itinerario de Beremundo, incluye personajes, lugares, eventos de tiempos distintos y de todos los continentes—quiere dar cuenta del vasto universo que Borges pretende condensar en la extensión de una breve página escrita. Pongo en paralelo el texto de León de Greiff con el del escritor argentino porque considero que ambos coinciden en un par de puntos esenciales respecto a la plasmación de una imagen del mundo desde su localización latinoamericana. En primer lugar, los dos escritores se hallan impulsados por el deseo de asimilar e insertarse en una dimensión comprensiva de universalidad. Mientras en el poema Beremundo transita por todo lo ancho del globo y atraviesa una dimensión plana de la historia en la que la relación entre el presente y el pasado ya no es sucesiva sino concomitante,

118

Cartografías poéticas e invitación al viaje

el personaje Borges tiene la oportunidad de observar una esfera en la que coinciden y conviven simultáneamente todos los lugares del orbe. En segunda instancia, en su tarea de proyectar un mapa total del mundo, ambos guardan un anclaje marcadamente local que condiciona la construcción de sus visiones de totalidad. De Greiff y Borges plantean su acceso a un orden de existencia simultáneo asumiendo su marginalidad como una condición productiva y apostando, de esta forma, por un universalismo de signo latinoamericano. Si Borges hace explícita la decisión de situar su Aleph en el sótano de una casa de Buenos Aires, de Greiff consigna en su texto referencias que, al estar conectadas con su propia biografía, permiten inferir con suficiente claridad su emplazamiento periférico latinoamericano.

La discusión sobre el reposicionamiento de la condición local frente al ámbito cosmopolita en Borges y de Greiff amerita un comentario adicional. En la introducción a *Beyond Bolaño*, Héctor Hoyos hace una interesante lectura de las implicaciones políticas que pueden señalarse en la creación del Aleph borgiano. Al comentar el pasaje en el que el narrador del cuento describe la visión de la totalidad del universo y comienza a detallar cada uno de los espacios que se revelan frente a sus ojos, Hoyos anota lo siguiente:

> In one conspicuous parenthetical remark in the story, Borges situates London, that quintessential metropolis, in a corner of the cellar of an innocuous house in Buenos Aires, among spider webs no less. This is an understatement, not a Calibanesque affirmation of the Latin American periphery over the Old World; it is more an act of entitlement than one of subversion. However, the gesture does bring about, quite literally, questions about where the center of the universe lies. (3)

La estrategia de reposicionamiento global del cuento "El Aleph" se presenta en términos que, hasta cierto punto, resultan comparables a la propuesta de inserción y reivindicación cosmopolita que se adelantan en el "Relato de Beremundo." En primer lugar, haciendo eco de la lectura de Hoyos, considero importante señalar que, como Borges, León de Greiff tampoco entabla su relación con la tradición cultural y literaria universal en la línea de una reivindicación "calibanesca." Con esto quiero decir que su proceso de lectura, asimilación, reinterpretación y reutilización de elementos—tomados ya sea de Europa o de otros espacios culturales y

Capítulo tres

literarios—no coincide con la lógica de contraposiciones dualistas planteadas por Fernández Retamar en su seminal ensayo de 1971. El mecanismo de apropiaciones culturales que opera en la poesía del colombiano no apunta a la configuración de una identidad nacional ni latinoamericana, ni tampoco se esgrime como un arma de contestación de prácticas coloniales. Considero, más bien, reapropiándome de la lectura del crítico, que el gesto greiffiano es el de un reclamo de derechos subjetivos de participación en la dimensión amplia de la tradición universal. La segunda cuestión que retomo de Hoyos es el cuestionamiento de dónde se sitúa el "centro" del universo y cómo renegociar las tensiones entre núcleos y márgenes culturales. Como ya se ha observado anteriormente, los dos escritores asumen de forma consciente una posición periférica como estrategia creativa y de diálogo. Su voluntad, sin embargo, no es la de perpetuar un paradigma de división entre lo local y lo cosmopolita, sino la de asumir la tarea de proyectar una imagen de universalidad a partir de los condicionamientos de su lugar de enunciación. Los mapas de exploración y conexiones que elaboran Borges y de Greiff en sus respectivas obras se presentan como plasmaciones individuales de su propio "deseo de mundo" y del trazado que logran fabricar mediante un esfuerzo de apertura hacia otras literaturas y tradiciones. En otras palabras, sus proyecciones de universalidad son ficciones que asumen abierta e individualmente las condiciones de su posicionamiento histórico y global. Es así que, en el caso de ambos escritores, volvemos a la escena simbólica del intelectual-cartógrafo que traza un mapa del mundo desde un escritorio o desde una biblioteca situados en los márgenes del orbe del que quiere dar cuenta. Ambos trazan nuevos mapas de relación configurados a partir de un espacio latinoamericano.

"La invitación al viaje": Lectura e interpretación de la temática simbolista

La fractura entre el poeta modernista y la sociedad es un asunto que ya ha sido comentado de forma muy amplia y por varios críticos como Ricardo Gullón, Octavio Paz, Ivan Schulman, Ángel Rama, José Olivio Jiménez, Aníbal González y Gerard Aching, por mencionar solo algunas de las voces más destacadas.[3] El choque entre la figura del artista y el entorno en el que se inscribe, conduce al primero a una situación de aislamiento y marginación que

120

Cartografías poéticas e invitación al viaje

intenta resolver tanto de manera simbólico-estética como también en términos prácticos. El escritor, que es observado como una figura no productiva dentro del contexto de la naciente sociedad burguesa, se afirma en su diferencia y adopta actitudes de protesta que, como observa Gullón "aparece[n] con frecuencia en formas escapistas" ("Indigenismo y modernismo" 267). Una de estas formas de rebeldía se manifiesta como un movimiento de evasión que se concreta tanto en un impulso de viaje como en una necesidad de exploración intelectual. Aquellos que pudieron viajar buscaron en Europa, particularmente en Francia, la vida de artista moderno y cosmopolita que se les negaba en sus países. Pero quienes no materializaron en el viaje su deseo de salida, optaron por asumir una actitud de exilio imaginario. La huida de su entorno se realiza mediante la fabricación de un reino interior y a través de la construcción de una biblioteca personal. Sus obras aparecen, pues, como un instrumento de viaje y como un espacio de realización del deseo de exploración cosmopolita.

En el caso greiffiano, la necesidad de escapar de la sociedad provinciana de su tiempo aparece como un motivo recurrente a lo largo de toda su obra. Sin embargo, esta temática se manifiesta, sobre todo, en los poemas de sus primeros "mamotretos," escritos en las primeras décadas del siglo XX, cuando el país se encontraba todavía en un período de transformaciones económicas y sociales. Durante estos años, de Greiff asistió al panorama de una sociedad que se encontraba en proceso de "dar el paso de la sociedad patriarcal" hacia "la modernización del estado, el crecimiento de las ciudades, el intento de industrialización y el ensanchamiento de las clases medias" (Bonnett 134). El rechazo a las condiciones de su presente histórico, además de la posición tradicionalmente conservadora de la sociedad colombiana, llega a constituirse, como reconoce Bonnett, en uno de los ejes centrales de la obra del poeta colombiano. Uno de los poemas en los que mejor se reconoce su insatisfacción con el entorno social es "Villa de la Candelaria," de 1914:

Vano el motivo
desta prosa:
nada…
Cosas de todo día.
Sucesos
banales.
Gente necia,

121

Capítulo tres

> local y chata y roma.
> Gran tráfico
> en el marco de la plaza.
> Chismes.
> Catolicismo.
> Y una total inopia en los cerebros...
> Cual
> si todo
> se fincara en la riqueza,
> en menjurjes bursátiles
> y en un mayor volumen de la panza. (*OC* vol. I 14)

Al igual que el "motivo" de la prosa, el ritmo de este poema es monótono y atediado. De Greiff despoja su poema de toda la ampulosidad y exceso característicos de sus composiciones con el fin de destacar el carácter plano y sin interés de la sociedad que describe. En las primeras líneas, arremete contra la "gente necia, local, chata y roma," contra sus costumbres y su sistema de creencias. Su protesta va, pues, contra el provincianismo de su sociedad, la estrechez de miras y la influencia de la religión en la vida de esta "Villa de la Candelaria." Los elementos que se introducen en las últimas líneas dejan entrever, adicionalmente, el peso que a comienzos de siglo comienzan a ganar los nuevos intereses económicos defendidos por la clase media que, poco a poco, se convierte en un elemento fundamental del paisaje social. Cuando de Greiff introduce "los menjurjes bursátiles" y el "mayor volumen de la panza," añade una marca de anclaje histórico a la imagen que esboza. Situado en ese punto de bisagra que ya señala Bonnett, de Greiff se muestra crítico tanto de los valores más enraizados en Colombia como también de los inicios de una etapa de modernización de la cual se convierte en espectador. Su poesía ha de construirse en contraposición al sistema de valores e intereses imperante en su contexto histórico. De esta forma, si esa "villa" constituye una representación de la realidad a la que se opone, el contrapeso simbólico aparece en otros lugares de su obra en los que busca construir vías de escape. Uno de los textos más ilustrativos a este propósito lo encontramos en *Prosas de Gaspar*, donde la imaginación aparece como fuerza de oposición:

> Yo imagino un País, un borroso, un brumoso País, un encantado,
> un feérico País—del que yo fuese ciudadano.
> ¿Cómo el País?

122

Cartografías poéticas e invitación al viaje

¿Dónde el País?
Fijamente no sabrían, que no tolerarían ser—sus burgos—sus ciudades, aldeas o caseríos—cuadriculados por calles, plazoletas ni avenidas; ni sus habitaciones dosificadas, encajonadas, metidas en esos moldes cúbicos o paralelográmicos, caros a la arquitectura y al buen sentido. Sería todo ello en formas puras y libres y asimétricas.
[…]
¿Es acaso la caverna de Zaratustra? ¿El habitáculo de Crussoe? ¿La torre de Marfil asaz nombrada? ¿El tonel del Cínico?
O, mejor todavía, un desolado yermo de la nórdica Escandinavia, entre pinos, abetos y alerces, hielos y rocas peladas." (*OC* vol. I 271–72)

La contraposición entre la "villa" y el "feérico país" sirve para poner en contraste dos escalas de valores y visiones de mundo. Obsérvese, para comenzar, que el espacio reducido del burgo conservador halla su reverso en la dimensión amplia de ese país de naturaleza encantada. Luego, mientras la pertenencia al primero de estos lugares se establece como una relación de anclaje histórico-geográfico impuesto, el segundo aparece como un país escogido cuya ciudadanía se conquista por vía de la voluntad y la imaginación. Pero una de las diferencias más notables entre ambos es la cuestión de su localización: mientras la "villa" se presenta como un sitio identificable y poblado de objetos corrientes y gentes "de todo día," el territorio de su escogencia no se circunscribe a unas coordenadas delimitadas sino que se define por su naturaleza brumosa e imprecisa. Al leer estos dos textos en paralelo, resulta remarcable la preferencia greiffiana por crear y transitar mapas imaginarios que vienen a reemplazar los territorios de su realidad inmediata. De Greiff plantea una interesante divergencia en su actitud frente a estas dos instancias: por un lado, revela un manifiesto deseo de pertenencia e identificación respecto a un país cuya cartografía es únicamente imaginaria en tanto que, por el otro, adopta una actitud de observador ajeno frente al espacio objetivo de la ciudad. La agudeza del contraste es evidente: mientras el primer texto se inclina hacia la descripción de un territorio conocido y construye un marco de interacciones sociales señalado por el prosaísmo del tráfico, los rumores y las transacciones mercantiles, el poema en prosa se configura como un espacio estrictamente individual en el que la voluntad subjetiva predomina sobre cualquier otra necesidad pragmática. Las referencias culturales que se insertan en el

123

Capítulo tres

poema vienen a reforzar esta interpretación: Zaratustra, Diógenes, Crusoe, y la torre de marfil aparecen como celebraciones del individuo/poeta aislado de la sociedad y redimido por sus construcciones solitarias.

En el anterior poema en prosa pueden observarse las dos vías por las que transita su deseo de fuga: la concentración subjetiva/interior y el "deseo de mundo." Mientras el conjunto de referencias culturales citado apunta en la dirección de un movimiento de concentración interior y de búsqueda de aislamiento, las últimas líneas enfilan hacia una vía de apertura y exploración. La mención de "la nórdica Escandinavia" es signo claro de su voluntad de salida. Estas dos tendencias en apariencia contrarias se hallan, no obstante, motivadas por una misma reacción de rechazo de lo inmediato y una sobrevaloración de un mundo ausente e ideal. Las estrategias de evasión que aquí se comentan no son, por supuesto, exclusivas del texto citado, sino que aparecen como prácticas poéticas constitutivas de toda la obra del colombiano. Me interesa dirigir la atención hacia ellas porque es allí donde rastreo un ejemplo de lo que Eduardo Gómez observa como una lucha simbólica greiffiana contra la realidad (161). Rescato esta observación de su artículo "León de Greiff: el lírico contra la lírica tradicional" porque considero que en ella se resume de manera adecuada el gesto de oposición que de Greiff asume frente a un contexto histórico-social al cual opone una fuerza de resistencia desde el plano de la creación literaria.

No resulta extraño comprobar que esta actitud de rebeldía y las estrategias de oposición son las mismas que adoptaron otros modernistas latinoamericanos en su enfrentamiento contra su propia realidad histórica. La oscilación entre el "reino interior" y el cosmopolitismo puede observarse con notoriedad en la obra de escritores que por medio de estas herramientas buscaron dar una solución individual a la marginación del poeta dentro de una sociedad que comenzaba a acoplarse a las lógicas mercantiles capitalistas y cedía paso a la primacía de un orden burgués.[4] Tanto la opción de recluirse dentro de los espacios protegidos de sus fabulosos interiores—sean estos como el que se encuentra en *De sobremesa*, o el imaginario "reino interior" de Darío, o incluso la "torre de los panoramas" de Herrera y Reissig—como la alternativa de poner en marcha su "deseo de mundo," responden a una misma necesidad de estar en "otra parte." A este propósito, David

124

Cartografías poéticas e invitación al viaje

Jiménez Panesso observa que esta actitud modernista tenía un precedente ya en la literatura finisecular francesa. "Siguiendo a los simbolistas franceses," afirma el crítico, "los modernistas hispanoamericanos ahondaron el abismo entre la vulgaridad del mundo real circundante y la evanescencia de un mundo espiritual evocado en la poesía. Acentuaron el sentimiento de distancia, de estar excluidos y marginados" (109). Su argumento también tiene muy en cuenta el grado de diferencia que presenta el enfrentamiento entre el individuo y la sociedad en el caso de los poetas europeos y en el de los escritores latinoamericanos. Jiménez Panesso resalta el hecho de que la hostilidad frente a los avances de la modernidad y la tecnificación, así como el ascenso de las clases burguesas en la cúspide de la pirámide social, fueron fenómenos que se cumplieron de forma diferente en los dos lados del Atlántico y que, por lo tanto, produjeron respuestas distintas. A pesar de las diferencias, no obstante, Jiménez Panesso resalta un elemento de similitud que considera como el "vínculo verdadero entre simbolistas europeos y modernistas latinoamericanos." Este punto en común lo resume apelando a la fórmula baudelaireana: ir "no importa dónde, con tal que sea fuera de este mundo" (112).

La "desvalorización del lado de acá de la existencia" (112)—que sitúa en una misma genealogía ideológica a León de Greiff, a los modernistas latinoamericanos y a los poetas finiseculares franceses—, es la base sobre la que se sustenta el deseo de constante movilidad y exploración que se halla en la temática de la "invitación al viaje." Al sentimiento de malestar en la cultura y de constante insatisfacción vital que marca no solamente la obra de Baudelaire sino, en igual medida, la actitud de otros escritores franceses de finales del siglo XIX—tales como Gustave Flaubert o el mismo Stephane Mallarmé—, el poeta de *Les fleurs du mal* atribuye el término de "spleen" o "ennui." Con estos términos que constituyen uno de los ejes sensibles y estéticos de su literatura se refiere a una actitud de desencanto del mundo, a la nostalgia por un orden desaparecido, a un sentimiento de opresión causado por el paso del tiempo y a la certeza de la decadencia.[5] A este sentimiento de vacío y pérdida de un sentido de elevación moral y estético, el poeta francés contrapone la noción de "ideal." Para conjurar el "ennui," el deseo configura estrategias que tienen como objetivo alcanzar la orilla opuesta de este sentimiento de vacío. Una de estas alternativas es la de transformar su sentimiento de angustia en un desplazamiento

Capítulo tres

imaginario hacia otras geografías. Tal como puede subrayarse en algunos de los poemas de *Les fleurs du mal*—"L'invitation au voyage," "Un voyage à Citère" y "Le voyage"—, así como en ciertas prosas de su *Spleen de Paris*—"L'invitation au voyage," "Le port"—el viaje aparece como una posibilidad de acercamiento a ese objeto móvil e inaprensible. Pero, como se comprueba en cada una de dichas composiciones, el "ideal" muestra una naturaleza fantasmal que, por hallarse siempre en movimiento, resulta inasible.[6] El texto en el que se ejemplifica este fenómeno de manera más palpable es el ya aludido "Anywhere out of this world." En esta prosa incluida en el *Spleen de Paris* se plantea un diálogo imaginario entre el poeta y su alma. Este, como remedio a la condición incurable de insatisfacción de aquella, le propone viajes a Lisboa, a Holanda, a Batavia, a Torneo. La respuesta que recibe en cada ocasión es el silencio. Al final, no obstante, la negativa a marcar un destino revela la condición dramática de un deseo de anulación del mundo: "Enfin, mon âme fait explosion, et sagement elle me crie: 'N'importe où! N'importe où! Pourvu que ce soit hors de ce monde'" (Baudelaire 304). La imposibilidad de fijar un punto de llegada revela, pues, la naturaleza irresoluble de un deseo que siempre busca un "más allá." Así comprendida, la "invitación al viaje" aparece no como la búsqueda de un puerto, sino como una exhortación al movimiento constante, a la renuncia de un anclaje.

La importancia del tedio en la poesía greiffiana es un tema que ya fue abordado por Cecilia de Mendoza, quien se acerca a esta cuestión desde dos ángulos: "el del cansancio, que llega a ser una forma de desprecio por la vida" y el de "la inspiración en medio del apartamiento y de la soledad" (XXVI). Mendoza, además, emparenta este sentimiento greiffiano con el *otium* clásico. Si bien coincido con su interpretación de la inactividad greiffiana como una manifestación de rebeldía frente a la actividad del mundo y el reclamo de una suerte de dignidad de la inacción, considero que más que una deuda clásica y una apropiación de la noción epicúrea del ocio como filosofía de placer y descanso, la obra del colombiano se inclina por un sentimiento de malestar y vacío. Es así como lo concibe Piedad Bonnett, quien emparenta este espacio sensible con el del aburrimiento. Para ella, este tópico de herencia simbolista constituye un *leitmotiv* que se halla presente a todo lo largo de la poesía del colombiano y que puede ser interpretado como un "acto de protesta frente al utilitarismo social" (134–35).

126

Cartografías poéticas e invitación al viaje

Este sentimiento, adicionalmente, es el que lo empuja a ejercer un contrapeso frente al prosaismo de la realidad y se convierte en el motor de sus exploraciones globales. La energía negativa del tedio se convierte en el motor de su prolífica creación y de su necesidad de movimiento. Irónicamente, esta celebración de la inactividad es también la que lo lleva a conquistar otros terrenos que incorpora a la construcción de su literatura cosmopolita. De Greiff es consciente del lugar fundamental que el tedio ocupa en su obra y lo expresa así en poemas como su "Pequeña balada, ligeramente irónica, en loor del fastidio motor," que hallamos en *Tergiversaciones*:

> I
> Porque mi vida alguna cosa valga
> éste fastidio inacabable aboga:
> cultivo mi fastidio, como un yoga,
> su virtud o su honor la gente hidalga,
> porque mi vida alguna cosa valga ..!
>
> II
> Ironista y sarcástico, interroga
> mi fastidio al Fastidio: a lo que salga...
> y en mi fastidio la Ilusión cabalga,
> y en mi fastidio la Locura boga,
> porque mi vida alguna cosa valga ..! (*OC* vol. I 51–52)

Tamizado por un filtro subjetivo, de Greiff convierte el "ennui," ya un tanto desdorado de su patina simbolista, en "fastidio," en una suerte de fatiga del mundo. Traspone este elemento de la sensibilidad finisecular europea al contexto de su propia realidad histórica y lo adapta como una herramienta que le permite articular su desazón frente a la realidad histórica en la que se inscribe. Esta actitud de desdén se entroniza como muro de protección y como centro irradiante. De ella provienen su visión irónica, su sarcasmo, y su auto-atribuida condición de nobleza. Sin embargo, resulta especialmente significativo observar que este "fastidio" se convierte también en potencia imaginativa, tal como lo plantea en el tercer verso de la segunda estrofa. En su conexión con el espacio de lo "ilusorio" y de la "locura" aparece como un impulso de contraste y rebeldía, pero también como una energía creativa que justifica la existencia.

Si de Greiff retoma de Baudelaire la experiencia del tedio es porque encuentra en ella un arma de resistencia ante una sociedad

Capítulo tres

que, como en la Europa de finales del XIX, se encuentra en un proceso de rápida transformación en distintos órdenes. A pesar de las evidentes diferencias que median entre los contextos de producción de estos dos escritores, es necesario remarcar que ambos se enfrentaron a un período de transformaciones que, hasta cierto punto y guardando las distancias debidas, resultan comparables. Tanto Baudelaire como de Greiff encaran, a su manera, fenómenos de modernización, industrialización y cambios económicos cuya consecuencia es una radical transformación de sus panoramas políticos y sociales. Ambos se ven obligados a navegar nuevas dinámicas de inserción económica y social que los despojan de un estatus elevado y los relegan a una posición de marginación. El bostezo, la defensa de la inacción, el rechazo a insertarse en las lógicas de utilitarismo y productividad, constituyen el escudo tras del que ambos se protegen y redefinen su dignidad y su lugar como artistas.

A pesar de que el "spleen" baudelaireano lleva una carga semántica negativa y connota una idea de inmovilidad, en la obra del colombiano se transforma en una fuerza creativa y relacional. En su afán de huir del tedio, como reconoce Bonnett, de Greiff se embarca en un viaje sin destino preciso que transita por vías intelectuales (136). Desde el lugar inmóvil de su biblioteca, de Greiff convierte el tedio en un impulso. Su escape, puesto que se halla condicionado por las imposibilidades materiales de su entorno, se realiza a través de la ruta de libros, mapas, ideas, pinturas, que para él constituyen una herramienta compensatoria. El "Relato del catabaucalesista," incluido en *Velero Paradójico*, ofrece un ejemplo de esa invitación al viaje condicionada por la inmovilidad:

> Y yo, oh Baruch, voy a viajar. No sé
> para dónde ni importa. Rumbo? Meta?
> Derrota? Derrotero? Un otro día
> corrí todas las postas en inmoto
> sillón anclado… (*OC* vol. I 248)

Como se evidencia en estos versos, el desplazamiento y la exploración prescinden no sólo de un punto de llegada sino también de la necesidad de un traslado espacial. Un entramado de conexiones azarosas o trazadas por asociaciones subjetivas viene a reemplazar el lugar de un destino final, que se presenta aquí como elemento prescindible.

Cartografías poéticas e invitación al viaje

Este tópico de la "invitación al viaje" que para los escritores europeos tenía como propósito hacer una crítica de su civilización y los avances del progreso, se readapta en Latinoamérica como una alternativa de modernización y reconexión con el mundo cuyo objeto es corregir la posición de aislamiento cultural del continente. En el contexto latinoamericano, esta temática es utilizada tanto como una vía de evasión de la realidad inmediata así como un instrumento de ampliación del espectro cultural y de tejido de conexiones cosmopolitas. Lo anterior es posible señalarlo en textos paradigmáticos del modernismo como es el caso del poema "Divagación" de Darío y "Nostalgias" de Casal. Uno y otro se presentan como reinterpretaciones de ese impulso de huida baudelaireano y plantean como vías de escape de su contexto histórico-social. En ellos, al igual que en los textos del francés, la invitación al viaje no pretende la conquista de un territorio específico sino que se propone como un desplazamiento que avanza en distintas direcciones. En el poema de Casal, el lector se encuentra frente a un ensueño melancólico que, por medio de un juego de elevación intelectual, trata de situarse fuera de su realidad. El poeta abre el texto apelando a un movimiento de ascenso—"Suspiro por las regiones / donde vuelan los alciones" (163)—mediante el cual comunica su ansia de "existir / en un algún país remoto." Con este objetivo, traza un recorrido imaginario que va desde "Argel / donde tiene la hermosura / el color y la frescura / del clavel," hasta China, "el imperio florido / en que el opio da el olvido / del vivir" (163). El sentimiento de insatisfacción es aquí muy semejante al de Baudelaire y parece reproducir su irónico "anywhere out of this world." Pero el elemento más destacable en este texto es, no obstante, el hecho de que la partida misma se observa como una posibilidad irrealizable. Casal lo hace explícito en la última estrofa: "Mas no parto. Si partiera / al instante yo quisiera / regresar" (164). La negación del movimiento se presenta como un segundo punto de coincidencia con el poeta francés ya que para ambos el escape se verifica en un plano estrictamente imaginario y no requiere de una partida física. En el caso de "Divagación," por otra parte, aunque el desplazamiento también se realiza por vía de un recorrido intelectual, este no culmina con una declaración de imposibilidad. Luego de recorrer una cartografía cosmopolita que atraviesa desde "la Grecia de los griegos" hasta los "amores

129

Capítulo tres

exóticos" de las princesas chinas y japonesas, Darío cierra con una declaración de apertura a todo el orbe. A diferencia de Casal, el nicaragüense declara de forma entusiasta un deseo de penetración en otras dimensiones y traduce este llamado en un impulso de orden erótico-culturalista en el que la búsqueda de lo femenino se equipara con un llamado a integrarse con el mundo. El llamado que Darío hace en la penúltima estrofa de su texto sustenta la anterior interpretación: "Ámame así, fatal, cosmopolita / universal, inmensa, única, sola" (556). No pretendo en esta sección entrar en un análisis a fondo de estos poemas, sino proponer una lectura de estas cartografías exploratorias como una reapropiación creativa de la "invitación al viaje." Sin apelar a los mismos recursos retóricos y simbólicos utilizados por Baudelaire, los poetas latinoamericanos reproducen en sus propios términos el acicate de salida y exploración del mundo que les permite conectar con espacios foráneos e insertarse dentro de un orden cultural de carácter global. Desde dicha perspectiva, este fenómeno se revela como un proceso mucho más complejo que el de una mímesis de sus antecesores y aparece como una apropiación motivada por la necesidad de reinterpretar sus lazos de filiación socio-histórica y reposicionarse frente a un contexto cosmopolita por medio de la creación de nuevas conexiones culturales.

Siguiendo con esta comparación entre la voluntad exotista baudelaireana y la de signo modernista, vale la pena subrayar el contraste que existe entre ambas en términos de los lugares que idealizan en sus respectivas "invitaciones al viaje." En el caso de Baudelaire vemos que los espacios a los que dirige su imaginación son concebidos como lugares de una sensualidad primitiva y original. Su imaginación se desplaza hacia geografías que escapan del ámbito de la civilización europea y se acercan a dimensiones foráneas donde todo es "luxe, calme et volupté" (51). Por el contrario, en la obra de los escritores latinoamericanos la idealización sigue una dirección contraria. Irónicamente, el primer destino con el que sueñan estos últimos es el continente europeo, donde fantasean con encontrar el lujo material y el refinamiento intelectual que no hallan en sus propios territorios. Si Baudelaire buscaba salir de un París sofocante y en constante transformación, los escritores modernistas buscan llegar a esta ciudad que han consagrado como capital cultural y mítico espacio de civilización. Su recorrido busca enlazar, primero, con los centros culturales europeos y, a partir de

130

estos lugares, adelantar otras conquistas con las que se pretende conseguir un estatuto de contemporaneidad y un diálogo con el mundo. Europa se configura como un lugar de tránsito obligado, puesto que parece como puente que vincula el espacio latinoamericano con el resto del orbe. Este fenómeno de mediación cultural ya se hace evidente en el poema "Divagación," que proponía como ejemplo de relectura de la "invitación al viaje." Dos estrofas en particular hacen evidente esta dinámica. En la primera de ellas, la voz poética marca una escala de preferencia entre la cultura griega "original" y la visión francesa de la civilización clásica: "Amo más que la Grecia de los griegos / la Grecia de la Francia" (Darío 553). En la segunda, se valida el gusto orientalista por medio de la intercesión del interés que Théophile Gautier muestra por este imaginario exotista: "Como rosa de Oriente me fascinas: me deleitan la seda, el oro, el raso. Gautier adoraba a las princesas chinas" (554). En esta dinámica de circulación, Francia se convierte en núcleo de conexión y convergencia que configura una particular visión de mundo adaptada a sus criterios y exigencias culturales. En esta negociación y asimilación de elementos foráneos, Darío adopta una perspectiva que se amolda a un horizonte de expectativas ajeno; el poeta nicaragüense observa el mundo y organiza su mapa cultural a través de la lente que retoma de Francia. Esto mismo lo observa Mariano Siskind, quien anota a este propósito: "For Darío, the world is not a plural universe of multiplied difference but rather a uniformly French formation, or a world seen through a French looking glass" (*Cosmopolitan* 186).[7]

La adaptación greiffiana de la "invitación al viaje" sigue, a grandes rasgos, los parámetros establecidos por sus predecesores latinoamericanos. En primer lugar, como ya se ha dicho, se trata de un movimiento de respuesta y evasión frente a las limitaciones de su contexto socio-histórico. El desencanto frente a su mundo lo lleva a explorar otros terrenos a los que accede por una vía literaria desde el espacio cerrado de una biblioteca. En segundo lugar, su itinerario tampoco fija un punto de llegada preciso sino que encuentra en el movimiento continuo una estrategia para reconfigurar sus relaciones con otras tradiciones y reposicionarse en un contexto cosmopolita. De Greiff realiza un primer movimiento hacia el espacio cultural europeo y, a partir de este, establece redes de contacto con otras tradiciones que asimila y reincorpora en su propia cartografía intelectual. Su entrada a este contexto cultural se realiza

Capítulo tres

atravesando los pasillos de la cultura francesa y, en esta medida, sigue el mismo camino que Darío. No es gratuito que su sistema de referencias literarias—que ya aparece delineado desde el poema con el que abre *Tergiversaciones*, y que ya fue objeto de comentario en el primer capítulo—coincida con el del nicaragüense: Verlaine, Rimbaud, Baudelaire, Gautier, Laforgue, Samain. Sin embargo, de Greiff no entabla con estos una relación de irrestricta admiración ni tampoco adopta la cultura francesa como única pantalla de observación del mundo. Su actitud frente a estos poetas canónicos y la tradición europea oscila entre la veneración y la ironía. De allí, pues, que su asimilación de esta "invitación al viaje" también se efectúe de una manera irreverente y desenfadada. El poeta colombiano reinterpreta esta dinámica de renuncia a lo inmediato y la reformula como una vía de ensanchamiento intelectual y de reconfiguración de una red de conexiones poéticas globales.

La poética del viaje greiffiana sitúa en un primer plano el cuestionamiento de las lógicas de afiliación y pone de manifiesto su objetivo de desestabilizar las categorías de pertenencia local. Las fronteras que demarcan esta dimensión de anclaje a un espacio definido se debilitan y con esto se abre paso a una búsqueda de asociaciones alternativas. En los desplazamientos que componen textos como "La farsa de los pingüinos peripatéticos" o el "Relato de los oficios y mesteres de Beremundo," por ejemplo, el lector se encuentra frente a un mapa que puede recorrerse de manera caprichosa pasando por encima de las divisiones políticas y geográficas convencionales. Así como en los poemas ya comentados de Casal y Darío—"Nostalgias" y "Divagación"—de Greiff se embarca en el recorrido intelectual de espacios que rebasan sus fronteras locales e intenta abarcar una órbita mundial. Pero, a diferencia de estos últimos textos, las voces poéticas de los poemas greiffianos asumen distintos y contradictorios lugares de enunciación que difuminan las lógicas binarias de localidad/extranjería y centro/periferia. En su obra, estas barreras de división resultan mucho menos nítidas e identificables puesto que han sido rearticuladas estéticamente para configurar un mapa subjetivo. Esto puede observarse, por ejemplo, en el "Relato de los oficios" al que ya se hacía alusión en páginas anteriores. En cada una de las estancias del itinerario de Beremundo, este asume una afiliación local de carácter transitorio que abandona tan pronto como se mueve hacia otro espacio, en el que asume prontamente una nueva filiación de pertenencia. La

Cartografías poéticas e invitación al viaje

secuencia de sus identificaciones itinerantes y el desplazamiento de sus lugares de enunciación, que oscilan entre distintos continentes y momentos históricos, ponen en evidencia que la condición de localidad se plantea como una construcción subjetiva en permanente negociación y reconstrucción. Beremundo no pertenece a un sitio identificable sino que se define en la dinámica de una constante reinvención de límites, de relaciones de cercanía y fuerzas de anclaje. Una revisión panorámica del poema muestra que tan pronto se sitúa en la Francia de Napoleón como en la Persia de Artajerjes o en la Colombia de principios del siglo XX. Al saltar de uno a otro país, de un continente a otro, de los territorios provenzales de la Edad Media a la Francia de finales del XIX, el personaje de Beremundo logra minar la pretendida estabilidad de las fronteras y resalta la naturaleza maleable de las divisiones de los mapas que pone en cuestión. Los tránsitos abruptos y la superposición de localizaciones con las que de Greiff juega en este y otros de sus textos, apuntan a una ruptura de la estabilidad del tejido territorial y geopolítico y busca presentar alternativas a este tipo de ordenamiento. Mediante los desplazamientos efectuados por sus personajes, de Greiff proyecta un espacio de divisiones dúctiles en el que es posible conciliar las aparentes contradicciones en la que incurren sus personajes al trasladarse de un extremo a otro, de un siglo a otro.

Una diferencia notable entre la versión greiffiana de la "invitación al viaje" y la de los poetas simbolistas es la siguiente. Para un escritor europeo finisecular la vía de escape de su propio espacio sigue un movimiento unidireccional que va de su centro hacia fuera, desde Europa hacia las periferias coloniales, económicas y culturales. Los poetas latinoamericanos que, como Darío, adoptan esta perspectiva de observación, siguen esta misma línea de flujos culturales. En la poesía del colombiano, por el contrario, este desplazamiento sigue la vía inversa (desde los bordes hacia el eje) y entabla una dinámica de múltiples entradas y salidas en la que se entretejen ámbitos americanos con espacios europeos, asiáticos, nórdicos y medio-orientales. Sus desplazamientos no siguen una sola dirección de tránsito, sino que se mueven de uno a otro sitio de forma itinerante. En su obra pueden rastrearse movimientos de ida y retorno desde los márgenes hacia distintos centros de cultura, así como también entre distintos lugares situados en espacios culturales periféricos. Al seguir esta dinámica, de Greiff busca desarticular los modelos de ordenamiento jerárquico sobre los que

Capítulo tres

se fundamentan las categorías de centro/periferia para proponer una organización que opera sobre la base de un orden de existencia simultánea. Mientras la visión simbolista del viaje opera sobre una base ideológica de resonancias colonialistas en las que la dirección del movimiento sigue un solo sentido, en la obra de León de Greiff esta dinámica se contesta y se proponen redes alternativas. Uno de los ejemplos más claros para ilustrar esta lectura se encuentra en un poema "díptico" que se incluye en *Variaciones alredor de nada*, titulado "Breve canción de marcha." Este se compone de dos partes que deben ser leídas en contraste:

"Breve canción de marcha"

Oh Dinarzada, huyamos, hacia el
    Norte esplendente
del pródigo Ecuador de selvas húme-
    das…

—Erik Fjordsson: Al Norte vámos, al
    norte rútilo,
la cuna de tu raza hosca y potente.

—Dinarzada, vayamos hacia el Nor-
    te, hacia el Norte,
mi brazo recio a tu talle ceñido;
contra mi pecho tu cabeza; al viento
tu cabello de noche y mi melena;
nuestras narices ávidas, marino
tufo salobre aspiren y júbilo y con-
    tento
Oh Dinarzada: huyamos, hacia el
    Norte esplendente,
del tórrido Ecuador de selvas húme-
    das… (*OC* vol. I 342)

"Breve canción de marcha"

Hacia Oriente vayamos, oh Gacela:
Sinbad el Odiseo,
de su nao filante hinche la vela:
de su nao, que vence a la procela
y que se rinde a tu deseo…

—Víking, víking: singlemos los
    pontos iracundos,
sin astrolabio o brújula, tras no
    catados Mundos
¡Al azar, al azar, dichos vagabundos,
al azar!

—Hacia Oriente vayamos, pere-
    grinos
de la Aventura, sólo…:
hacia Oriente vayamos: tus felinos
ojos serán la luz; tus venusinos
besos—y tus palabras—mi Pactolo;
hacia oriente vayamos, de la inútil
Aventura argonautas:
no a la caza del Toisón…—trofeo
    fútil:
¡Tus columnas, oh Paros inconsútil,
mejor guárdame lautas…!

—Víking, víking: crucemos los
    Océanos lueños:
tuyas son las columnas, tuyos son
    los sedeños
tesoros que se recatan…: ¡mi carne
    y mis ensueños
tuyos son! … (*OC* vol. I 343)

Cartografías poéticas e invitación al viaje

Las dos son canciones que exhortan a la huida y entretejen las líneas de sus tránsitos. Ambas circulan, además, por lugares que se sitúan en la periferia del ámbito central europeo. La primera invita a un desplazamiento hacia el norte y evoca de forma tácita el imaginario escandinavo y legendario de los vikingos. La segunda, exhorta a marchar hacia los territorios de un Oriente idealizado. Los itinerarios trazados cruzan sus vías y parecen responderse en invitaciones recíprocas: ir desde el norte hacia oriente, ir desde oriente hacia el norte. En este juego de reflejos, de Greiff plantea un campo de circulación cultural que bordea el espacio de Europa meridional y se efectúa en las márgenes del mismo. Aunque la mediación de los núcleos culturales se halla implícita en el circuito de estos diálogos, aquí se busca eludir la necesidad de su intervención. Significativamente, el intercambio entre estas dos voces se escenifica como una conversación amorosa en la que un amante invita a la exploración del territorio del otro. A pesar de la divergencia en sus hojas de ruta, las dos canciones se hallan inseparablemente unidas porque han sido concebidas como un coloquio literario en el que intervienen las voces de una pareja por demás inusual: Dinarzada—la hermana de Sheherazada, de *Las mil y una noches*—, y Erik Fjordsson—el personaje greiffiano que encarna al poeta nórdico, al vikingo. Metonímicamente la presencia de estas dos figuras literarias pone en marcha un diálogo intercultural que vincula dos espacios que objetivamente no guardan líneas directas de contacto. Es así, entonces, que propongo leer en este cruce de llamados a la huida, una voluntad de expansión y descubrimiento de redes culturales que se encuentran al margen de los cánones tradicionales ya configurados.[8]

Retomo el díptico anterior como un ejemplo de dos elementos fundamentales de la poesía greiffiana. Primero, la contextualización del viaje en un plano estrictamente literario. El itinerario que se traza en los versos anteriores se halla codificado sobre la base de las propias lecturas greiffiana: todas las referencias incluidas remiten a obras poéticas, mitologías, o imaginarios culturales. Así mismo, las dos voces que se entretejen en la conversación provienen inequívocamente de registros textuales. El poema puede ser leído, en sentido estricto, como un diálogo literario que traza una línea de comunicación entre *Las mil y una noches* y un personaje que evoca el imaginario nórdico. Lo que hallamos aquí es, pues, un espacio de síntesis en el que es posible equiparar dos elementos de tradiciones distantes que, de otra forma, no guardan entre sí

Capítulo tres

otros vínculos de contacto. Es la caprichosa apropiación de la cultura greiffiana la que crea ese desorden de paisajes, y hace posible este intercambio en el que la figura de Dinarzada entrelaza sus palabras con las de ese "víking" decadente que inventa de Greiff. Adicionalmente, puede señalarse que en la misma acumulación de referencias a diversos elementos tomados de distintos lugares y épocas (el poema hace mención a Sinbad, Odiseo, los Argonautas, los vikingos nórdicos) se verifica ya un viaje a través de la cultura y de ese orden simultáneo sobre el que sienta la base de su cosmopolitismo intelectual.

El segundo elemento que quiero subrayar es la escogencia de dos espacios culturalmente periféricos que adopta como lugares paradigmáticos en su trazado de conexiones cosmopolitas y en la construcción de una genealogía poética individual. En su búsqueda de líneas de familiaridad, de Greiff se acerca a los espacios culturales nórdicos y orientales para retomar de ellos una significativa cantidad de elementos y definir un trazado de afiliaciones globales. Dentro del panorama cultural latinoamericano, su acercamiento a estos dos campos culturales—y más aún la conjugación de los mismos—resulta un aspecto de significativa originalidad. Su interés por tradiciones que escapan del ámbito central europeo da cuenta de una ampliación en el arco de curiosidad y una diversificación en el espectro de intereses culturales. En este sentido, de Greiff da continuidad y amplifica el movimiento de apertura iniciado por sus antecesores modernistas, extendiendo sus puentes a espacios todavía no explorados o poco conocidos dentro del ámbito colombiano y continental. En este sentido, su fascinación individual por las culturas nórdicas y orientales dan cuenta de una voluntad de ampliar el número y el alcance de puentes entre su espacio de localidad y la dimensión amplia de la cultura mundial.

Capítulo cuatro

De una periferia a la otra
Tránsitos entre Latinoamérica, Oriente y Escandinavia

Los dos imaginarios orientales de León de Greiff

Tal como ha sido señalado por críticos como Julia Kushigian, Araceli Tinajero, Francisco Morán e Ignacio López-Calvo, la vena hispanista del orientalismo presenta unas características específicas y distintivas que la diferencian de las prácticas de dominación discursiva de orden colonialista que analizaba Edward Said en su clásico ensayo de 1978. Si para este último la mirada europea, principalmente anglo-francesa, establecía una relación de dominación y poder cuyo objetivo era crear una imagen del otro basada sobre un esquema de autoridad y poder, lo que podemos señalar en el caso latinoamericano es una red de diálogos que opera de manera bastante diferente. Para Kushigian, el orientalismo hispanoamericano no se sostiene sobre una lógica de oposiciones binarias de autoridad sino que abre el espacio a un movimiento constante de conjugación de opuestos (el término que utiliza en el original es "blending of oppositions") (3). Para esta crítica, el elemento distintivo tanto de los acercamientos hispánicos como latinoamericanos respecto a Oriente es su apertura hacia el otro y su valoración de la interacción discursiva. Kushigian señala tres características que distinguen esta vía de acercamiento a Oriente: 1) su naturaleza abierta que permite una relación de constante flujo entre Oriente y Occidente, 2) su naturaleza poliglota y su consciencia creativa, 3) un diálogo persistente y una interacción dinámica que no busca borrar rasgos de distinción sino celebrarlos (14).[1] Estas tres directrices son de gran utilidad para situar los términos generales de relación entre el mundo cultural hispánico y el de los distintos países de Asia y Medio Oriente.

Kushigian delimita unas coordenadas comprensivas que aclaran la especificidad de esta compleja relación que, particularmente en el caso latinoamericano, se efectúa en el contexto de un

Capítulo cuatro

diálogo entre espacios culturales que se perciben mutuamente como periféricos y en los cuales no subyace una directa intención de dominación discursiva. Sin embargo, para acercarse de lleno a la cuestión del orientalismo modernista con el que se emparenta de manera más cercana la poética greiffiana es necesario recurrir al estudio *Orientalismo en el modernismo hispanoamericano* de Tinajero. Esta última coincide con Kushigian en señalar que el esquema saidiano es insuficiente e insatisfactorio a la hora de acercarse a las manifestaciones literarias modernistas. No obstante, critica a esta última el hecho de juzgar la apropiación de los poetas latinoamericanos de la época como una manifestación de exotismo evasionista retomado de la literatura finisecular francesa puesto que, al plantear esta idea, enmarca esta dinámica en una lógica de oposiciones (Oriente vs. Occidente, centro vs. periferia, núcleo vs. margen) que pretende deconstruir en sus argumentos teóricos.[2] Como respuesta, Tinajero propone que los escritores modernistas no simplemente imitan el discurso europeo sino que pasan a dialogar, desde su propio contexto, con los autores de quienes retoman formas y temáticas (20–21). De esta manera, su relación con Oriente no puede entenderse en términos meramente derivativos y aparece, más bien, como un trabajo de imbricación crítica de registros discursivos y posiciones ideológicas dispersas. Estas interacciones complejas se verifican en un circuito periférico que les permite desestabilizar las categorías comprensivas eurocéntricas y ofrece vías de comprensión y representación alternativas (21). El orientalismo modernista, añade Tinajero, es distinto del que presenta Said porque ofrece una visión "mucho más plural y abierta que dialoga con el Oriente y con el discurso oriental europeo" (31). Por esta razón y por constituirse en un fenómeno de naturaleza ecléctica, Tinajero lo comprende como una práctica que establece vínculos productivos con espacios culturales foráneos. Resulta interesante que la crítica lleve su línea argumental hasta este punto y que subraye en el orientalismo modernista una intención conectiva y una voluntad de integrarse a la tradición literaria cosmopolita. Este es, precisamente, uno de los postulados que había presentado ya en páginas anteriores y que ahora reitero haciendo eco de las ideas adelantadas por Tinajero: el orientalismo modernista debe ser entendido como otra estrategia de trazado de mapas culturales y como una vía de acercamiento al círculo comprensivo de una tradición literaria mundial.

De una periferia a la otra

Bajo estas premisas quiero abordar la lectura de algunos puentes hacia oriente presentes en la obra greiffiana. Así como en el caso de muchos otros intelectuales y poetas latinoamericanos de la primera mitad del siglo XX, el acercamiento que León de Greiff hace a la cultura oriental se lleva a cabo a través de la mediación de fuentes inglesas o francesas. Como recuerda Tinajero, la circulación de bienes mercantiles y culturales entre el continente americano y los países asiáticos debía pasar necesariamente a través de las rutas comerciales posibilitadas por Europa. La biblioteca personal greiffiana refleja bien este fenómeno ya que pone en evidencia que la totalidad de los volúmenes de tema oriental que formaron parte de su colección son textos publicados en editoriales localizadas en centros culturales europeos como París o Londres.[3] De Greiff, sin embargo, presenta una evolución bastante notable en la asimilación creativa de estas lecturas. En un primer momento, su acercamiento se apega a una lógica de referencialidad superficial en la que la cultura oriental aparece como un sistema de alusiones que reproduce, hasta cierto punto, las prácticas discursivas del orientalismo europeo. Sin embargo, su apertura a otras tradiciones muy pronto se decanta por una apropiación crítica e irónica tanto de las fuentes orientales como con los puentes de mediación europeos que le abren el acceso a ellas. Es, sobre todo, a partir de su tercer poemario que el poeta colombiano plantea un desafío a estas prácticas orientalistas tradicionales y propone, como alternativa, un aprovechamiento lúdico, atrevido e incluso paródico, que cuestiona las pretensiones de dominación discursiva denunciadas por Said. Su poesía no trata de importar una versión fidedigna o estilizada de productos literarios exóticos para insertarlos como piezas de museo. La pretensión greiffiana no es la de perpetuar una división binaria sino la de integrar diversos espacios culturales al interior de un orden de existencia simultánea dentro del cual las categorías de centro y periferia se hallan desestabilizadas y fluyen en distintas direcciones. Asumiendo, de entrada, su condición de marginalidad—y reconociendo la marginalidad del otro—de Greiff se acerca a estos territorios periféricos con el fin de adaptarlos a un espacio de confluencia en el que ambos circulan y se integran en un nivel de paridad.

A diferencia de lo que sucede con otros escritores latinoamericanos como Efrén Rebolledo y Enrique Gómez Carrillo, el poeta colombiano no se embarca en una exploración directa de los

Capítulo cuatro

territorios o las culturas de Oriente. Su conocimiento de ellas se limita a las perspectivas abiertas a través de versiones europeas de textos poéticos, religiosos y filosóficos de las diversas culturas de Asia a las que se acerca. No se halla en su obra la voluntad de asimilar directamente formas literarias foráneas, como es el caso de un poeta como José Juan Tablada, ni tampoco el deseo de dar cuenta de realidades ajenas observadas de primera mano, como sucede con las crónicas de Gómez Carrillo. Su exploración de Oriente y la ampliación del espectro de sus contactos cosmopolitas depende estrictamente de lentes europeas. De ahí, pues, que su conocimiento de estos espacios y tradiciones resulten, en una primera instancia, superficiales y estereotipados. Lo verdaderamente interesante de la labor literaria greiffiana es la tergiversación que hace de ellos. El poeta no mimetiza las imágenes y los conceptos recibidos a través de Francia o Inglaterra sino que los reelabora de manera caprichosa para reconvertirlos en presencias activas de su universo y los sitúa al mismo nivel que otros de sus préstamos culturales. De Greiff extrae los elementos orientales importados desde Europa para resignificarlos en el nuevo contexto de un ámbito local latinoamericano. Su apropiación creativa de Oriente puede ser comprendida, de esta forma, como una estrategia de reconfiguración de una cartografía global de circuitos e interacciones culturales.

El orientalismo greiffiano se decanta por dos vías principales. Por una parte, hace un acercamiento a la tradición de Medio Oriente que se efectúa por medio de su diálogo con la colección de relatos de *Las mil y una noches* y la poesía de Omar Khayyam. El segundo camino es el de una lectura bastante caprichosa de la filosofía budista. Retoma ambas tendencias de las exploraciones literarias e intelectuales que ya se habían adelantado en Europa a lo largo de los siglos anteriores y como parte de los proyectos de colonización y conocimiento de Oriente. A pesar de que ya otros escritores modernistas habían aprovechado algunos de estos elementos, la obra greiffiana es una de las primeras en introducir algunas de estas temáticas al panorama intelectual de Colombia. Junto con Guillermo Valencia, León de Greiff es uno de los pioneros en asimilar elementos de Oriente a su práctica literaria. Pero, mientras Valencia lo hace desde la posición de un traductor y un académico que da continuidad a las convenciones literarias y discursivas de Europa,[4] el poeta de Medellín realiza una apropiación mucho más autónoma, excéntrica y atrevida.

140

De una periferia a la otra

En una etapa inicial de la poesía greiffiana la visión de Oriente se reduce todavía a la lectura superficial y todavía estereotipada de modelos franceses. El poeta colombiano hace algunas pocas alusiones a ciudades y territorios foráneos que, por su capacidad sugestiva, evocan espacios idealizados de acuerdo con los cánones del romanticismo y el simbolismo europeos. En algunos de los poemas de *Tergiversaciones*, tal como es el caso de la "Balada intrascendente de Aldecoa, Leo y Gaspar," se hace mención de ciudades como "Bagdad" y "Bisancio," cuyos nombres se insertan únicamente por la poderosa carga sugestiva que despiertan. En este poema, de Greiff pone a transitar a tres de sus personajes poéticos a través de una geografía soñada. En medio de su recorrido los presenta "…diciendo versos / al mar y a Sirio … Bagdades / y Bizancios y Sibaris / … / ciudades caras a este triple corazón" (*OC* vol. I 43). El procedimiento es bastante corriente dentro de los esquemas canónicos de finales del siglo XIX y su visión instrumental de estas ciudades no difiere de la que hacen otros escritores como Hugo, Baudelaire o Verlaine. En una primera instancia, como puede observarse, la enumeración de estos lugares tiene la intención de despertar en el lector la evocación de un ambiente "mágico" que ha sido ya previamente codificado. De Greiff inserta estos nombres de ciudades sin entregar al menos una breve descripción de las mismas porque confía en un lector capaz de evocar las sugerencias codificadas en el sistema literario en el que se inserta. Recuérdese que a partir del romanticismo y a lo largo de las corrientes poéticas posteriores del siglo XIX europeo, el imaginario medieval y el espacio de Oriente se convierten en lugares legendarios a donde se huye en búsqueda de una vía de escape de la realidad cotidiana. Así, el poeta se dirige a un lector que comparte estos códigos y para el cual la sola mención de estos espacios despierta una serie de resonancias y conexiones ya establecidas. Hasta este punto, la existencia objetiva de Bizancio y Bagdad resulta prescindible puesto que aparecen únicamente como tópicos literarios. Los nombres de estas ciudades no remiten a un referente sino que se utilizan como signos capaces de evocar una imagen mental y el aura fantástica de la cual se hallan revestidos.

Un fenómeno un poco más problemático es posible rastrearlo en un texto de *Tergiversaciones*, que el colombiano escribe en homenaje a Khayyam. El poeta persa del siglo XI aparece elogiado allí como una figura que se amolda a los parámetros de un hedonista que

141

Capítulo cuatro

celebra la ebriedad y se abstrae de la realidad inmediata mediante la contemplación de la belleza y el ejercicio del arte:[5]

> Loores al astrónomo persano!
> Amor al bardo adorador de Pan!
> Mientras el hombre lucha con su hermano
> él los astros adora en Khorassán!
>
> Eterno amor a Omar: el triste humano
> brega incansable por lograr el pan;
> y él, embebido en escrutar lo arcano,
> el cielo busca y ve de Aldebarán!
>
> Eterno amor a Omar: en su Poema,
> los Rubayata, la verdad extrema
> soñando con su cántaro de vino,
>
> con su libro de versos, con la amada…
> Omar, divino Omar! Y en la sellada
> noche los astros ornan tu camino…! (*OC* vol. I 87)

Aquí, de Greiff no se limita a la enumeración de ciudades o signos que apuntan hacia oriente, sino que se sitúa directamente frente a uno de los escritores de la tradición clásica persa. Pero, como puede señalarse, lo que realiza es una síntesis muy breve y sesgada de la poética de este último, que interpreta bajo unos esquemas estéticos y unos márgenes ideológicos muy cercanos al suyo. El colombiano destaca elementos que convierten al poeta persa en un espíritu afín a los ideales modernistas y subraya de manera especial la familiaridad que encuentra entre este último y el prototipo del poeta moderno en conflicto con el espacio de lo social. La imagen de Khayyam refleja los intereses greiffianos puesto que sintetiza la figura del artista como un individuo de refinamiento estético, filosófico y que se planta en conflicto con la sociedad. En otras palabras, interpreta su retrato de acuerdo con el canon finisecular del "artista puro." Lo que el colombiano exalta en la obra de Khayyam es su afinidad vital, su hedonismo y su defensa del arte como valor supremo. Su interés central en este homenaje es el de señalar un vínculo de identificación con este poeta que también pertenece a ese círculo abstracto de comunidad intelectual que rastrea a lo largo de una tradición literaria universal, y al que León de Greiff quiere pertenecer.

142

De una periferia a la otra

Ahora bien, en el análisis del anterior poema hay dos elementos que no deben pasarse por alto: el uso de las referencias a la mitología grecolatina y la escogencia de la estructura formal del soneto. El poeta colombiano estructura su acercamiento a Khayyam recurriendo a la mediación de elementos tomados de la tradición literaria europea, que utiliza como herramientas necesarias para abrir un diálogo con el autor del *Rubayat*. El uso de las referencias clásicas se evidencia en el segundo verso, donde recurre a una comparación con el dios "Pan" para describir el carácter dionisíaco del "astrónomo persano." Mediante este recurso, se busca trazar un punto de encuentro en el que el hedonismo greiffiano coincida con la celebración vital que halla en Khayyam. Observado de esta manera, elemento de origen europeo sirve como eje vinculante y no como un instrumento de imposición ideológica o cultural. De forma similar, el uso de la estructura del soneto endecasílabo puede interpretarse como una estrategia de consagración de un elemento foráneo al que busca concedérsele el mismo estatuto de dignidad y admiración literaria que a otros elementos pertenecientes al campo cultural de Occidente. Al considerarse de esta forma, la interacción entre los elementos tomados de Oriente y las herramientas de apropiación de origen clásico, aparece una lógica de negociación distinta a la de una búsqueda de dominación discursiva. Los recursos formales y los elementos culturales europeos se utilizan como pantallas que permiten realizar un acercamiento a otros espacios culturales, pero que no reducen ni determinan sus términos de representación. En la poesía de León de Greiff la tradición europea continúa ocupando un lugar de centralidad en el entramado de conexiones pero es necesario notar que, al menos en el poema que comento, el imaginario europeo no constituye un centro de gravedad sino un espacio de tránsito que conecta dimensiones periféricas. La lógica de enfrentamientos binarios característica de las representaciones orientalistas propias del siglo XIX es reemplazada por un triángulo en el que Europa actúa como una lente de refracción que permite el contacto entre espacios marginales a los que sirve de puente.

A partir de su cuarto mamotreto, *Variaciones alredor de nada*, los diálogos greiffianos con Oriente ganan en complejidad y originalidad al tiempo que plantean mayores desafíos. De Greiff se embarca en una lectura bastante libre y creativa de uno de los libros que definen la visión del imaginario oriental en Europa a

143

Capítulo cuatro

partir de la traducción al francés que en 1717 presentara Antoine Galland bajo el título de *Les mille et une nuits*. Esta última es, todavía en nuestros días, una de las versiones más populares de esta colección de narraciones. Es muy posible que el primer acercamiento greiffiano a estas historias se hiciera por medio de la versión de Galland. Sin embargo, si nos atenemos al registro de libros que se han conservado en su biblioteca personal, comprobamos que el volumen conservado allí es la traducción efectuada en 1904 por Joseph-Charles Madrus.[6] El acercamiento a este libro marca un cambio en la relación greiffiana con Oriente, puesto que en él encuentra elementos que asimila de manera extremadamente creativa. En su lectura de *Las mil y una noches*, el escritor colombiano no se detiene en la configuración de sus espacios mágicos o en el recuento de leyendas que pasan a constituir el imaginario de un Oriente mágico, fabuloso y sobrenatural. De esta colección de relatos, de Greiff toma un elemento esencial que se entronca como presencia clave en su obra: la mitificación de una figura femenina en la que simbólicamente convergen tres de los ejes temáticos de su poesía que son el erotismo, el deseo de aventura y la riqueza del lenguaje.

En el universo poético greiffiano los personajes de Sheherazada y Dinarzada se convierten piezas centrales que preceden de forma ritual su proceso de creación literaria. Pero la intención greiffiana no es la de hacer de ellas una lectura fidedigna de estos dos personajes femeninos. Por el contrario, las inserta en su universo poético por medio de una reinterpretación atrevida que las convierte en figuras arquetípicas de sensualidad y de capacidad poética. *Variaciones alredor de nada* es el volumen en el que mejor se ilustra este fenómeno. Aquí, Sheherazada aparece como una figura en la que convergen el deseo, la fuerza vital y la posibilidad del lenguaje. El poeta retoma este personaje para revestirlo con aura semi-religiosa y celebra su capacidad de sostener la vida mediante la narración de historias. Convertida en una suerte de deidad poética y revestida de un manto trascendental, es celebrada por una voz poética que dirige hacia ella cantos de alabanza como sucede en sus "Nocturnos del Exiliado":

> Contra tu abrazo, oh Noche, oh Sheherazada!
> oh, tú, Sacerdotisa de las íntimas lides,
> de los ritos secretos. (*OC* vol. I 222)

144

De una periferia a la otra

Por medio de un proceso de sincretismo y un tramado intertextual, Sheherazada aparece como una suerte de diosa pagana a la que se encomienda y en torno a la cual levanta plegarias. Identificándola, al mismo tiempo, con una personificación de la noche, la reviste del atributo del misterio. Al igual que sucede con otros elementos de su obra, la importancia de Sheherazada yace en su capacidad de posibilitar vínculos de relación con elementos ajenos a su propio espacio. Es, así, en la medida en la que este personaje puede convertirse en una fuente de resonancias y conexiones literarias, que se convierte en una figura capital y paradigmática de su imaginario.

En un primer acercamiento podría juzgarse esta visión greiffiana de Sheherazada como la de un exotismo problemático que cifra la visión de la literatura oriental en términos de una fetichización erótica. Considero, por el contrario, que la lectura de este personaje consiste en un juego literario que reinterpreta y reelabora este elemento para elevarlo a una dimensión mitológica. La figura de la narradora que salvaguarda su vida por medio de las historias hilvanadas noche tras noche es sacada de su contexto para ser proyectada en una dimensión mucho más amplia y abarcadora. De Greiff la extrae de los límites originales de su historia y la convierte en una visión arquetípica de la capacidad poética. Sheherazada es despojada de sus atributos individuales para ser convertida en una imagen relacional, una suerte de mito abarcador que puede circular en esa dimensión plana de la historia que constituye su orden de existencia simultáneo. De ahí, pues, que de Greiff se tome la libertad de dirigirse a ella directamente como si se tratase de una presencia viva y actuante. La audaz transformación que propone el colombiano al elevar a este personaje específico a la altura de un mito personal es lo que le permite difuminar las líneas de división históricas y culturales.

En otro de los poemas en los que la narradora de *Las mil y una noches* reaparece convertida en una suerte de musa o deidad poética es en la "Sonatina alla breve," que forma parte de la serie "Musurgia." Aquí se halla representada como una suerte de dadora de vida a través del lenguaje:

> Quiero palabras: (palabras...!—es pequeña la ambición,
> siendo grande y zahareña—)
> Quiero palabras, palabras, para urdir una canción,
> y para escandirla al son
> de mi zampoña.

Capítulo cuatro

> Con dúctiles palabras—pomas de sangre y de oro,
> pomas de carne transida al beso frío del espíritu sobrio,
> pomas de carne incendiada al penetrante roce caricioso—,
> con dúctiles palabras—sólo—
> Xeherazada a Aladino forjóle un máximo tesoro,
> y de ello hace mil noches y una noche, estando corto:
> (*OC* vol. I 333)

Este poema realiza el mismo proceso de mitificación de este personaje femenino. El lector se halla frente a un texto celebratorio de una deidad a la que se solicita el acceso a la palabra y la capacidad de crear a través de ella. Xeherazada—cuyo nombre aquí escribe con una ortografía distinta—aparece, nuevamente, como una presencia que conjuga erotismo y lenguaje. Al integrarla como presencia mítica, la localiza nuevamente en una dimensión en la que quedan abolidos los lazos de su anclaje histórico y se transforma en un elemento vinculante que entra en contacto con la dimensión de su presente.

En otra serie de poemas que toman a la figura de Sheherazada como núcleo de reunión y articulación imaginaria puede señalarse otro fenómeno interesante. Aparece convertida en un prisma de reflejos que posibilita la aparición de imágenes afines retomadas de distintos campos culturales y espacios históricos. Esto es lo que hallamos ilustrado en un poema como "Mitos de la noche," donde de Greiff presenta una enumeración de "encarnaciones" de este mito femenino:

> Morgana, Bibiana y Melusina
> Y Loreley y Xeherazada y Dinarzada y Medea,
> y Ulalume y Xatlí, danzan la danza que jamás se fina:
> ¡La Danza de la Única y de la Múltiple Dea! (*OC* vol. I 389)

El imaginario de un "eterno femenino," de una "Única" y "Múltiple Dea" responde a la necesidad greiffiana de operar en una dimensión imaginaria que le permita articular una multiplicidad de referencias diversas bajo un mismo núcleo comprensivo. Este recurso a la creación de mitos poéticos se ajusta, de esta manera, a su deseo de abarcar dimensiones trans-históricas y trans-culturales.

Ahondando en la apropiación de los personajes femeninos de *Las mil y una noches,* es importante notar que no solamente Sheherazada aparece como un símbolo de erotismo en la poesía greiffiana. También su hermana, Dinarzada, su cómplice contra el sultán en el relato, aparece como una figura que también encarna el deseo. La elaboración que hace de esta última podría inclinar al

146

De una periferia a la otra

lector a pensar en un proceso de objetivación erótica. Y esto resulta bastante comprensible cuando leemos el siguiente fragmento de la "Canción de Dinarzada":

> Tú fuiste mía, ardiente Dinarzada:
> todo tu ser se le entregó a mi ruego
> todo tu ser se le rindió a mi Nada.
> todo tu fuego se fundió en mi fuego!
> Tú fuiste mía, ardiente Dinarzada! (*OC* vol. I 356)

Sin embargo, a pesar de que la objetivación de lo femenino como objeto de deseo es evidente y se plantea aquí como una búsqueda de posesión, la figura de Dinarzada no debe reducirse a una presencia de carácter únicamente sensual. Por el contrario, su atractivo reside en el hecho de que conjuga el erotismo con la voluntad de establecer, ella también, diálogos cosmopolitas. El poema en el que mejor se ejemplifica esta conexión es en la "Breve canción de marcha" citada en páginas anteriores, donde se escenifica una conversación amorosa entre esta presencia femenina y el heterónimo greiffiano de Erik Fjordson, personificación de la cultura nórdica. Como recordará el lector, uno y otro se enlazan en un juego de invitaciones a explorar el territorio del otro y se entreteje así un complejo entramado de invitaciones al viaje entre el norte y oriente.

Como se ha visto, de Greiff establece una relación íntima con el espacio literario de *Las mil y una noches*, donde se instala con una familiaridad que le permite moverse a través de ellos como si se tratara de su propia realidad. En este diálogo que unifica de manera literaria dos territorios geográfica y culturalmente alejados, el poeta colombiano no solamente busca atraer hacia su espacio elementos foráneos, sino que intenta localizarse a sí mismo como una presencia activa en estos espacios culturales ajenos. La "Fantasía quasi una sonata en Do mayor" constituye otro ejemplo de esta dinámica de desplazamientos en el espacio literario. La voz poética presenta un proceso de identificación múltiple con personajes pertenecientes a esta colección de relatos:

> Shariar es mi aburrimiento,
> Harun Rashid mi aburrimiento,
> Aladino y Sinbad mi aburrimiento
> —Dinarzada y Sheherazada son el milagro gemelo,
> el par de alas de prodigio y misterio,
> de fantasía y ensueño!— (*OC* vol. I 214)

Capítulo cuatro

El espacio del "yo" se presenta aquí como un rostro cambiante sobre el cual se superponen distintas máscaras que, una tras otra, transforman la imagen móvil de su individualidad. En un primer momento el "yo" es el sultán que escucha las historias de Sheherazada, luego pasa a ser Aladino y, finalmente, Sinbad. Esta maleabilidad de la dimensión subjetiva revela una apertura que pone en cuestión las dinámicas de diferenciación binarias entre el espacio cultural desde el que se observa y aquel que es objeto de observación. La relación con la cultura oriental que presenta aquí el poeta colombiano se basa en un interés por habitar el espacio del otro y por ser habitado por este. No establece barreras de división claras sino límites porosos que favorecen una doble circulación de elementos. Siguiendo una línea distinta a la de la voluntad de dominación discursiva del orientalismo europeo, de Greiff no busca reducir los elementos tomados de la cultura oriental a sus propias categorías estéticas y de pensamiento, sino que abre la posibilidad a ser transformado también por los elementos que deja penetrar en su propia subjetividad.

La segunda ruta de exploración de Oriente que recorre la obra greiffiana es la de su interpretación y asimilación del budismo. En su ensayo sobre la obra de León de Greiff, el crítico Orlando Mejía Rivera aborda directamente esta temática. Uno de los planteamientos centrales de su estudio es el de reconocer una cercanía entre el nihilismo greiffiano y los principios de la filosofía budista. De acuerdo con Mejía Rivera, de Greiff es un poeta esencialmente escéptico y descree tanto de su mundo, los ideales de la modernidad y de todo proyecto colectivo de la humanidad (40). Su desconfianza en el destino humano es una idea constante en su poesía pero, a diferencia de otros escritores y filósofos con los que comparte esta convicción del desengaño, el poeta colombiano llega a este convencimiento con la anticipada certeza de que la nada y el vacío son el punto de llegada de todo movimiento vital (41–42). En esta idea, reconocible desde los primeros poemas de *Tergiversaciones*, Mejía Rivera observa una semejanza con esta filosofía oriental que, no obstante, se guarda de clasificar como una influencia. El crítico reconoce que no existen pruebas textuales o materiales publicados por León de Greiff que puedan servirnos como base para deducir los orígenes de este contacto. Por esta razón, ofrece una alternativa metodológica para sustentar su estudio. El camino por el que opta es el de observar esta relación a través

De una periferia a la otra

de la mediación propuesta por los poetas franceses de finales del XIX que pudieron servir como puentes. "Se puede deducir," anota, "que los poetas simbolistas que leyó en su adolescencia fueron, quizá, las primeras referencias a Gautama" (47). En mi opinión, esta alternativa de interpretación resulta convincente y corrobora el hecho de que, para adelantar su exploración de los espacios culturales de Oriente, de Greiff se fía de las conexiones que encuentra en el corpus de la literatura europea de finales del siglo XIX. De manera que, si hay que señalar una coincidencia de ideas entre su poesía y la filosofía budista, debe tenerse en cuenta la pantalla de mediación implícita que aquí se subraya. Con esta precisión en mente, Mejía Rivera opta por destacar la coincidencia de ideas entre la intuición de la "nada" búdica y sus reflejos de semejanza en los poemas greiffianos.

Siguiendo las ideas presentadas por Jorge Luis Borges y Alicia Jurado en *Qué es el budismo*, Mejía Rivera destaca como ideas principales de la filosofía budista las siguientes características: el convencimiento de la vacuidad de la vida y el mundo, la necesidad de despojarse de todas las ilusiones y deseos, y la búsqueda de un estado de "verdad absoluta" en la quietud y el vacío. En el budismo, recuerda Mejía Rivera, "el Ser de las cosas y de los hombres son simples proyecciones e ilusiones en el vacío" (50). Estos puntos, observa, aparecen con evidencia en la poesía de León de Greiff. La idea de liberarse de la vida disolviendo su propio ser en la "nada" es el tema de textos como "Filosofismos" ("Vida monótona y tan larga... / Vida trivial... Yo quisiera dormirme en la Nada!" [*OC* vol. I 19]); "El solitario" ("Lo único que anhelo, con rendido, / con impaciente afán, ávido, intenso, / es hundirme en el Caos presentido, / es reposar en el Vacío inmenso" [*OC* vol. I 130)); o "Bajo el signo" ("Y déja venir a la muerte [...] cuyos giros eurítmicos / convergen al céntrico punto / de la quietud definitiva" [*OC* vol. I 177]). En los poemas referidos puede observarse de qué forma, desde los límites de su propio lenguaje, de Greiff rodea los espacios de la filosofía budista: el vacío, la inmovilidad, la desaparición, el nirvana. De manera heterodoxa, se apega a ciertos principios rectores de este sistema de pensamiento. Sin embargo, como él mismo lo reconoce, lo lleva a cabo de una forma indisciplinada y arbitraria. Esto lo enuncia ya en su "Relato de los oficios y mesteres de Beremundo," en el que, camuflándose en la voz de su heterónimo, dice: "fui discípulo de Gautama, no tan

Capítulo cuatro

aprovechado: resulté mal budista, si asaz contemplativo" (*OC* vol. II 202). Esta afirmación permite destacar de nuevo la dinámica de asimilación greiffiana de fuentes culturales y literarias: su voluntad es la de abrir una línea de comunicación con el otro sin renunciar a los condicionamientos de su propia limitación. La asimilación de ideas cercanas al budismo puede interpretarse, entonces, como otra vía de ensanchamiento en su exploración cultural y filosófica, pero no como una adopción total de otro sistema de pensamiento. Por medio de su lectura irónica de la figura de Gautama, el poeta colombiano logra recalibrar su deseo de conexiones foráneas y los condicionamientos de su arraigo periférico.

Resulta sorprendente e incluso contradictorio observar en de Greiff la presencia de esta corriente filosófico-religiosa basada en principios de moderación del deseo, la aceptación del sufrimiento y la renuncia a los impulsos individuales. En páginas anteriores se había enfatizado en la naturaleza hedonista de sus textos y señalaba este impulso vital como una de las vías de conexión con la poesía celebratoria de Khayyam. Cuando se evidencia el choque de estos dos impulsos contrarios y el enfrentamiento de estas dos líneas de influencia literaria, el lector se ve abocado a preguntarse cómo es posible conciliar esta oposición de términos. Es difícil concebir un punto de encuentro entre estas actitudes vitales y filosóficas antitéticas. Incluso cuando se tiene en cuenta que el edificio de la poesía greiffiana no busca sustentarse sobre un sistema coherente de postulados, no es fácil comprender hacia dónde apunta al adoptar dos actitudes tan radicalmente disímiles. ¿Se trata de una burla irónica? ¿O nos situamos frente a un complejo juego de experimentación? Considero que la respuesta no debe buscarse necesariamente en los principios que adopta, ni en la imposibilidad de una resolución. Creo necesario, más bien, abordar esta cuestión desde un plano estético y en su voluntad de ampliar la red de sus conexiones culturales y literarias. La necesidad de establecer lazos de familiaridad con distintas corrientes poético-filosóficas, su deseo de instarse en el círculo comprensivo de una literatura de carácter mundial y de conseguir una participación en la dimensión de una tradición de corte universal, hacen que el poeta colombiano construya su obra como un espacio capaz de abarcar elementos de naturaleza contradictoria sin pretender neutralizar sus diferencias. Mediante esta apertura, de Greiff busca abrir un espacio estético que pueda albergar simultáneamente múltiples

De una periferia a la otra

líneas de desarrollo y logra crear un espacio literario en el que forja lazos de conexión con espacios y tradiciones contradictorios. Así, entonces, cuando en un poema como "Tocata" el yo poético aparece como un espacio de reunión para las presencias contrarias del Buda y del sultán al que Dinarzada encanta con sus historias, estas dos voces no buscan anularse o superponerse una a otra, sino que se presentan como iguales en su deseo de ser otro. De Greiff lo presenta así: "Como soy Gautama, da lo mismo. Lo mismo da: soy Harun-el-Rashid" (*OC* vol. I 230).

Hay una segunda línea de estudio adelantada por Mejía Rivera y que profundiza en la conexión del budismo con la cuestión de los heterónimos en la obra del colombiano. Su estudio busca comprender la cercanía entre los postulados de esta última corriente filosófico-religiosa de Oriente con la concepción del "yo" en la obra del colombiano. Para Mejía Rivera, existe un punto de coincidencia entre el budismo y los heterónimos greiffianos. En ambos casos, anota, la subjetividad aparece comprendida como un elemento ilusorio, como una suerte de máscara que cubre el "vacío" (51). Para el crítico, cada una de las voces que forma parte de su obra se articula, efectivamente, dentro de unos límites definidos y característicos. Cada una de las individuales que constituyen los personajes de Gaspar von der Nacht, Matías Aldecoa, Miguel de Zulaibar o Erik Fjordson "son personalidades autónomas con ciertas características y tendencias específicas" que "han vivido distintas experiencias del mundo" (52). Sin embargo, estos personajes "terminan siendo algún día el otro, los otros" (52). Sus individualidades acaban por mezclarse y confundirse con las del resto de sus camaradas, de quienes sólo lo separan barreras porosas y fronteras discontinuas. Mejía Rivera no considera esta una falla de su construcción poética. Por el contrario, la explicación que ofrece a este fenómeno se sustenta en la cercanía que halla con la idea budista según la cual toda individualidad es una creación transitoria e ilusoria. Para el crítico, la razón por la cual los personajes poéticos del colombiano se articulan como presencias itinerantes y llegan a mezclar sus consciencias con las de los otros radica en la convicción de que son "ilusiones de un soñador que tampoco existe" (61). Así pues, la confusión de nombres y personas que rastrea en el corpus de la obra greiffiana radica en la idea de que toda individualidad no es más que parte de un "sueño colectivo" (50). El hecho de que la poesía greiffiana dé cabida a una diversidad de

Capítulo cuatro

"yoes" que en ciertos momentos se desvanecen y confunden, que atraviesan tiempos y espacios distintos desafiando las categorías de la lógica y la racionalidad, tiene su sustento en la intuición de que todos ellos, "incluyéndolo a él," son fantasmas conscientes de su propia existencia ilusoria.

La lectura que propone Mejía Rivera tiene el mérito de conectar dos aspectos entre los que generalmente no se traza un vínculo interpretativo: la asimilación de fuentes orientales en la constitución de los *alter-egos*. Su análisis de este aspecto, no obstante, se lleva a cabo desde una perspectiva que deja de lado el análisis directo de los poemas y se enfoca, de forma predominante, en la búsqueda de concordancias en sus postulados filosóficos. Aunque su valor es evidente, considero que la amplitud de su perspectiva lleva al crítico a perder de vista las particularidades de un necesario análisis textual. Es por este motivo que considero que a pesar de las conclusiones a las que llega, su análisis debe observarse de manera crítica. Mejía Rivera no ofrece un suficiente soporte de análisis literario para sustentar la hipótesis según la cual la construcción de los heterónimos greiffianos reposa sobre la convicción de la naturaleza inestable y transitoria de la realidad. El crítico no nos ofrece ejemplos concretos ni de la poesía del colombiano ni tampoco de los textos búdicos que demuestren esta coincidencia. No obstante, es necesario destacar el acertado aporte que hace con relación a la adaptación de la figura de Gautama y la temática del vacío. Al rastrear estos dos elementos como apropiaciones que llegan hasta de Greiff por vía de una mediación francesa, el crítico pone en evidencia la cadena de circulación de saberes mediante la cual conecta el espacio de su propia marginalidad con el de otros lugares periféricos. Mejía Rivera reconoce, así, el mapa de circulación por el que transita de Greiff en el proceso de crear su red de conexiones globales y la ampliación de sus diálogos en el espacio de la tradición literaria mundial.

Imaginarios escandinavos: Nostalgias del vikingo anclado

La poesía greiffiana muestra una conexión de cercanía con el mundo nórdico que se manifiesta en sus referencias a personajes y figuras emblemáticas de este universo. En su obra aparecen con frecuencia vikingos, *skaldes*, dioses de la mitología nórdica, así como también reyes y miembros nobiliarios de estos imperios

De una periferia a la otra

del norte. La entrada en este imaginario no sólo representa una novedad en el panorama cultural de Colombia sino también en el contexto latinoamericano. Aparte de León de Greiff, son muy pocos los intelectuales que habían buscado establecer un contacto con literaturas tan aparentemente distantes como las de Noruega o Dinamarca. Las figuras del colombiano Baldomero Sanín Cano y del boliviano Ricardo Jaimes Freyre constituyen dos excepciones notables a esta carencia de puentes. El primero de ellos se acerca con interés a la obra del escritor danés Georg Brandès y se apropia de algunas de sus ideas acerca del oficio de crítico literario. Por su parte, Freyre retoma en su poesía la de las *Eddas* y de la mitología del norte de Europa. Su volumen *Castalia Bárbara*, publicado en 1899 constituye una elaboración sobre estas narrativas épicas escandinavas. En su afán exotista de explorar la tradición nórdica, ambos escritores cumplen con ese imperativo de apertura hacia otros horizontes culturales que el mismo Sanín Cano consideraba como un necesario ejercicio de reclamo de derechos de participación en el espacio mundial de la cultura. En esta corriente se inserta, justamente, el caso greiffiano, que constituye otra manifestación de ese ensanchamiento del campo cognoscible y una potenciación del "deseo de mundo" modernista.

Sin embargo, a diferencia de lo que sucede con Freyre y Sanín Cano, el interés greiffiano en explorar las tradiciones nórdicas no se limita al campo literario sino que halla su origen en una conexión familiar. Como descendiente de familias nórdicas y germanas, el poeta colombiano se acerca a estos territorios con una mezcla de curiosidad intelectual y una exploración de su propia genealogía. Teniendo en cuenta lo anterior, quiero proponer una lectura de su relación con la cultura nórdica bajo la doble perspectiva de una relación intelectual y del trazado subjetivo de una línea familiar. La actitud más común de la crítica greiffiana respecto a su relación con el mundo escandinavo ha sido la de asumir la conexión biográfica entre el autor y sus antepasados nórdicos como una garantía de transparencia y conocimiento profundo de aquella cultura. Sin embargo, no se ha adoptado una verdadera actitud crítica que ponga en cuestión las fuentes literarias y culturales que inserta de Greiff en su obra, así como tampoco el proceso de ficcionalización de sus lazos genealógicos. En parte, esta carencia ha venido a ser subsanada por el estudio de Julián Vásquez Lopera, *El gran viaje atávico. Suecia y León de Greiff*. En

153

Capítulo cuatro

su minucioso y bien documentado análisis, este crítico pone en relación algunos puntos claves de la obra de León de Greiff con lo que él llama su "texto atávico." Vásquez entiende lo "atávico" a partir de su definición biológica. Entiende "el atavismo" como "un fenómeno de herencia discontinua, por el cual reaparecen en un descendiente uno o varios caracteres de un antepasado, sin que se manifiesten en las generaciones intermedias más inmediatas" (19). Vásquez trasplanta esta noción a su análisis literario de la obra de León de Greiff y pretende comprender el "texto atávico" greiffiano como el bagaje de elementos nórdicos ya desaparecidos, que de Greiff logra rescatar y "traer hacia el presente" (10). El estudio de los elementos "atávicos" rescatados por el poeta resulta particularmente complejo pues, en su caso, el pasado que rescata se remonta generaciones atrás y a un territorio que no conoce por experiencia directa. El material sobre el cual trabaja, tal como lo revela el crítico, comprende la historia de su bisabuelo que emigró de Suecia a Colombia en busca de fortuna a principios del siglo XIX, y el recuerdo de las generaciones anteriores de los von Greiff, quienes gozaron de cierto prestigio y jugaron roles decisivos dentro de la monarquía sueca en el siglo XVII. El diálogo que de Greiff establece con su genealogía, según Vásquez, lo hace por medio de ciertos documentos y escritos que le permiten conocer los hechos sucedidos durante estas épocas. El poeta aprovecha los materiales que van desde la crónica de viaje de su bisabuelo Carl Sigismund Greiff—en el que relata su llegada a Colombia con su esposa Petronela Faxe—, pasando por artículos publicados por su tatara-buelo en el diario local de la ciudad en la que se radicó la familia von Greiff, hasta crónicas y documentos históricos que actualiza y convierte en piezas de su propia obra. La lectura que hace de estos textos, lejos de llevarse a cabo bajo la perspectiva de una fidelidad objetiva, se realiza a través de un proceso que Vásquez denomina "imaginación histórica," mediante la cual hace confluir en una misma ficción poética los acontecimientos narrados en las crónicas a las que apela y las biografías imaginarias de sus heterónimos. Es de esta manera que en su poesía la tradición de los países nórdicos y la propia historia de sus antepasados se asimilan como un pasado maleable que se utiliza de manera libre y caprichosa para nutrir el contenido de sus ficciones literarias.

Las huellas de la cultura nórdica que pueden rastrearse en la obra greiffiana apuntan, en su mayoría, a una búsqueda de

154

De una periferia a la otra

vínculos con las líneas dispersas de su genealogía. Tanto en los poemas compilados en el corpus de sus obras completas como en el de sus publicaciones no recogidas en libros—en las que se concentra, particularmente, el estudio de Vásquez—, se subrayan las menciones de diferentes pistas que delatan el deseo de reconstruir imaginariamente las líneas de un pasado familiar escandinavo, que observa como una suerte de origen mítico. La erudición y la potencia imaginativa greiffiana aparecen, en este contexto, como fuerzas correctivas cuyo objetivo es el de compensar, en el espacio literario, las rupturas y carencias que de Greiff verifica en su realidad objetiva. De esta forma su acercamiento a textos poéticos, históricos y mitológicos de origen nórdico, puede interpretarse como el trazado de redes de conexión que lo vinculan nuevamente con ese origen perdido. En esta voluntad autogenitiva y de recuperación imaginaria del pasado, subrayo la coincidencia con la invitación nietzscheana a hacer un aprovechamiento subjetivo de la historia con el fin de construirse un linaje imaginario. Para el filósofo alemán, la historia no se presenta como una dimensión estática sino como un campo dentro del cual el individuo puede forjar sus propias líneas de afiliación de acuerdo con principios de afinidades electivas. La continuidad cronológica, para Nietzsche, no representa la única vía de conexión e inserción histórica. Por el contrario, se presenta apenas como una vía posible, que puede fácilmente ser reemplazada por vínculos forjados de manera voluntaria e imaginativa. Esta idea—que ya se halla sustentada en *On the Advantage and Disadvantage of History for Life*—se presenta de manera concisa y directa en el aforismo citado por Harold Bloom en *The Anxiety of Influence*: "When one hasn't had a good father, it is necessary to invent one" (56). Ahora bien, en la obra de León de Greiff no se trata, estrictamente, de establecer una dicotomía entre un "buen" y un "mal" genitor. La oposición se plantea para él, más precisamente, en términos de "localidad" y "universalismo," de "herencia transmitida" y "tradición conquistada." Al reinventar su relación con la historia, el poeta colombiano busca renegociar sus términos de relación con el ámbito local y con la dimensión abarcadora de la cultura universal. Su objetivo es el de poder conjugar las especificidades de su anclaje local con el ideal cosmopolita inspirado por su "deseo de mundo." En otras palabras, busca sumar al espectro de la herencia cultural de su entorno inmediato, las ganancias conquistadas mediante la búsqueda de una genealogía

Capítulo cuatro

cosmopolita a la cual pretende afiliarse. Uno de los poemas en los que puede señalarse esta voluntad de reinvención histórica y de rearticulación de conexiones genealógicas es el "Relato de los oficios y mesteres de Beremundo." Aquí, en medio del recuento de una biografía ficticia que abarca períodos históricos contradictorios y dispersos, de Greiff propone una línea de conexión entre su biografía y diversos períodos de la historia de los países nórdicos:

> Yo, Beremundo el Lelo, surqué todas las rutas
> y probé todos los mesteres.
> [...]
> [fui] carbonero con Gustavo Wasa en Dalecarlia, bucinator del
> Barca Aníbal
> y de Scipión el Africano y Masinisa, piloto de Erik el Rojo hasta
> Vinlandia...
> de un escuadrón de coraceros de Westmannlandia que cargó al lado
> del Rey de Hielo
> [...]
> y fue mi tatarabuelo quien apresó a Gustavo Cuarto
> [...]
> Fui el mozo—mozo de estribo—de la reina Cristina de Suecia
> [...] (*OC* vol. II 201–18)

En un ejercicio de nivelación de elementos tomados de tradiciones distintas y épocas históricas dispersas, de Greiff sitúa a su personaje como un participante de esa historia ficcional en la que pasa sin inconvenientes de una relación de cercanía con Erik el Rojo a situarse luego en la época heráldica de los Wasa (1496–1560), pasando luego por el reinado de Cristina de Suecia (1626–1698), tras mencionar su afiliación con la figura de Gustavo IV de Suecia (cuyo reinado abarca desde 1792 hasta 1809). Mediante este personaje poético que asegura haber tomado parte en todos estos acontecimientos, de Greiff se cuela en el "tiempo profundo" de la historia y con el fin de reclamar pertenencia en ella. Mas, sin embargo, como puede comprobarse, este poema no presenta una total disolución de líneas de contacto con el contexto de su producción, que también se esfuerza por hacer explícito:

> [fui] berequero en el Porce y el Tugüí, huaquero en el Qundío
> [...]
> luego fundé una fábrica de papel en Armenia (en Calarcá
> con sucursales en Pereira, en Sevilla y en Salento)
> [...] (*OC* vol. II 201–14)

156

De una periferia a la otra

Es, justamente, teniendo en cuenta estas iteraciones que hacen explícitas la condición de su localidad, que considero necesario puntualizar que la voluntad greiffiana de fabricarse una genealogía alternativa no busca obliterar completamente los lazos de conexión con su ámbito de arraigo inmediato. No se trata de entrar en una lógica de suplantaciones y reemplazos sino de entablar un diálogo de negociación entre la herencia recibida y la tradición que se adquiere voluntariamente. Bajo esta perspectiva, el poema puede leerse como un ejercicio de compensación y de recuperación de vínculos que, por no hallarse disponibles en el legado cultural que recibe de su entorno inmediato, se ve en la obligación de reinventar. Como puede comprobarse al continuar con la lectura del texto, este se desborda en un movimiento expansivo en el que elementos de otras tradiciones vienen a mezclarse con los del universo en el que se había venido haciendo énfasis en las páginas anteriores. Su intención, pues, es la de integrarse tanto al ámbito cultural escandinavo como al de otras culturas que sitúa en una condición de paridad y coexistencia, para conformar de esta manera una identidad poética cosmopolita. Es así como pueden comprenderse las afirmaciones de pertenencia aparentemente aleatorias de Beremundo: "Fui de Sinbad, marinero; pastor de cabras en Sicilia" (*OC* vol. II 201); "fui discípulo de Gautama" (*OC* vol. II 202); "Fui traductor de cablegramas del magnífico Jerjes" (*OC* vol. II 208); "Y fui el quinto de los tres mosqueteros" (*OC* vol. II 209). Beremundo quiere atravesar todos los dominios y las épocas; su deseo es ser contemporáneo de todos los hombres; hacer suyo todo el conocimiento y experimentar todas las vivencias posibles. En otras palabras, pretende hacer de la historia un espacio lúdico del que puede apropiarse sin complejos ni limitaciones.

No obstante lo anterior, es evidente que en ciertos momentos de su obra de Greiff muestra su predilección por el norte de sus ancestros, del cual reclama títulos de descendencia. En repetidas oportunidades se define a sí mismo como "víking," "ex-víking," o "viking al pairo," y desde los poemas más tempranos de su obra expresa con claridad esta nostalgia por el pasado perdido. Ya en "Filosofismos," uno de sus poemas fechado en 1918, dice:

> de ese Norte recóndito vinieron mis abuelos,
> bravos escandinavos de gigantesco porte,
> con los ojos azules, y orgullosos y apáticos…
> Acaso mis nostalgias vendrán de aquellos hielos,
> y mis soberbias y mis vicios aristocráticos. (*OC* vol. I 9)

157

Capítulo cuatro

No es extraño, pues, que uno de los temas recurrentes de su poesía sea volver a ese norte esplendente que señala como un punto de origen. Los textos en los que mejor se revela esta necesidad de recuperación de un linaje nórdico son los que se reúnen bajo el título de *Correo de Estocolmo*. Este volumen ofrece en una compilación de las crónicas escritas por de Greiff durante su estancia en Suecia. Allí el poeta recopila y da cuenta del libro de memorias escrito por su antepasado Carl Sigismund von Greiff, en el que halla relatados algunos de los episodios de su historia familiar así como también el periplo de su viaje hacia Suramérica y el asentamiento de la familia en Colombia. Al revisar y al narrar estas anécdotas, de Greiff otorga la clave para interpretar algunas referencias a ellos que aparecen dispersas en sus poemas. En ellas hace alusión, por ejemplo, a Ernest Bogislav von Greiff, quien sirve como modelo para la elaboración de uno de sus personajes poéticos, Bogislao.[7] Este último es una presencia recurrente a lo largo de su obra y aparece en textos como "Memorias, desventuras, venturas y aventuras de Bogislaus y su escudero y su escribano y su espolique" y "Poemilla de Bogislao." El "poemilla," incluido en uno de los volúmenes de sus *Obras Dispersas*, realiza también el recuento de una biografía imaginaria:

> … Yo soy el sueño Bogislao […] Revíking de los del Fiordo escandinavo! Gaviero de Eric el Rojo! Grumete de Leif Erikson! […] carbonero en Dalarma con Wasa, el primer rey Gustavo. Corneta de Hielo, Gustavo Segundo Adolfo, el Grande, el luterano segador de las mieses papistas con el su falce césareo! De la reina Cristina—y de Ebba Brahe un poco antes—el confidente […] Edecán de Báner y de Koeningsmark y de Tórtenson y de Wrangel! Coronel de Centauros coraceros de Carlos Doce … Puse preso a Gustavo IV … (300)

Este recuento de acontecimientos ficticios concuerda casi punto por punto con el ya comentado "Relato de los oficios y mesteres de Beremundo." Al contrastar las biografías ficticias, vemos que en las dos se verifica el mismo trazado de búsquedas genealógicas. La diferencia fundamental entre ambas radica, no obstante, en el hecho de que en la historia de Bogislao no se insertan otros campos de referencias adicionales y no responde al mismo impulso de apertura universalista. De todas formas, considero que ambos textos pueden ser leídos a la luz de lo que Vásquez denomina como una

158

De una periferia a la otra

"autobiografía imaginaria." El crítico propone este término como una herramienta para comprender este tipo de tergiversaciones histórico-literarias. Para él, la "autobiografía imaginaria" greiffiana consiste en "una especial variante de imaginación histórica" mediante la cual se realiza la "adaptación poética de un cúmulo de identidades históricas que ... imaginariamente transforma y reúne en una sola" (50). Desde esta óptica, Bogislao y Beremundo actúan como centros de convergencia de elementos conflictivos y hasta contradictorios cuyo punto de unificación es la necesidad de configurar un personaje poético en el que se sinteticen los materiales tomados de una tradición específica, como sucede con Bogislao, o de un espectro cosmopolita, como sucede con Beremundo.

La importancia de su *Correo de Estocolmo* radica en el hecho de que nos permite seguir la pista de los elementos pertenecientes a su historia familiar que han sido integrados como material poético en sus obras. A pesar de las menciones explícitas sobre el papel que sus antepasados jugaron en la historia de Suecia, la versión presentada por de Greiff no consiste en una recuperación fidedigna de datos y acontecimientos sino que se trata, nuevamente, de una tergiversación subjetiva del pasado. Esto lo señala Vásquez quien, basándose en una minuciosa pesquisa de fuentes históricas y archivos, llega a la conclusión de que ciertas de las líneas genealógicas a las que el poeta se afilia y reclama como propias son, en última instancia, falsas. "Ninguno de los von Greiff," anota, "fue poeta en la corte de la reina Cristina y mucho menos su confidente o consejero [...] ni Ernst Bogislav ni su hijo Niklas Johan, participaron de la vida política de Estocolmo durante el tormentoso reinado de Cristina de Suecia" (51).[8] Y, por lo tanto, deja fuera de base objetiva todas las afirmaciones en las que sus distintas voces poéticas y sus heterónimos reclaman haber tomado parte en estos acontecimientos. Las hazañas de sus ancestros y las de sus personajes se adscriben al dominio de la invención literaria. Su genealogía, su tradición y sus conexiones nórdicas se nos revelan, así mismo, como creaciones ficcionales. En resumen, lo que encuentra Vásquez en las crónicas escritas por León de Greiff es, más propiamente, un juego de inserciones y reapropiaciones intertextuales en el que se entretejen tres fuentes: los elementos de la historia verdadera de los países nórdicos, el texto escrito por su antepasado Carl Sigismund von Greiff y los materiales de sus propios textos poéticos. En este intenso diálogo de préstamos y modificaciones, estos tres espejos se reflejan y

Capítulo cuatro

se deforman constantemente. Mientras su poesía busca un asidero histórico objetivo en el texto de su antepasado, los textos originales terminan por ser deformados con el fin de fabricar una conexión genealógica que le permita vincularse imaginariamente con la historia más antigua y las mitologías de los países del norte.[9]

La observación anterior a propósito de las imprecisiones históricas sobre las que se sustenta la pretendida cercanía genealógica entre de Greiff y la aristocracia sueca no tiene como objetivo denunciar una falla histórica en su obra. Por el contrario, quiero destacar la coherencia de esta falta de precisiones objetivas con las líneas generales de su poética. La preocupación que motiva el diálogo greiffiano con la historia, incluso con su propia historia familiar, es la de trazar afinidades estéticas, literarias o filosóficas, dejando de lado preocupaciones de veracidad y coherencia. El espacio literario greiffiano, el orden de existencia simultáneo sobre el que construye su tradición, se rige por medio de principios en los que la lógica poética gana primacía frente a toda exigencia de objetividad cronológica o espacial. Bajo esta perspectiva, la objeción de que los elementos nórdicos que se insertan en su genealogía no forman parte de una línea de sucesión histórica comprobable, no constituye una base sólida para desvirtuar su reclamo de pertenencia. El principio de unificación de elementos dispares en la obra greiffiana reposa sobre una base de valores estéticos y filosóficos comunes a un ámbito trans-histórico, universal y cosmopolita. Estos valores, tal como puede colegirse de una lectura transversal de su obra, pueden resumirse en los siguientes puntos: un conflicto esencial entre el hombre y su mundo, el deseo de aventura, la aspiración a la belleza, el culto a la sensualidad y la potencia creativa simbolizadas en el arquetipo de lo femenino.

Finalmente, quiero llamar la atención sobre un aspecto adicional respecto a la importancia del imaginario nórdico greiffiano: la figura simbólica del vikingo. Para el poeta colombiano, este último constituye el arquetipo y el paradigma del viajero, del hombre de aventuras, del descubridor de territorios. Por esto, precisamente, se convierte en el símbolo del explorador y se equipara en su obra a otros personajes caracterizados por el gusto por la aventura tales como Ulises, Sinbad, Ibn-Batuta y Marco Polo. En el "Relato Quinto de Gaspar" encontramos, justamente, el establecimiento del paralelo entre estos personajes:

160

De una periferia a la otra

> Gaspar soy yo. Argonauta ayer desaforado:
> desaforado víking, por zafíreas
> inmensitudes—las gustáis azúreas?
> glaucas os petan más?—Víking de ancestro
> pirático. Ibn-Batuta de periplo. (*OC* vol. II 94)

Lo mismo sucede en el "Relato de Erik Fjordson," donde se reitera la coincidencia de propósitos y características entre un personaje de la literatura clásica griega, uno de la tradición de Medio Oriente y la figura del vikingo: "Yo…!—fallido Odiseo, fracasado Sinbad, víking de río" (*OC* vol. I 410). Este juego de máscaras que se suplantan y se reemplazan, da cuenta del mecanismo de síntesis universalista que pone en marcha de Greiff. Sobre la base de una característica común, que en este caso es la del espíritu nómada, el poeta orquesta un juego de sustituciones en el que reúne personajes que a pesar de su distinto origen se adaptan a los lineamientos del mismo arquetipo. Así entonces, el vikingo como prototipo de viajero, viene a sintetizar la propia voluntad greiffiana de apertura al mundo. Es por esto que su recurrencia a identificarse a sí mismo como descendiente de vikingos nórdicos no debe ser leída únicamente como la manifestación de su deseo de retorno hacia un origen mítico o como una estrategia literaria de recuperación de un pasado atávico. Por el contrario, al presentarse como heredero de esta estirpe de viajeros, hace evidente su necesidad de mantenerse en constante búsqueda de nuevos territorios. En otras palabras, la máscara del vikingo actúa como una metáfora de su espíritu cosmopolita; la máscara del vikingo es una metamorfosis de esas otras máscaras que son también las de Sinbad, Odiseo, Bogislao, los trovadores medievales, los pingüinos peripatéticos, viajeros todos ellos.

Además de lo anterior, la presencia simbólica del vikingo tiene otro significado central para la poesía del colombiano, puesto que marca la consciencia de habitar un espacio cultural periférico. Como se mencionó anteriormente, al revisar las menciones que hace de Greiff a la figura del vikingo, generalmente lo caracteriza como un personaje que se ha visto desplazado de su ámbito de acción y pertenencia original. Los adjetivos a los que recurre para calificarlo se enmarcan dentro de un campo semántico que apunta hacia un sentimiento de nostalgia y consciencia de la pérdida. De Greiff se refiere constantemente a sí mismo utilizando expresiones

Capítulo cuatro

como "vikingo anclado," "al pairo," "fallido." Mediante ellas enfatiza en el hecho de estar fuera de lugar, de haber encallado por error enterrado en climas ecuatoriales, entre montañas y selvas. Está fuera del territorio que se correspondería de manera más apropiada con su propia naturaleza: el mar. La "Balada al mar no visto rimada en versos diversos" es un texto que evidencia esta consciencia de habitar en el lugar equivocado:

> No he visto el mar.
> Mis ojos
> —vigías horadantes, fantásticas luciérnagas;
> mis ojos avizores entre la noche; dueños
> de la estrellada comba
> de los astrales mundos;
> mis ojos errabundos
> familiares del hórrido vértigo del abismo;
> mis ojos acerados de víking, oteantes;
> mis ojos vagabundos
> no han visto el mar
> … (*OC* vol. I 53–54)

El poema se estructura alrededor de la pérdida de un espacio original. La queja de la voz poética insiste en la imposibilidad de restauración de una armonía perdida entre la vista y el paisaje, entre la dimensión sensible y la realidad exterior. Pero hay un desequilibrio fundamental entre la capacidad de acción y la posibilidad real de interacción con el espacio. El poema se sustenta sobre la base de una inadecuación: la imposibilidad de utilizar apropiadamente las propias facultades. Esta comprobación determina, pues, que la voz poética se identifique como la de un extranjero, una figura cuya característica de identificación es la no-pertenencia. Al observar la realidad próxima con ojos acostumbrados a reconocer otros paisajes, se hace evidente la inadecuación entre el sujeto y el entorno. En el caso greiffiano, el discurso no busca zurcir esta ruptura entre el individuo y su mundo sino señalarla como una condición productiva. De Greiff asume consciente y profundamente su extranjería y la convierte en un lugar simbólico de enunciación. El poeta colombiano parte de la certeza de no ser parte integral de un país, una patria, una raza o una historia particular. En consecuencia, hace de la marginalidad el motor de su escritura e inscribe su palabra con la consciencia de hallarse siempre "por fuera," alejado de

De una periferia a la otra

los territorios de su pretendido origen, encallado en las márgenes a los que ha llegado por los accidentes de la historia.

Desde el espacio periférico que de Greiff asume como su lugar de enunciación, los constantes desplazamientos entre tradiciones literarias y culturales aparentemente inconexos que se entretejen en su literatura pueden interpretarse bajo una luz más comprensiva. Puesto que su obra se sustenta sobre el rechazo a identificar un punto de pertenencia estable, o un dominio de localidad bien delimitado, no es posible hallar en la dinámica de sus desplazamientos una lógica de huida y regreso. Por el contrario, todos sus movimientos parecen circular de forma constante y sin solución de retorno entre distintas dimensiones marginales. Ya hemos visto, por ejemplo, cómo se acerca de forma itinerante y sin orden preciso a territorios localizados por fuera de los centros culturales dominantes: se desplaza desde los trópicos hasta países nórdicos, va desde Medio Oriente hasta Japón. Cuando se aproxima a Europa, también lo hace desde una perspectiva heterodoxa y con un atrevimiento irónico que lo lleva a deformar creativamente las fuentes de las que se apropia. De Greiff hace de la periferia su espacio de asimilación y de funcionamiento. Es allí, justamente, donde negocia las tensiones entre las imposiciones de su localidad y sus impulsos de conexión con el mundo, las líneas de su afiliación cosmopolita y las exigencias de su contexto cultural inmediato. Desde los bordes, el colombiano quiere definir las líneas de un cosmopolitismo que presenta una visión heterodoxa de la tradición literaria.

Capítulo cinco

Máscaras y espejos medievales

León de Greiff y François Villon, un cosmopolitismo trans-histórico

Como un poeta heterodoxo, de Greiff no solamente juega a borrar trazados geográficos y culturales, sino que también desafía las normas de una temporalidad lineal. Mediante una desarticulación de las lógicas secuenciales de la cronología propone una apertura cosmopolita de dimensiones trans-históricas. La fuerza expansiva de su "deseo de mundo" no solamente lo empuja a crear vínculos con poetas de otras geografías y espacios culturales sino también con autores de otros siglos a quienes trata como sus contemporáneos. Su estrategia de presentarse como amigo y confidente de un poeta medieval francés se enmarca dentro de esta empresa de reorganización temporal. En este capítulo hago una lectura de la apropiación greiffiana de la obra de François Villon y observo su dinámica de identificación como una proyección de la condición de aislamiento y marginalidad del artista moderno en la figura del poeta medieval francés. Al revisar la asimilación temática y formal de ciertos elementos fundamentales de la obra de Villon, busco redefinir la lectura greiffiana como un gesto de reinvención de su genealogía literaria. Finalmente, para responder a la pregunta de por qué un autor latinoamericano moderno se esfuerza por retomar y actualizar materiales tan alejados de su contexto geográfico e histórico, desplazo el análisis a un plano de interrogación comprensivo y señalo en este gesto una voluntad de inserción en el espectro amplio de la literatura mundial.

Recuperación greiffiana de François Villon

León de Greiff es, en rigor, el primero que en el ámbito de las letras hispánicas recupera y aprovecha creativamente el legado de François Villon.[1] Esta afirmación resulta sorprendente, sobre todo, si se considera que para inicios del siglo XX el poeta francés ya había cobrado una definitiva importancia en la formación de la litera-

165

Capítulo cinco

tura moderna. Un breve recuento de la recepción de su obra resulta útil para justificar la anterior afirmación y comprender con justeza la importancia de la recuperación greiffiana. En 1850 Saint-Beuve consideraba afortunada la suerte literaria de este poeta medieval y en uno de los artículos de sus *Causeries du lundi* reconoce dos aportes fundamentales de Villon a la posteridad de la literatura francesa. El primero es el mérito de haber servido como eslabón en una cadena de poetas satíricos que inicia con Rutebeuf y se extiende hasta Rabelais (284). El segundo es la leyenda que se erige alrededor de su obra y de su figura histórica: "Ce Villon qui avait frisé la potence […] considéré comme l'un des pères de la poésie, s'est vu à chaque reprise et à chaque renaissance littéraire, recherché des meilleures et salué" (279). El atractivo de su marginalidad y de su condición de poeta criminal le gana la atención de escritores como Marot, Boileau y Gautier, quienes lo consagran como figura tutelar. A este primer séquito, habría de sucederle una segunda ola de escritores que observa en Villon una prefiguración literaria y vital. Los "poetas malditos" de finales del siglo XIX como Baudelaire y Verlaine, encuentran en él una anticipación de ciertos rasgos de su estética y su uso de la poesía como arma de choque. El gesto de ruptura frente a la sociedad es un elemento que vincula la obra villonesca y la de los mencionados poetas de finales de siglo. Luego, escritores de corte vanguardista como Guillaume Apollinaire y Jean Cocteau habrían de volver la vista para reelaborar su leyenda.[2]

El atractivo y la maleabilidad de su figura han permitido que su obra y su biografía sean interpretadas bajo la luz de diversas épocas y prismas estéticos. Es por esta razón que llama la atención que en el ámbito hispanoamericano su figura no haya alcanzado el mismo nivel de irradiación que, por ejemplo, en la tradición inglesa.[3] A pesar de la relación de estrecha cercanía y el intenso flujo cultural que a partir del modernismo se establece entre los círculos culturales de Francia y Latinoamérica, Villon no cobra en las letras latinoamericanas la misma presencia que otros escritores a quienes éste sirve de precursor.

Uno de los primeros libros en los que se reconocen algunas menciones al poeta medieval es *Los raros*. Al trazar el perfil de Verlaine, Darío lo llama "hermano trágico de Villon" (59) y recuerda la descripción que Gómez Carrillo hace del mismo, asociándolo al recuerdo del autor de los *Testamentos*: "Sus labios gruesos que se entreabren para recitar con amor las estrofas de Villon o para maldecir contra los poemas de Ronsard" (55). El poeta medieval aparece aquí apenas como una suerte de curiosidad; su referencia solamente sirve como término de comparación para caracterizar a Verlaine, el verdadero protagonista de este medallón. Sorprende que un poeta como Darío, tan buen conocedor de la tradición francesa, o un cronista y erudito como Gómez Carrillo no hayan dedicado una mayor atención a este escritor que se sitúa al inicio de la línea de "marginales" en la que se inscriben las figuras tutelares de Théophile Gautier, Charles Baudelaire o Paul Verlaine.

Dos posibles explicaciones pueden ofrecerse para justificar esta falta de interés. La primera es el hecho de que, en lugar de dirigir la atención hacia su antecesor medieval, la leyenda y la poesía de Verlaine hayan logrado eclipsarlo. La segunda explicación es un poco más compleja, pero vale la pena considerarla. A pesar de que Verlaine ejerciera un atractivo como marginal, su ruptura frente a las normas sociales se hallaba lejos de los excesos y los crímenes que dieron fama a aquel otro predecesor suyo. La marginalidad del poeta de *Fêtes galantes* contravenía las buenas formas de la burguesía, el código de comportamiento de un hombre de letras y padre de familia, y rompía con los códigos de una filosofía utilitaria. Pero no hay en él un ataque frontal contra las instituciones, ni tampoco una radical contravención criminal—dejando aparte el incidente del disparo a Rimbaud y los meses de cárcel en Londres—, como sí sucede repetidamente en el caso de Villon. La actitud de aislamiento que sedujo a los modernistas fue un gesto elitista y aristocrático, que consistía en una elevación por encima de la esfera social a través del vehículo del arte y la intelectualidad. Ninguno de ellos optó por una actitud incendiaria contra la esfera social. Como nos recuerda Ángel Rama, en el campo de la cultura literaria latinoamericana de la primera mitad del siglo XX se abrieron dos vías de respuesta frente a la realidad histórica de la época, caracterizada por la expansión del capitalismo y la consecuente marginación del artista. Estas dos opciones fueron: 1) la del "negativismo" de signo baudeleaireano, que "se intensificó por el camino de los llamados poetas malditos"; y 2) la de los "turrieburnistas" cuyo distanciamiento de lo real se efectuaba por medio de un encierro aristocrático en los territorios del arte (*Rubén Darío* 21). Darío, sentando un precedente para los poetas que vendrían después, se decide por esta segunda vía y rechaza enlistarse en una batalla de confrontación agresiva.

La cercanía de Darío con la literatura francesa ha sido materia muy discutida por la crítica literaria. El debate abarca desde los pronunciamientos de Juan Valera sobre el "galicismo" mental del

Capítulo cinco

nicaragüense, pasa por la sanción que Baldomero Sanín Cano hace a propósito de la reducida versión rubeniana del canon francés, y se extiende hasta las últimas revisiones del "universalismo" galo presentadas por Mariano Siskind, quien reconoce que el cosmopolitismo de Darío, más que una apertura universalista, consiste en una visión del mundo a través de una lente francesa (*Cosmopolitan Desires* 185). Desde distintos puntos de observación, la crítica dariana ha reconocido la construcción relativamente homogénea y restringida que este poeta modernista ofrece de la tradición literaria francesa, circunscrita a un específico grupo de autores en los que se cifraba el espíritu literario *fin de siècle*: Catulle Mendès, François Copée, Paul Verlaine, Théophile Gauthier, Albert Samain, Charles Baudelaire, y Victor Hugo. Por fuera quedaban, a ojos de Darío y de otros modernistas, otros nombres que entraban en disonancia con la unidad de ese conjunto. La crítica más pertinente de este fenómeno fue, justamente, la que Sanín Cano levantó en su ensayo "De lo exótico," en la que sanciona la artificialidad y la estratégica reducción de este canon reducido. El crítico colombiano condena esa estrechez de miras que guía esta reducida selección. "El colmo de estas desdichas," sentencia Sanín Cano, "es que talentos como el de Rubén Darío, y capacidades artísticas como la suya, se contenten de lo francés con el verbalismo inaudito de Victor Hugo, o con el formalismo precioso, con las verduras inocentes de Catulle Mendès. Francia sola da para más, para muchísimo más" (186). A diferencia de Valera, aquel no cuestiona ni el cosmopolitismo de Darío ni su "galicismo mental," sino la versión reducida de un universalismo que, a partir de Darío, se instala como norma en las letras hispánicas.

Situada sólo unos años después de la obra del nicaragüense, la poesía greiffiana aparece como una suerte de respuesta a la llamada que intelectuales como Sanín Cano hacían, reclamando una ampliación de horizontes intelectuales en Latinoamérica. La curiosidad intelectual de León de Greiff lo mueve a explorar más allá de la primera órbita de autores europeos de finales del siglo XIX que se habían instalado en el canon modernista. Aunque el autor de *Tergiversaciones* todavía se encuentre apegado, en sus inicios, a las obras de parnasianos y simbolistas, su penetración en territorios alternativos de la historia literaria, cuestiona la coherencia e inmovilidad de esa Francia idealizada por Darío, Silva y Valencia. Su rescate de la obra de François Villon responde, precisamente, a un movimiento de apertura, cambio y descubrimiento de otras vías de entrada a la tradición literaria. La exploración de la poesía

168

medieval efectuada por de Greiff no solamente ensancha el mapa de sus propios territorios intelectuales sino que busca reconfigurar el entramado de puentes que vinculan su espacio latinoamericano con esferas de cosmopolitismo distintas a las ya recorridas y por medio de las cuales busca configurar un sentido de universalidad que no solamente abarca distintos espacios culturales y geográficos, sino también diversas épocas de la historia.

La figura de Villon ya empieza a cobrar un lugar preponderante en dos de los poemarios greiffianos publicados durante la década de 1930.[4] Ya en *Libro de signos* y en las *Prosas de Gaspar* el poeta medieval aparece como una presencia de considerable importancia. Enfatizo en la mención de estas fechas solamente para señalar que las dos publicaciones se adelantan en algunos años a la primera traducción al español de Villon, realizada por María Héctor en 1940 y publicada en Barcelona.[5] Antes de esta fecha, el nombre de este poeta—salvo menciones tangenciales como la ya aludida referencia hecha por Darío en *Los raros*—resultaba poco conocido dentro de los círculos hispanoamericanos. Para acceder a su obra era necesario tener un conocimiento de primera mano de su literatura, disponible casi únicamente en lengua francesa. Las primeras lecturas greiffianas de la obra de Villon pueden datarse de forma aproximada—mediante una revisión del catálogo de libros de su biblioteca personal—en la década de 1920. En el archivo conservado en la Biblioteca Pública Piloto de Medellín, donde se aloja la colección privada del autor, es posible efectuar un rastreo y un tentativo ordenamiento de sus lecturas de Villon. Los dos volúmenes que allí se conservan son dos: *Le Testament*, publicado por la editorial parisina La Sirène en 1918 y *Poésies Complètes* publicado por René Hilsum en 1931. Este último lleva la firma de León de Greiff y una fecha escrita en la primera página: "Abril 1933." A juzgar por las fechas de publicación y por algunas anotaciones a mano realizadas por el mismo de Greiff, podemos tener seguridad de que a lo largo de las décadas del 20 y del 30, el escritor colombiano había frecuentado con asiduidad este volumen.[6]

La balada medieval como recurso formal

La apropiación que el colombiano hace de Villon puede comenzar a señalarse en términos formales. De Greiff retoma de forma creativa los parámetros de una estructura de la lírica francesa del siglo XV: la balada. Junto con Charles d'Orleans, Villon aparece como

Capítulo cinco

uno de los maestros de esta forma. Tanto en sus *Testamentos* como en el resto de su obra, el poeta recurrió de manera casi exclusiva al uso de esta estructura. La "Balada de los ahorcados," la "Balada para rezar a nuestra señora," y la "Balada de las damas de antaño" son ejemplos paradigmáticos de este recurso. Tres siglos más tarde, Paul Verlaine—siguiendo a Théodore de Banville y sus *Trente-six ballades joyeuses*—retoma la estructura para darle una nueva vigencia y adaptarla al lenguaje de su época. Con esto, traza el puente que permitiría a poetas ulteriores valerse de la misma.

Dentro del canon de la lírica medieval francesa, la balada se divide en tres estrofas de ocho versos, el último de los cuales es un estribillo. Culmina con un cuarteto adicional conocido como "envío," que generalmente incluye una dedicatoria. En la obra greiffiana encontramos un número de composiciones que se acercan a este modelo. En *Tergiversaciones* señalamos un total de dieciocho baladas, ocho en *Libro de signos*, doce en *Fárrago*, y una más en *Vieja et Novísima*. Aunque en ocasiones de Greiff se apega con relativa fidelidad a esta forma—como es el caso de la balada "Para sus manos," compuesta de tres estrofas de nueve líneas y un envío de seis versos—y la "Balada de la fórmula definitiva y paradojal"—escrita en tres estrofas de ocho versos y un envío de siete líneas—, resulta más frecuente encontrar textos que constituyen apropiamientos creativos de esta estructura. Este es el caso de la "Balada de los 13 panidas"—compuesta por trece estrofas de ocho versos cada una, con un esquema de rima consonante, y un envío final de seis líneas—o la "Balada ahsverica del ministril, trovero y juglar"—organizada en estrofas de siete y dieciséis sílabas, sin la adición de un envío. Ahora bien, si este esquema es retomado como un molde flexible que admite variaciones, resulta necesario precisar en qué medida la reincorporación de dicha estructura va más allá de un entretenimiento formal y puede leerse como un aprovechamiento estratégico por parte del poeta colombiano.

En primer lugar, la apropiación de la estructura de la balada para poetizar sobre aspectos que se sitúan por fuera del imaginario medieval europeo, permite a de Greiff poner en diálogo dos dimensiones cultural y cronológicamente aisladas. La "Balada de la formula definitiva y paradojal" es un ejemplo de lo anterior. En esta composición las alusiones a la figura de Buda y sus enseñanzas se insertan en versos alejandrinos que siguen un patrón estrófico derivado de la balada villoniana. La segunda *stanza* condensa

170

de forma clara esta compleja reunión de elementos culturalmente diversos:

> Eblís llévese entonces la ilusión que acaricio,
> me dije, seducido por frase tán sintética;
> acudí, sin embargo, a otro dios más propicio:
> al Buda que reniega la física kinética....
> Pendía de sus labios de palidez ascética
> y presto oí del verbo los indescibles trenos,
> la turbia paradoja de recia apologética:
> todo vale nada, si el resto vale menos! (*OC* vol. I 39)

Mientras la versificación y el lenguaje revelan una estética marcadamente modernista, el acomodo a los lineamientos estróficos de la balada devuelve inequívocamente un eco medieval. Adicionalmente, observamos en la referencia al "Eblís" y a "Buda" un impulso de curiosidad que abarca simultáneamente un imaginario árabe y una conexión con una de las corrientes principales del pensamiento filosófico de extremo Oriente. Así, el poema se manifiesta como una compleja construcción cosmopolita, cuyos elementos constitutivos deben ser detectados tanto en un nivel de composición formal, como también en su escogencia temática, su plano léxico y el espectro de sus referencias culturales.

Reescritura paródica de François Villon

En segunda instancia, más allá de la asimilación genérica de la estructura de las baladas que retoma de Villon, de Greiff también entabla un diálogo directo y hace una lectura interpretativa de los poemas del autor francés. Una de las composiciones en las que se ilustra de manera más clara la voluntad greiffiana de interactuar lúdica y creativa, es el "Poema equívoco del juglar ebrio." Este texto se propone como una imitación irónica de la "Ballade des dames du temps jadis." De Greiff retoma dos elementos claves como el tópico del *ubi sunt* y la herramienta retórica del estribillo. Inclinándose por una reelaboración subjetiva del original, el "poema equívoco" puede comprenderse a partir de la definición que Linda Hutcheon hace sobre el fenómeno de la parodia, y que expone como "a form of repetition with ironical distance, marking difference rather than similarity" (6). Una lectura contrastada de los dos poemas hace evidente la distancia y los puentes que se tienden entre ellos:

Capítulo cinco

Dites-moi où, n'en quel pays,
Est Flora la belle Romaine,
Archipiades, ne Thaïs,
Qui fut sa cousine germaine;
Echo parlant quand bruit on
   mène
Dessus rivière ou sus étang,
Qui beauté eut trop plus
   qu'humaine?
Mais où sont les neiges d'antan?

Où est la très sage Héloïs,
Pour qui fut châtré et puis
   moine
Pierre Abélard à Saint-Denis?
Pour son amour eut cette
   essoine.
Semblablement, où est la reine
Qui commanda que Buridan
Fut jeté en un sac en Seine?
Mais où sont les neiges d'antan?

La reine Blanche comme un lis
Qui chantait à voix de sirène,
Berthe au grand pied, Biétrix,
   Alis,
Et Jehanne la bonne Lorraine
Qu'Anglois brûlèrent à Rouen;
Où sont-ils, Vierge souveraine?
Mais où sont les neiges d'antan?

Envoi
Prince n'enquérez de semaine
Où elles sont, ni de cet an,
Qu'à ce refrain ne vous remaine
Mais où sont les neiges d'antan.
(Villon 100)

"Dígasme tú, Villón! Dígaslo tu
   Lelián!
o dígalo el mesmo preste
   Johann:
¿dó están las hermosas que ídose
   han?
¿dó están? ¿dó están?"

"Dígaslo tú, Villón, que lo
   inquirías!
Dó fuéronse penas y gorjas y
   risas,
dó las venturanzas y las alegrías,
las nobles fazañas y bellaquerías,
los luengos amores, las guerras
   prolijas?
Dónde las Medeas y las Melusinas?
Dónde las Isoldas y las Brunehildas"
Dónde están los fieros fijosdal-
   go?
Los Paladines de hierro?
Los rojos Vikings aventureros?
Dónde los Sigfridos y Carlos
   docenos,
Bayardos y Cides, los Guzmán
   el Bueno?
¿Y Anibal? ¿Guesclines y Neyes y
   el de Peleo?
Dónde los titanes que esgrimen
   aceros,
los ínclitos pares y poetas épicos,
dónde los Roldanes y los Oli-
   veros,
dónde los Quevedos,
Manriques, Cyranos, heróicos
   troveros? Dónde los prodi-
   giosos filibusteros
y los corsarios y los bucaneros,
los Morgan y los Drakes y los
   Jean Bart epopéicos?
…
Y del propio Villon la bizarra
Odisea en medio de la hampa:
Escolares báquicos, gentuza non
   sancta
(*OC* vol. I 181–82)

172

Máscaras y espejos medievales

Los puntos de semejanza entre ambos textos son evidentes: el recurso al vocativo, la enumeración, el uso del estribillo. De igual forma, vemos cómo de Greiff hace una imitación irónica de un léxico y una construcción sintáctica de reminiscencia medieval. Apelando a ciertos artificios arcaizantes como el recurso a palabras escritas "a la manera" medieval ("mesmo," "fazaña," "fijosdalgos"), el uso del adverbio interrogativo "dó," y apropiándose de una dicción que quiere semejar a la de esta época, de Greiff quiere cantar en pleno siglo XX con las voces de un poeta del medioevo. El colombiano es consciente de que este ejercicio de mímesis de lenguaje es apenas un anacronismo paródico. Su originalidad no se halla en la fidelidad al modelo que copia, sino en el grado de desviación que efectúa respecto al mismo.[7] La voluntad lúdica de apropiación intertextual, además, busca repetir algunos aspectos rítmicos y léxicos del poema villoniano original, como sucede con la forma interrogativa con la que abre el poema: "Dígasme tú" que rítmicamente hace eco del mismo efecto sonoro del imperativo "Dites-moi où."

Este poema se estructura alrededor de un esquema interrogativo que, en su actualización moderna, es reutilizado con un propósito distinto al de su original. Mientras Villon se lamenta por la pérdida de la belleza y los valores nobles simbolizados en Heloïs, la reina Blanche y Juana de Arco, el poeta colombiano modifica el tópico del *ubi sunt* y levanta una afectada queja por la pérdida de elementos de muy distinta naturaleza. De Greiff pone en fila una serie de personajes que, en su conjunto, pueden ser leídos como una presencia simbólica de los valores cuya desaparición es motivo de aflicción. Más que en su significado individual, el poema construye redes que apuntan hacia una configuración de "tipos" o "ideas." Desde esta perspectiva, el lamento por la pérdida de Medeas, Melusinas, Isoldas y Brunehildas, debe ser interpretado teniendo en cuenta el rasgo común que vincula a estas cuatro figuras: la dimensión mítica o legendaria. En el caso de las menciones a Roldán, Oliveiro, el Cid y Bayardo, se dirige hacia la construcción de un arquetipo de héroe épico. De otra parte, los vikingos, Morgan y Drake, se reúnen bajo el signo común del espíritu de aventura y el paradigma del viajero. La última tipología que aquí aparece es la del poeta, sintetizado en las figuras de Manrique, Cyrano y, evidentemente, el mismo Villon. Si reducimos a estos cuatro paradigmas representativos toda la serie de personajes enu-

Capítulo cinco

merados, podemos adelantar la siguiente hipótesis. El *ubi sunt* que de Greiff retoma de Villon va más allá de un cuestionamiento por la desaparición de la belleza y una meditación sobre la fugacidad de la vida. Se convierte, más bien, en un recurso para lamentarse por la pérdida de una imagen épica y mítica del mundo; el "dó están" greiffiano inquiere por la desaparición de una dimensión mítica y legendaria. Esta pregunta greiffiana cuestiona lo que Max Weber llamó el "desencantamiento" o la "desmiraculización del mundo," y hace evidente la pérdida del sentido trascendental de la vida señalado por el filósofo (155).

Al reescribir en clave de ironía esta balada de Villon e insertarla en un nuevo contexto histórico, León de Greiff no sólo le confiere una nueva vigencia al texto original sino que, como sugiere Hutcheon en sus observaciones sobre las apropiaciones paródicas, transforma el texto original en una herramienta de observación y juicio sobre su propio tiempo. De esta manera, al inscribir el pasado en el presente, la "Balade des dames du temps jadis" gana la posibilidad de "embody and bring to life actual tensions" (Hutcheon xii). Este *ubi sunt* moderno puede interpretarse, entonces, como una reacción contra la sociedad positivista, contra la "prosa del mundo" y sus valores antipoéticos que terminan por hacer del artista y del escritor una figura aislada y marginal no solamente en el caso colombiano, sino en el panorama general de Latinoamérica durante la primera mitad del siglo XX. Nos encontramos, pues, con un canto agónico por un mundo que desaparece bajo las presiones del contexto histórico en el que las dinámicas económicas capitalistas, la ideología utilitaria y una filosofía positivista se instalan en los países del continente americano y generan una honda transformación tanto social como económica y política. Visto desde esta perspectiva, el "Poema equívoco" no resulta un mero ejercicio de mímesis o escapismo poético que busca refugio imaginativo en la obra de un poeta del siglo XV. Su toma de distancia no es simplemente un olvido de la realidad, sino un ejercicio de consciente posicionamiento crítico frente a su situación histórica. La recuperación de este poema medieval debe entenderse, entonces, bajo la misma óptica que adopta Hutcheon para comprender la parodia moderna: como una estrategia textual de auto-reflexividad (2).

La relación Villon-de Greiff no debe circunscribirse a una interpretación escapista y de alejamiento respecto a la realidad histórica inmediata. Tal como lo propone Gerard Aching, las manifestacio-

174

nes exotismo y distanciamiento propias de la literatura de finales del siglo XIX y principios del XX en Latinoamérica, también pueden verse como una forma de compromiso e incidencia en la historia (3). Mediante su desplazamiento al medioevo, de Greiff no solamente busca un cajón de herramientas poéticas recuperables, sino que también encuentra un personaje cuya condición de marginalidad le sirve como imagen para reflexionar sobre su propia condición y sobre la situación del artista en las sociedades latinoamericanas en vía de modernización.

François Villon: Predecesor y espejo medieval

La construcción de un "personaje" Villon en la obra de León de Greiff revela una proyección de sus propios deseos de rebeldía y su situación de marginalidad respecto al espacio social. Su elaboración subjetiva e imaginaria de esta figura se ajusta a las características del poeta maldito y lo sitúa como uno de sus antecesores en esa línea de disidentes con los que se afilia: Verlaine, Rimbaud, Baudelaire. Con esto, de Greiff reconstruye retrospectivamente una de sus líneas de genealogía poética. Se fabrica un predecesor y reconoce en él la prefiguración de una identidad literaria que oscila entre el hombre de letras y el aventurero al margen de la ley. Al igual que el resto de sus heterónimos, el Villon que hallamos en los textos greiffianos es un poeta pícaro, bohemio, criminal, hedonista, que transita con igual facilidad entre el ámbito erudito y el espacio popular de la calle. Al resaltar esa doble valencia de alta cultura y vulgaridad, el colombiano termina por delinear el reflejo ideal de su propia máscara poética. Este juego de espejos gana una expresión clara en el número XVIII de las *Prosas de Gaspar* donde, mediante el uso recurrente de la analogía y la comparación, subraya un imperioso deseo de identificación:

> Escolar fui, como él, y como él, de la Sorbona. Escolar de la Sorbona, amén de muy ducho esgrimidor y duelista, así como insigne trasegador de vinos diversos, renombrado catador de finas viandas en los más famosos figones, y no menos renombrado sofaldador de doncellas [...] urdidor de befas de toda índole, no bien inocentes todellas. (*OC* vol. I 295)

Ahora, si bien es verdad que, como lo recuerda Jane Taylor, "we construct our own particular Villons, of course, by reading very se-

Capítulo cinco

lectively" (1), en el caso greiffiano este proceso de construcción va un paso adelante. Aquí no solamente se elabora una apropiación parcial, selectiva y minuciosa, sino que se conecta el proceso de lectura con la fabricación de una autobiografía ficticia y la confección de una máscara poética.

Esta configuración del disfraz merece un comentario detallado. En el conjunto de textos reunidos bajo el título de *Máscaras democráticas del modernismo*, Rama hace un estudio sobre la lógica de la "representación" y el fenómeno de la proyección objetiva del deseo en el contexto de la cultura capitalista. El uruguayo observa que el disfraz es una suerte de "puesta en escena" que la sociedad moderna adopta como estrategia de configuración identitaria. Siguiendo las ideas de Nietzsche,[8] Rama observa que la sociedad democrática es una suerte de "baile de máscaras" en el cual los individuos construyen "sus propias máscaras de conformidad con las pulsiones del deseo" y, al tiempo que proyectan esas "imágenes ficticias" en el plano de lo social, pasan a "representar esos papeles, con los cuales soñaban" (*Máscaras* 88). Una lógica similar es la que encontramos en varios textos greiffianos, en los cuales la necesidad de identificación se revela mediante la adopción lúdica de trajes, objetos y comportamientos ajenos. El fragmento anterior de *Prosas de Gaspar* ejemplifica esta dialéctica transformativa. En el texto citado, de Greiff se confecciona un traje y una reputación a imitación de los de Villon, buscando así afirmar y validar una identidad que se ajusta al paradigma del rebelde-hedonista que él mismo desea asumir como personaje de su propia obra poética. A diferencia de lo que señala Rama, este fenómeno de imitación y baile de disfraces no se verifica en un espacio social sino que se cierra dentro de los límites de lo literario. Su intención no es la de fabricarse una "persona" exterior ni una leyenda a la manera de Villon, sino la de componer un personaje poético mediante el cual contrarrestar y rectificar el carácter prosaico de lo real.

Así como el recurso intertextual de la "Ballade des dames du temps jadis" le permite a de Greiff hacer una reflexión sobre su época y la desaparición de la dimensión trascendente del mundo, su reelaboración de la figura de Villon le es útil para sugerir algunas consideraciones sobre la situación histórica del artista en el contexto de una emergente sociedad capitalista, como era la de su país en las primeras décadas del siglo. Propongo entender al personaje de Villon como un espejo ideal en el que, al verse reflejado, de Greiff

176

Máscaras y espejos medievales

reconoce su propia situación de marginalidad y el aislamiento del poeta moderno. El escritor colombiano se acerca al poeta medieval francés porque observa en él a un "camarada," a otro individuo que también se halla en las periferias del espacio social.

Ahora bien, es necesario considerar esta búsqueda de paralelos con especial cautela. A pesar de que hay puntos en común entre ambos poetas, es preciso guardar en mente la advertencia de Karl Uitti, quien observa que "the marginality of the modern artist differs in kind from the marginality of Villon" (149). En primer lugar, recuérdese que la exclusión social de François Villon no se debió a su condición de poeta. Por el contrario, su estatus de letrado hizo que tuviera un trato preferencial en algunos de sus impases con la ley. Villon fue relegado y exiliado como consecuencia de los actos criminales que le llevaron a enfrentar una pena de muerte, de la cual se ve finalmente absuelto. La marginalidad de un poeta como de Greiff es de signo contrario: no fue el crimen o la infracción de la ley lo que les granjeó esta condición, sino su condición de artista bohemio. Como bien observa Rama, a comienzos del siglo XX el escritor y el poeta comienza a convertirse en una figura indeseable dentro del ordenamiento social:

> no sólo es evidente que no hay sitio para el poeta en la sociedad utilitaria [...] sino que esta, al regirse por el criterio de economía y el uso racional de todos sus elementos para los fines productivos que se traza, debe destruir la antigua dignidad que le otorgara el patriarcado al poeta y vilipendiarlo como una excrecencia social peligrosa. Ser poeta pasó a constituir una vergüenza. La imagen que de él se construyó en el uso público fue la del vagabundo, la del insocial, la del hombre entregado a borracheras y orgías [...] esta lucha contra el poeta que orienta la burguesía hispanoamericana [...] que no distinguía mucho entre el peligro de un hombre dedicado a la poesía y el de un anarquista con la bomba en la mano. (*Rubén Darío* 57)

En este esquema social el escritor es un elemento "improductivo" y su presencia es percibida como riesgosa. Su inadecuación lo sitúa al mismo nivel que el de un asocial. Aquí se hace visible, pues, el puente que conecta la figura "criminal" de Villon con la del poeta moderno a quien, por cuenta de su falta de productividad, también se lo considera como un indeseable. Las dos figuras representan un desafío y un peligro para el orden económico e ideológico. Desde esta perspectiva, resulta bastante clara la atracción que Vi-

Capítulo cinco

llon debió ejercer en de Greiff, por cuanto aquel resulta una figura doblemente amenazante: era a la vez un artista y un renegado.

En *El arco y la lira* Octavio Paz hace una punzante observación acerca de la construcción imaginaria de los "poetas malditos." Comenta que, además de ser comprendidos como el producto de una idealización del romanticismo, deben ser entendidos también desde una perspectiva histórica como "el fruto de una sociedad que expulsa aquello que no puede asimilar" (232). Paz pone de manifiesto la misma connotación de marginalidad social que quiero subrayar en la lectura que León de Greiff hace de François Villon. Su apropiación de la leyenda de este poeta-criminal le permite adelantar, de forma velada, una reflexión sobre la situación del escritor en una sociedad en vías de modernización. Al plegarse esta última a las exigencias de nuevos modelos sociales, económicos e industriales, despoja al artista y al intelectual de su lugar de privilegio, relegándolo a la categoría de proscrito.

Reivindicación simbólica del artista

No obstante, la relación de admiración e íntima familiaridad que se establece entre León de Greiff y François Villon debe comprenderse más allá de la búsqueda de un paralelo histórico-social de figuras marginales. Hay en la lectura greiffiana una búsqueda más ambiciosa y atrevida: proponer una reivindicación simbólica del artista. Su relectura de Villon responde a una necesidad de compensación simbólica con la que pretende reparar las pérdidas sufridas en el espacio de la realidad objetiva. Si en el recuento de la biografía del poeta colombiano encontramos que se ocupa de trabajos que le permiten adaptarse a las demandas económicas y productivas de la sociedad—recuérdese que ejerció como funcionario bancario, administrador en la construcción del ferrocarril en Antioquia y, en los últimos años de su carrera, llegó a ocupar un cargo diplomático—, veremos que en el dominio imaginario de su literatura prefiere cultivar un perfil asocial, decadente, desplazado, itinerante, bohemio y rebelde. Su idealización del poeta maldito viene a contrapesar la infravaloración de la figura del poeta en el plano de su realidad social. Y es en base a esta lógica de compensaciones que construye sus heterónimos como manifestaciones de un paradigma de hedonismo, libertad y energía vital. Este contrapeso simbólico que se ejemplifica en el personaje villoniano,

Máscaras y espejos medievales

puede señalarse en un fragmento del número XVIII de sus *Prosas de Gaspar*:

> ... nunca más vi ante mí su desgarbada encarnadura de Judío Errante, su lacia pelambre azafranada y revuelta [...] Ni volví a escuchar su voz plena y jocunda, fácil al gracejo, y aguda y chirriante para la maledicencia, la disputa y el insulto procaz, o cariciosa, asordinada, cálida, para las amatorias lides [...] sé de una heroico-bufo-cómica novela suya, pícara y burlesca, plagada de exquisitas truculencias, de facecias libertinas y drolátricas, y de todo género de truhanerías... (*OC* vol. I 295–96)

El Villon que aquí se nos presenta es un personaje que encarna un espíritu de aventura, nomadismo, burla, erotismo, humor y libertinaje. Cada uno de estos adjetivos con los que se lo califica, constituye un ataque a la fachada de orden y seriedad de la sociedad burguesa. Esta prosa greiffiana celebra la dimensión más vital, dinámica y dionisíaca de este poeta medieval que, por alzarse en oposición a las normas establecidas, es presentado como marginal, inadaptado, "errante." La celebración de su rebeldía le permite al colombiano re-sacralizar la figura del poeta medieval y reintegrarle simbólicamente la dignidad que en el plano social se le había escamoteado. De esta manera, la dimensión textual se afirma como un espacio compensatorio y de reivindicación de la dignidad artística. Adaptando al comentario de la obra greiffiana las observaciones que Rama hace sobre la marginación de los escritores modernistas latinoamericanos, podría decirse que a través de la figura de Villon el colombiano "asume la mirada congeladora que le dirige la sociedad como único medio de recuperar una cierta jerarquía de signo contrario" (*Rubén Darío* 59). Pero, valga la reiteración, es únicamente en el espacio del poema donde puede efectuarse la inversión de jerarquías que devuelve al poeta la aureola que ha perdido en la calle.

León de Greiff: ¿Contemporáneo de François Villon?

¿Cómo es posible que un poeta latinoamericano de la primera mitad del siglo XX pueda considerarse como coetáneo de un escritor medieval? Borges propone una perspectiva subversiva respecto a la creación de genealogías literarias que considero bastante útil para comenzar a elaborar una respuesta. En "Kafka y sus prede-

Capítulo cinco

cesores" plantea una alternativa a las lecturas cronológicas de la historia literaria según la cual un escritor tiene la posibilidad de trazar retrospectivamente las redes de relación que dan sentido a la existencia de su obra: "El hecho es que cada escritor crea sus precursores. Su labor modifica nuestra concepción del pasado, como ha de modificar el futuro" (*Obras completas* vol. II 89–90). Bajo dicha perspectiva, un escritor no solamente sufre la influencia de sus antecesores, sino que tiene la capacidad de inventarlos o tergiversarlos. Su relación con el pasado no es exclusivamente receptiva o subsidiaria sino que se abre como una dimensión susceptible de ser modificada. Para Borges—así como para T.S. Eliot y Harold Bloom[9]—la aparición de una obra nueva recalibra las líneas de fuerza y las relaciones ya existentes dentro del orden literario. Reconociendo esta lógica, propongo la siguiente interpretación: la visión maleable de la historia sobre la que se sustenta la creación greiffiana le permite no solamente reinventar las líneas de su genealogía pasada sino también escoger a voluntad el círculo de sus contemporáneos.

La siguiente hipótesis puede parecer, de entrada, contradictoria. Considero que de Greiff percibe a Villon simultáneamente como un predecesor y como un contemporáneo. Desde una perspectiva lógica esta es, claramente, una imposibilidad. Sin embargo, la obra greiffiana se fundamenta sobre una renuncia de estos principios y cuestiona la linealidad cronológica. De acuerdo con su visión de la tradición como un orden de existencia simultáneo, las divisiones de presente y pasado se difuminan y terminan por nivelarse en un mismo plano. De igual forma, múltiples figuras que se hallan histórica y geográficamente distanciadas, se reorganizan en líneas de equidistancia. En esta dimensión de coexistencia, la relación de familiaridad que entabla con Villon puede ser comprendida, al mismo tiempo, en términos de herencia formativa y de paridad. Puesto que el colombiano no se ciñe a estrictos encadenamientos de precedencia, no hay contradicción en el hecho de plantarse como camarada y aprendiz del poeta medieval.

En la ya citada "Prosa XVIII" se pueden señalar las estrategias que permiten a León de Greiff efectuar una desestabilización temporal y saltar siglos de diferencia para situarse en un nivel de igualdad con el poeta del siglo XV al que trata como compañero de armas:

Máscaras y espejos medievales

> Villon? François Villon? François de Montcorbier…? François
> Corbueil…? François de Monterbier…? Villon?
>   Alguna vez hube de ser su camarada. Alguna vez del viejo anta-
> ño. ¿Y dónde? ¿Y cuándo?
>   Mas fui su camarada. Su camarada y algo más; casi su cómplice.
> Verdad. Podría asegurároslo. Os lo juro. Villon? François Villon?
>   Claro que sí. Su camarada y casi que su cómplice […] Y os he
> de decir que no fue asaz pacata ni ejemplar ni heterodoxa mi vida
> de ésas épocas. Nuestra vida de ésas épocas… (*OC* vol. I 294)

La enumeración inicial de los nombres y sobrenombres de Villon
crea la impresión de una cercana familiaridad que luego se recalca
con insistencia e histriónicos juramentos. Luego, la evocación de
recuerdos compartidos sitúa en un terreno impreciso la distancia
temporal y geográfica que media entre estos dos camaradas. En
este la cronología se halla totalmente obliterada por una voluntad
de trazar cercanías poéticas. Para de Greiff, los espacios textuales
aparecen como esferas de excepcionalidad en las que se verifica la
presencia equidistante de lo antiguo y lo nuevo, lo medieval y lo
moderno, y en donde el encuentro con un escritor del siglo XV
se halla en el mismo rango de posibilidades que el de un diálogo
directo con poetas del siglo XX. La relación de familiaridad que se
verifica en ese "tiempo literario" es enfatizada, además, mediante
los términos que el escritor escoge para referirse a un trato de com-
plicidad por demás heterodoxo: no solamente hace explícita su
"camaradería" sino que insiste en su estrecha conexión mediante el
recurso al posesivo "nuestras." Este último gesto llama la atención
porque resume de manera enfática el deseo greiffiano de ser igual,
de contemporaneizar con los escritores que, como Villon, forman
parte de otras épocas, tradiciones y geografías. El recurso a la primera persona del plural lleva aquí una poderosa carga significativa:
se planta como un signo de reivindicación inclusiva dentro de una
cartografía cultural que no solamente incluye un territorio transatlántico, sino también una cobertura de diversas épocas y períodos.
Desde un espacio de enunciación que se enfatiza como periférico,
de Greiff deja en claro los términos de su relación con Europa y
con la historia. Lo medieval europeo, afirma tácitamente, también
nos pertenece. Ese "nosotros" desde el que habla constituye un posicionamiento geo-cultural de bastante interés, puesto que puede
leerse en clave de identificación latinoamericana. Adicionalmente,
el uso de este pronombre inclusivo vincula a de Greiff y a Villon,
pero también a los enclaves literarios, geográficos y temporales que

Capítulo cinco

ellos representan metonímicamente: el espacio latinoamericano y el europeo, lo medieval y lo moderno.

Al subrayar en este poema una capacidad de compaginar elementos distantes en el tiempo y reunir literaturas dispersas es posible señalar una coincidencia con el concepto de tiempo profundo propuesto por Wai Chee Dimock. Como ya lo había observado, esta herramienta de análisis se fundamenta en una expansión de la lente histórica y la redefinición de los marcos temporales con los que tradicionalmente operan los estudios literarios. Tomando una distancia con la cronología sucesiva de la historiografía y refutando la circunscripción estrecha de las literaturas nacionales, Dimock se acerca al espacio literario como una dimensión de relaciones complejas que se concibe como "a crisscrossing set of pathways, open-ended and ever multiplying, weaving in and out of other geographies, other languages and cultures" (3). Estos canales de conexión crean "kinship networks, routes of transit, and forms of attachment" que vinculan cada obra no solamente con la vida de una nación sino con el tiempo profundo y las largas secuencias históricas de la humanidad y el planeta. Para el estudio de este concepto, Dimock propone dirigir la atención hacia el conjunto de "longitudinal frames, at once projective and recessional, with input going both ways, and binding continents and millennia into many loops of relations, a densely interactive fabric" (3–4). El rescate greiffiano de François Villon, su conexión personal con la vida y la obra de este poeta, y su capacidad para insertarlo como parte de su genealogía literaria imaginada pueden ser leídos bajo esta perspectiva crítica. El poema en prosa comentado anteriormente aparece, justamente, como un plano secuencial alternativo en el que se hace posible un pliegue de conexión entre la Francia medieval y el espacio latinoamericano del siglo XX. Desde este ángulo, el tiempo profundo que reconfiguran los poemas greiffianos se inserta también dentro de su búsqueda cosmopolita de pretensiones globales y trans-históricas.

Estas rearticulaciones históricas resultan fundamentales en las atrevidas dinámicas de reposicionamiento geo-cultural que se manifiestan en la literatura greiffiana. La ruptura del edificio temporal que este último lleva a cabo se enmarca en el contexto modernista de reivindicación de los derechos de participación de Latinoamérica dentro de espacios culturales cosmopolitas y de lo que puede concebirse de forma abstracta como una tradición uni-

Máscaras y espejos medievales

versal. Su desarticulación cronológica tiene como propósito abolir un sistema de ordenamiento que había relegado las producciones culturales del continente a una posición secundaria. La carga subversiva de su poética desestructura las jerarquías implícitas en las categorías tradicionales de la historiografía para contemporaneizar con presencias de épocas distantes que también son asimiladas como espíritus familiares. Este ejercicio de dislocación se presenta, pues, como una herramienta de reclamo universalista que apuesta por la rearticulación de un sentido histórico en la que las producciones latinoamericanas no se presentan necesariamente como inserciones tardías. Por el contrario, su anacronismo y su rearticulación de conexiones históricas inesperadas pueden ser leídas como un intencional y estratégico ejercicio de circulación a través de otro tiempo profundo.

León de Greiff asume desde otro frente el discurso universalista que ya había sido abanderado por poetas como Darío, Silva, Casal, Sanín Cano y Gómez Carrillo. Estas reivindicaciones modernistas, tal como lo recuerda Siskind, buscaban corregir el aislamiento y la pretendida subalternidad latinoamericana por medio de una identificación de vínculos de familiaridad y cercanía con otras literaturas foráneas. La producción literaria greiffiana añade una dimensión histórica al trazado de mapas culturales que ya habían avanzado sus predecesores modernistas. En el orden de existencia simultáneo del universo greiffiano, la topografía cronológica se reduce a una superficie plana, los territorios de la historia se ven fácilmente atravesados en una y otra dirección por personajes de signo confuso que oscilan anacrónicamente entre las orillas de un continente y los márgenes del otro. Este es el caso del ya discutido personaje del "Relato de los oficios y mesteres de Beremundo," quien aparece "Singlando a la deriva, no en orden cronológico ni lógico" a lo largo de distintos períodos históricos, territorios dispares y culturas alejadas, oscilando de forma itinerante entre el continente americano, Europa, Asia y Medio Oriente.[10]

También es esto lo que sucede con la reinterpretación lúdica e irónica de la figura histórica del Mariscal Ney, quien es trasplantado al trópico para vivir una segunda existencia luego de su muerte en 1815. Siguiendo la misma lógica de superposición de dimensiones temporales que observamos en la creación de sus diálogos con Villon, la figura de este militar napoleónico se inserta ficcionalmente en la narración de la llegada de los antepasados

183

Capítulo cinco

greiffianos a territorios colombianos durante la década de 1830, contadas de forma desordenada y episódica en diversos volúmenes de su obra en prosa. Así como Villon y de Greiff se presentan como contemporáneos, este militar francés cobra una segunda vida poética en el trópico gracias a las tergiversaciones del escritor colombiano, quien le concede un papel de aventurero en las montañas del continente y le inventa un rol secundario en las crónicas del departamento de Antioquia y de su propia saga familiar. Al despojar al Mariscal Ney de su estatuto de centralidad y reubicarlo como figura secundaria en una zona periférica del continente americano, de Greiff apuesta por una renegociación de los términos de preeminencia y relación entre estas dos orillas culturales y recalibra simbólicamente el balance entre centros y periferias. Su circulación a través de las aguas de un "tiempo profundo" le permite a de Greiff elaborar estas ficciones en las que se cuestionan y subvierten las jerarquías de ordenamiento cultural que hasta principios del siglo XX articulan una relación de subordinación cultural entre Latinoamérica y Europa.

Conclusiones

La obra de León de Greiff aparece en el siglo XX latinoamericano como una nota discordante que todavía no se sabe muy bien dónde ubicar. El poeta colombiano se inserta en su tiempo como se instala en su propia biblioteca y las localidades de su propia geografía: afirmando su marginalidad. En este libro he querido presentarlo como una figura que construye una estética desde la periferia y que asume la condición de no-pertenencia como signo de identidad y como herramienta poética. Entra en la literatura del continente con un traje de modernista justo en el momento en el que este movimiento se hallaba en retirada y se abrían corrientes de distinta naturaleza. Con un vocabulario y un bagaje cultural *démodés*, trae una última oleada de modernismo que extiende en clave de ironía hasta los años setenta. El anacronismo de su obra destaca por la aguda discordancia con su entorno y el cuestionamiento de las divisiones cronológicas de la historia literaria. Así, mientras este modernista tardío compone una obra que hasta sus últimos libros se mantiene fiel a los principios estéticos de los que surge, la literatura del país y la del continente efervescían en las experimentaciones novelísticas del Boom y en intentos de vincular el quehacer poético a los procesos políticos e históricos de mediados de siglo. Navegando a contrapelo de sus contemporáneos, este vikingo anclado en el trópico se fabrica una mitología personal de aislamiento que contrapesa con la creación de lazos de filiación y comunidades imaginarias cuyo radio abarca virtualmente la totalidad del globo y la historia. Las cartografías textuales de sus recorridos, sus catálogos de referencias y los recursos enumerativos a los que apela, plasman en el espacio de la escritura la imagen un mapa en el cual proyecta su deseo de vincular estética, intelectual y simbólicamente su anclaje periférico con el ámbito comprensivo de la literatura mundial. Una de las características distintivas de

Conclusiones

su proyecto literario es la de aprovechar su "estar fuera" como una condición productiva que le permite una atrevida reorganización de territorios que codifica en términos librescos. Bajo esta óptica, considero su obra como una crónica de lecturas y apropiaciones que, en su dispersión y discontinuidad, configura una noción literaria de globalidad.

Su particular noción de cosmopolitismo se fundamenta en una posición periférica que le permite llevar a cabo una atrevida renegociación de jerarquías, cánones, ordenamientos y catálogos de conocimiento. En este apartado de conclusiones, quiero sintetizar las líneas de esta propuesta y subrayar algunas de sus limitaciones. El primero de mis postulados ha sido interpretar el "deseo de mundo" greiffiano como parte de la discusión sobre el estatuto de la literatura latinoamericana en el ámbito de la tradición cosmopolita. De Greiff se inscribe como un punto de articulación entre la voluntad expansiva de los primeros modernistas y la comprobación del espacio conquistado que celebra Borges a mediados del siglo XX. La imagen totalizante del mundo que el poeta construye está impulsada por una energía de curiosidad que pretende reincorporar a una tradición de dimensiones universalistas. De ahí la importancia temática de la "invitación al viaje" que reelabora como estrategia de apertura global. Su cosmopolitismo busca abarcar espacios no explorados por sus predecesores y ensanchar el radio de sus contactos. En este movimiento centrífugo se abarcan figuras, tradiciones culturales, textos, personajes, mitologías e historias que, a su vez, también pueden ser considerados periféricos. Baste, a manera de ejemplo, recordar su alianza ficcional con un poeta-criminal François Villon; su diálogo con Dinarzada, personaje menor de *Las mil y una noches*; la recuperación de historias nórdicas y mitologías escandinavas; y la incorporación de figuras de viajeros, militares, exploradores y escritores sepultados por la historia. Desde su posición descentrada, de Greiff sale en búsqueda de espacios, historias, leyendas, lenguajes, figuras que, de una u otra forma, también circulan por los bordes. En esta medida, León de Greiff irrumpe con una propuesta de cosmopolitismo alternativo: el suyo es un recorrido que busca trazar puentes y rutas de comunicación de una periferia a otra.

Sin embargo, como resulta comprensible, la voluntad abarcante de su empresa también se halla condicionada por factores estéticos, ideológicos, lingüísticos y de orden práctico. Como sucede con

Conclusiones

toda proyección de universalismo, la visión greiffiana constituye un proyecto intelectual limitado por sus mismas condiciones de producción. A pesar de la voluntad de circular por los bordes, sus lecturas y su acceso a estos espacios periféricos se halla mediado por Europa. He reiterado en capítulos anteriores que el trabajo greiffiano de apropiación de una cultura mundial se realiza en el espacio simbólico de la biblioteca. Cuando se tiene en cuenta lo anterior y se verifica que una gran parte de los volúmenes que forman parte de su colección personal son de origen europeo, puede comprenderse la validez de estas afirmaciones. Al explorar los archivos personales del autor se pueden constatar con facilidad las coordenadas de su circulación literaria e intelectual. La cantidad de libros de origen inglés y francés que allí se alojan—que en muchos casos llevan la firma de su autor, anotaciones de lectura y fechas de adquisición escritas por su propia mano—revelan los materiales y las trayectorias que lo guían en la composición de su sentido cosmopolita. De Greiff recibe desde Europa los productos culturales y las producciones literarias que le sirven para, luego, intentar salir hacia sus márgenes. A pesar de que su puente de acceso a tradiciones periféricas se localiza en los grandes centros culturales del siglo XIX, el ejercicio de su lectura reconfigura y distorsiona creativamente las visiones parciales de los elementos orientales y nórdicos que encuentra en sus fuentes primarias. Así, busca construir rutas que lo vinculen de manera más personal y subjetiva con espacios que percibe como periféricos. Esta dinámica de conexiones alternas se halla ilustrada de forma paradigmática en la "Breve canción de marcha," analizada en el Capítulo 3, donde la mediación europea se halla simbólicamente silenciada para posibilitar un diálogo directo entre el vikingo Erik Fjordson y la fantasía oriental de Dinarzada. De esta manera, aunque es importante reconocer que la aspiración universalista greiffiana se hace posible a partir de una necesaria intervención de textos franceses, anglosajones e hispánicos, el círculo de contactos que el poeta entabla a través de ellos desdibuja los ordenamientos allí prefigurados. A diferencia de Rubén Darío, quien amaba "más que la Grecia de los griegos / la Grecia de Francia" (553), el colombiano recoge los materiales que encuentra en el repositorio de Europa pero no adopta sus prácticas de asimilación y representación, sino que las transmuta mediante recreaciones paródicas. Sus acercamientos a tradiciones nórdicas u orientales estudiadas en capítulos anteriores se enmarcan en el

Conclusiones

contexto de interacciones productivas y dialógicas, y no como una reducción del otro a imágenes o estereotipos prefijados por una mirada colonialista.

Una de las particularidades del cosmopolitismo greiffiano es la dispersión de sus líneas de composición y el cuestionamiento de sus núcleos de convergencia. Su universalismo no pretende configurar una visión unívoca que se acomode a un conjunto de lineamientos culturales preestablecidos y dominantes—que es la denuncia que Said hace sobre los discursos del orientalismo de franco-anglosajón. Por el contrario, su práctica apunta a desarticular estos centros de convergencia y facilitar el surgimiento de otros discursos que, desde los bordes, construyan visiones de mundo, mitologías, mapas y prácticas literarias alternativas. Su cosmopolitismo no se fabrica como una reunión de variaciones culturales alrededor de un punto de arbitraje. Por el contrario, la suya es una tarea y una propuesta de multiplicación de posibilidades. Su visión se construye bajo una premisa de pluralidad. De Greiff es consciente de que su cosmopolitismo es solo una de las múltiples versiones posibles de cosmopolitismo y se erige con la consciencia de ser una formulación circunstancial. El posicionamiento cultural, geográfico e histórico que asume determina de forma ineludible la formulación de sus proyecciones universalistas.

Las redes de contacto intelectuales que construye León de Greiff en su poesía tienen un objetivo particular y bien definido: trazar las coordenadas de ubicación y medir la extensión de una comunidad trasnacional de espíritus afines en la dimensión de un tiempo profundo. Para identificar la naturaleza cosmopolita de su obra, la interpreto a la luz de las ideas de Martha Nussbaum y retomo el concepto de "deep time" de Wai Chi Dimock como herramienta de apoyo. Mi propuesta ha sido la de explicar la construcción de redes globales en la obra greiffiana como una activa búsqueda de redes de afiliación que se superponen a los lazos de pertenencia local. Su afiliación a una familia cosmopolita responde a una necesidad de hacer contrapeso al fenómeno socio-histórico de marginación del escritor en una sociedad local que se encuentra en proceso de modernización económica e industrial. Al rechazar su circuito de herencia inmediata, el escritor se ve en la obligación de reinventar un árbol genealógico sobre el cual sustentar sus desarrollos intelectuales. La ficción de una comunidad global de espíritus afines viene a compensar, de esta forma, las carencias y los vacíos que halla en

Conclusiones

sus círculos inmediatos. La necesidad de rodearse de presencias cercanas, crear círculos de intelectuales afines y apelar a la comunicación con una familia de lectores/artistas ya era una idea que circulaba de manera amplia en el modernismo latinoamericano. Esta búsqueda tiene también un doble impacto en la formación de la visión cosmopolita greiffiana. A un nivel textual, sus poemas reproducen el desafío de crear redes trans-nacionales y trans-históricas de intelectuales y artistas que comparten códigos estéticos y filosóficos comunes. Los diálogos ficticios entre personajes de diversas épocas, los encuentros inesperados entre artistas y escritores de contextos alejados, los viajes improbables de figuras históricas que se localizan en contextos imprevistos, configuran una versión literaria de la comunidad global de espíritus afines a la que aspira de Greiff. En un nivel extratextual, la riqueza de referencias y el conocimiento de pretensiones universalistas exigen que sus lectores se acerquen también a un nivel de curiosidad comparable. El escritor colombiano no solamente se convierte a sí mismo en un letrado cosmopolita a fuerza de acumulación de conocimientos, sino que exige de sus lectores una dedicación y un conocimiento análogos.

En capítulos anteriores, especialmente en 3, 4 y 5, he propuesto una observación de algunas de las regiones del globo y las tradiciones literarias por las que circula el imaginario greiffiano. Ya he advertido que estos son solamente algunos de los territorios y tradiciones que se insertan de forma creativa en su universo poético. Muchas presencias determinantes y fundamentales zonas de influencia han quedado por fuera de este libro. Quedan por estudiar, por ejemplo, sus diálogos con la literatura y la cultura germanas, sus exploraciones de la literatura rusa, e incluso sus más cercanas reinterpretaciones del barroco hispánico y los ecos de la poesía satírica del Siglo de Oro. La preferencia que he concedido a su vena oriental, sus ensoñaciones nórdicas y medievales, así como a sus frecuentaciones simbolistas, ha tenido como propósito destacar los puntos más salientes de la hoja de ruta greiffiana. Quiero adelantar, no obstante, un aspecto que considero crucial para guardar una perspectiva objetiva sobre la visión de globalidad greiffiana. A pesar de la variedad y la amplitud de los elementos que integra a su edificio poético, su empresa cosmopolita—en realidad, toda aventura de este orden—es inevitablemente restrictiva. El principio se selección, archivo y acumulación que rige sus escogencias y su organización responde a una tabla de valores afincada

Conclusiones

en los principios esteticistas del modernismo latinoamericano y de las escuelas poéticas francesas de finales siglo XIX. A pesar de su disparidad, el conjunto de elementos que reúne en su órbita tiene una serie de elementos comunes: la exaltación del arte, la celebración de la figura del artista como elemento discordante de la sociedad, la condena de la realidad como una dimensión hostil y empobrecida, la búsqueda de sistemas alternativos de religiosidad y trascendencia, el cuestionamiento de los valores positivistas y utilitarios, la condena de la sociedad burguesa y los procesos de modernización, así como también la censura de los sistemas económicos y de industrialización. Del repertorio cosmopolita del que dispone, de Greiff selecciona un catálogo de elementos que encajan en un sistema muy cercano al de *l'art pour l'art*. Si recurre a Omar Khayyam es porque encuentra en él—o puede fabricar con él—un predecesor de su propia figura del artista bohemio que se aleja del mundo en búsqueda de realidades poéticas más altas. Si recurre a Villon es porque su condición de artista-criminal le sirve como espejo y lente de aumento de la condición de marginación del poeta moderno. Un sentido de camaradería y aislamiento social equiparable es el que encuentra en poetas como Baudelaire, Villon y Rimbaud. En las figuras de Sinbad, Odiseo, Ibn Batuta encuentra figuraciones de su deseo de exploración y su incomodidad con el espacio de su localidad. En sus ficciones nórdicas proyecta la melancolía de una mitología perdida y de un pasado épico y poético glorioso. Así observado, su cosmopolitismo se revela como una tarea que, a pesar de sus aspiraciones de globalidad, resulta bastante selectiva y guiada con un objetivo puntual. Su visión de universalidad tiene una guía teleológica precisa: realizar una recuperación del arte y la literatura como dimensiones salvíficas y trascendentes. Comprendida a la luz de una estética negativa tal como la que propone Theodore W. Adorno, este gesto de distanciamiento frente a lo real constituye en sí mismo un gesto de ruptura y rebeldía. El compendio de búsquedas que podría reducirse a un impulso de evasión exotista plantea en sí mismo una crítica a su contexto socio-histórico y constituye un ataque directo a la reducción prosaica y desencantada de lo real.

El último aspecto que quiero tocar en este apartado de conclusiones es el elemento que, a mi juicio, es el más renovador del cosmopolitismo greiffiano: su heterodoxa aproximación a la historia. En este libro he argumentado que León de Greiff efectúa una au-

Conclusiones

daz espacialización de la dimensión temporal que le permite circular con facilidad entre distintas épocas, desplazándose de un siglo a otro, de una época a otra. Su reducción de la cronología a un plano horizontal le permite situar en un nivel de coexistencia elementos que, de otra forma, se enlazarían de manera sucesiva. En el orden de coexistencia simultáneo de sus poemas conviven lo antiguo y lo moderno, lo medieval y lo contemporáneo. Si se considera que el objetivo esencial de la obra greiffiana es la de insertarse en un espacio cosmopolita ¿por qué recurre a esta violenta deconstrucción de las líneas de ordenamiento histórico? La respuesta que propongo a esta pregunta tiene en cuenta, nuevamente, la naturaleza libresca de su obra. De Greiff penetra en la historia como si se tratara de una biblioteca que puede reorganizar a voluntad. Se sitúa frente a ella con la desenvoltura de un explorador y trastoca sus estanterías para acomodarlas al capricho de sus desplazamientos y adquisiciones individuales. El desorden de los volúmenes que acumula y tergiversa ejerce una fuerza simbólica de renegociación de su lugar dentro del contexto de la literatura mundial. El recurso a esta reorganización le permite ensanchar las capacidades relacionales de sus aventuras cosmopolitas. Al reunir la totalidad virtual de la historia en un plano de coexistencia, puede reclamar un estatuto de contemporaneidad mucho más amplio que el de pertenecer a la órbita global de los escritores de su generación. La condición que de Greiff busca reclamar para sí mismo se halla en sintonía con la que prefiguraba T.S. Eliot, y que consiste en ser contemporáneo de los escritores "desde Homero hasta nuestros días." Solamente desde una concepción espacial de la historia le es posible articular esta visión de simultaneidad y cosmopolitismo trans-histórico.

Vuelvo a la imagen simbólica con la que abrí este libro: el aleph greiffiano. Quiero ilustrarlo remitiéndome a una de las fotografías de León de Greiff en su biblioteca. Vemos al escritor inclinado sobre una pila desordenada de libros, archivos, folios y carpetas. En la mano izquierda sostiene su cigarrillo encendido. Con su mano derecha levanta la tapa de un volumen que no podemos identificar. Su mirada es seria y concentrada. Detrás suyo hay estanterías en desorden. Sobre el suelo, a sus pies, un amasijo de papeles y volúmenes desperdigados. En ese desorden de mamotretos, sin embargo, él parece hallarse en su elemento. El suyo es un caos voluntario y productivo. La aparente anarquía que observamos en su distribución de elementos es un reflejo de todos los elementos

Conclusiones

que se concentran en su obra formando conjuntos y asociaciones inesperados. El desgobierno de los folios que se acumulan es una estrategia del tedio y la creatividad explosiva que se rebela contra las rígidas categorías de clasificación y las divisiones arbitrarias de lenguas, cronologías, géneros, disciplinas. En esta fotografía, quiero observar al poeta colombiano en el proceso de trazar las cartografías de su propio laberinto, los mapas de una acumulación intelectual que tiene lugar en el espacio cerrado de una biblioteca personal. Su desorden es una manera voluntaria de abolir el tiempo, o de circular por corrientes temporales profundas, de permitir la aparición redes de contacto inesperadas y, sobre todo, de recomponer según su capricho su genealogía intelectual y literaria. No hay aquí ningún signo evidente de viaje, de salida. Incluso las puertas se hallan flanqueadas por montañas de legajos, libros y más libros. Desde fuera el espectador no puede verlo, pero allí se halla contenida en potencia la desbordante imagen total de un mundo.

Fig.1. León de Greiff en su estudio

Notas

Introducción

1. La referencia al "Aleph" del cuento de Jorge Luis Borges es, evidentemente, la primera conexión que pretendo resaltar. Sin embargo, considero importante mencionar también el uso teórico que Héctor Hoyos hace de este término para estudiar las novelas latinoamericanas que se insertan o representan espacios de globalidad. En su "Introducción" a *Beyond Bolaño*, Hoyos expone el uso que hace de este término:

> I use the term "Aleph" to allude to a key precedent to the employment of globalization so prevalent in the Latin American novel. It is an important motif in the work of Jorge Luis Borges that I revisit throughout this study for its heuristic value. Nothing offers a more vivid illustration of how aesthetic, historical, and political choices inform a given representation of the world. In more ways than one, the Argentine adds to and illuminates our understanding of the literary representation of a broadening consciousness of the world as a whole—henceforth "globality" for short. (2)

En el presente libro readapto este concepto para mi comentario de la obra poética greiffiana.

2. Uno de los libros que mejor ilustra este punto es *What Is a World*, del académico Pheng Cheah. Esta publicación, sin embargo, se circunscribe al ámbito de las discusiones filosóficas y teóricas respecto a la noción de globalidad que aparecen representadas o posibilitadas dentro del género de las narrativas postcoloniales. Sin embargo, su planteamiento central resulta central para comprender la capacidad de producción de imaginarios que él propone bajo el término de "wordling."

3. En *The World Republic of Letters*, Pascale Casanova concibe este "meridiano de Greenwich" como una línea de medida que determina el grado de contemporaneidad o modernidad de una obra literaria. Este meridiano virtual se presenta como punto de referencia y centro de arbitraje global, que se asume como jerárquicamente superior en una escala global (88). Estos centros culturales varían, evidentemente, a lo largo de la historia. En cada período determinado, sirven como reglas de medida respecto a las cuales se comparan los espacios que se determinan como periféricos. La postura de Pascale ha generado numerosas respuestas en el ámbito de las literaturas que se consideran como espacios marginales. La discusión que Juan E. de Castro incluye en su capítulo de introducción a *The Spaces of Latin American Culture* resulta bastante ilustrativa respecto a la posición que Latinoamérica ocupa en el espacio de esta teoría, y también respecto a las respuestas críticas frente a las ideas de Casanova.

4. En Colombia la leyenda greiffiana no es únicamente propiedad y conocimiento de intelectuales, sino que se halla inscrita en el tejido sensible y en las articulaciones sociales de su población. En las últimas décadas, especialmente después de su muerte, acaecida en Bogotá en el año de 1976, su importancia ha venido siendo reconocida también por algunas oficinas gubernamentales

Notas a las páginas 6–8

y por instituciones educativas en todo el territorio, convirtiendo en presencia material el recuerdo de este personaje. En Medellín, por ejemplo, una de las estaciones principales del metro está adornada con un mural en blanco y negro con la imagen icónica del escritor. En el barrio La Ladera, al otro extremo de la ciudad, se encuentra el Parque Biblioteca León de Greiff, inaugurado en el año 2007. En Bogotá, por otra parte, la Universidad Nacional de Colombia rindió un homenaje muy apropiado a este poeta-musicólogo al bautizar uno de sus principales auditorios con su nombre. Después de su inauguración en 1973, el auditorio León de Greiff es la sede de la Orquesta Filarmónica de Bogotá. Ahora bien, si su fama en estas dos metrópolis es comprensible por el hecho de que fue en ellas donde vivió y donde se fabricó su leyenda de intelectual, bohemio, hedonista y melómano, no es menor el reconocimiento que se le hace en otros lugares alrededor del país, donde también es posible hallar parques y colegios que llevan su nombre.

5. La lista de los mamotretos publicados en vida del autor es la siguiente: *Tergiversaciones* (1925), *Libro de Signos* (1930), *Variaciones alredor de nada* (1936), *Prosas de Gaspar* (1937), *Fárrago* (1954), *Bárbara Charanga* (1957), *Bajo el signo de Leo* (1957) y *Nova et vetera* (1973). Las ediciones de sus obras completas más destacadas son las aparecidas en la editorial Aguirre (1960), Tercer Mundo (1975), y la más reciente y extensa publicada por la Universidad Nacional de Colombia (2018). Esta última ha sido posible gracias a la dedicada labor de su hijo, Hjalmar de Greiff, quien ha organizado los escritos existentes y recopilado una gran cantidad de materiales inéditos que ahora se encuentran disponibles en los diez volúmenes que constituyen la totalidad virtual de la obra greiffiana. Las publicaciones más notables aparecidas en el ámbito internacional son la recopilación de poemas hecha en 1973 en Cuba por Casa de las Américas, la antología elaborada en 1992 por la casa española Visor y la selección de textos aparecida en la editorial venezolana Ayacucho en 1993.

6. Aparte de la bibliografía de obras citadas, se ofrece al final una recopilación de las publicaciones existentes sobre la obra de León de Greiff.

7. También vale la pena mencionar los artículos de Stacy Hoult y Carmen Medrano-Ollivier. En "Resonant Shells and the Toad Chorus: Animals and the Exotic in the Poetry of León de Greiff" Hoult analiza la construcción simbólica de presencias animales en la poesía greiffiana. En "La sátira poética de León de Greiff: ruptura y modernidad," Medrano-Ollivier estudia la irrupción de una poética humorística en el contexto de la poesía colombiana de principios del siglo XX.

8. Esto último lo señala Benjamin de Saint Phalle en su trabajo de maestría titulado "Traduire León de Greiff: Avant-garde poétique mondiale, identité locale et idiolecte." Esta es una investigación no publicada, presentada en el año 2013 para optar al título de maestría en la Universidad Michel de Montaigne (Bordeaux III). De Saint Phalle hace un recuento detallado de las traducciones greiffianas a otras lenguas y rastrea los libros y revistas en los que estas han venido apareciendo de manera fragmentaria y esporádica. Los dos apartados finales del capítulo "Vers une traduction de León de Greiff"

Notas a las páginas 8–12

resultan especialmente esclarecedores a propósito del tema que aquí nos ocupa. El texto se encuentra disponible en el siguiente enlace: u-bordeaux3. academia.edu/Departments/LETTRES/Documents. Las traducciones en francés de André van Wassenhove se hallan en distintas revistas literarias, tales como *Phantomas, L'essai, Scarabée, La driade* y *Fantasmagie* (Saint Phalle 121). La edición rusa de León de Greiff fue publicada por Sergei Goncharenko en 1986 en la editorial Khudozh.lit-ra. Apareció bajo el título de *Pod Znakom l'va.*

9. Sobre este aspecto de la obra greiffiana, pueden consultarse los trabajos de Jaime Mejía Duque, Humberto Bronx, Belisario Betancourt, María Candelaria Posada, Cecilia de Mendoza, Fernando Charr y Lara, y Piedad Bonnett.

10. Los estudios que exploran con mayor profundidad esta temática son los de Stephen Mohler, Germán Espinosa, Otto de Greiff y Hernando Caro Mendoza.

11. El artículo más agudo sobre este tema es el capítulo que Estanislao Zuleta dedica a León de Greiff en su libro *Tres Rescates: Sartre, de Greiff, el erotismo.* También es informativo consultar los artículos de Cecilia de Mendoza, Germán Espinosa y Orlando Mejía Rivera.

12. Las contribuciones de Orlando Rodríguez Sardiñas, David Mejía Velilla, y Estanislao Zuleta se inscriben en la categoría de estos estudios descriptivos sobre la cuestión de los heterónimos.

13. Destaco los trabajos tempranos de Fernando Arbeláez, Humberto Bronx y Jorge Zalamea. En los años noventa, Jaime Mejía Duque, Cecilia de Mendoza y David Jiménez Panesso aportarían otro número de valiosas contribuciones a los diálogos literarios y la intertextualidad greiffiana. A lo largo de las últimas dos décadas, las publicaciones más destacables e innovadoras son los de Germán Espinosa, Diógenes Fajardo y Rafael Gutiérrez Girardot.

14. León de Greiff también aparece catalogado como poeta de vanguardia en la recopilación de Mihai Grünfeld, *Antología de la poesía latinoamericana de vanguardia.*

15. Para una discusión más detallada de la afiliación tardío-modernista de estos dos poetas, ver los capítulos 4, 5 y 6 de *The Dissonant Legacy of Modernismo.* En estas secciones, Kirkpatrick presenta de forma clara y convincente una argumentación sobre las tensiones que caracterizan las construcciones poéticas de Lugones y Herrera.

16. Estas fechas son, por supuesto, tentativas. La cuestión de los límites históricos del modernismo ha sido una cuestión ampliamente debatida por la crítica literaria desde los primeros años del siglo XX. Hay una gran cantidad de publicaciones que se insertan en este debate y ofrecen distintos ángulos de estudio. Dos referencias introductorias sobre esta problemática son la "Introducción" de José Olivio Jiménez a su *Antología de la poesía modernista hispanoamericana* y el artículo "Reflexiones en torno a la definición del modernismo" de Ivan A. Schulman.

17. Grünfeld traza una distinción importante entre las dos visiones del cosmopolitismo. Por una parte, identifica en la identidad cosmopolita moderni-

Notas a las páginas 12–18

sta un "carácter esencialmente teórico y una función social separatoria" que afilia a un grupo selecto de "aristócratas de espíritu" que ahondan la división entre el artista y el burgués. Por el otro lado, observa en el vanguardismo un deseo más inclusivo de "ciudadanía universal." El elemento de afiliación universalista es la convicción de una temporalidad compartida, el hecho de vivir en un espacio común de modernidad. "La fraternidad vanguardista" dice "se extiende a todos los habitantes de la urbe, artistas o no, que comparten la vida moderna" ("Cosmopolitismo modernista y vanguardista" 41).

18. Tanto para el recuento de estas fechas como para otras informaciones biográficas sobre León de Greiff, me baso en el recuento cronológico elaborado por Hjalmar de Greiff. Esta cronología está incluida en el volumen I de la *Obra poética* publicada por la Universidad Nacional de Colombia. Me apoyo, adicionalmente, en cronología utilizada por Álvaro Miranda para la redacción de su biografía *León de Greiff: En el país de Bolombolo*.

19. Resulta muy interesante, de todas formas, acercarse a los escritos que de Greiff elabora como anecdotario o bitácora de su visita a los países nórdicos. Estos se hallan recopilados bajo el título de "Correo de Estocolmo" y han sido analizados por Julián Vásquez Lopera en *El Gran Viaje Atávico: Suecia y León de Greiff*.

20. Para referirme al concepto de literatura mundial a lo largo del libro, me apego a la definición proporcionada por Mariano Siskind, quien concibe este espacio como una "noción abstracta de universalidad" en la que los escritores pueden proyectar su deseo de modernidad, que se sustenta en la visión cosmopolita de una red global de "kindred spirits" (*Cosmopolitan* 104). Para el propósito de este libro esta es la definición más operativa. Es por esto que dejo al margen la discusión sobre las aproximaciones que a este propósito hacen teóricos como Franco Moretti, Pascale Casanova o David Damrosch. La teoría del primero propone un ejercicio de "lectura distante" y la composición de mapas y líneas de reconocimiento de geografías literarias que no tienen en cuenta un proceso de lectura inmanente. Esta última es la herramienta principal de mi libro y, por tanto, entra en conflicto con la teoría de Moretti. El enfoque de Casanova se concentra en las relaciones de desequilibrio generadas por las condiciones de producción y circulación de capitales literarios. Dada la falta de circulación de la obra greiffiana, no pretendo pues reclamarla como una obra de carácter mundial en este sentido. Damrosch, por su parte, considera dos aspectos importantes en la construcción de su idea: la noción de lectura y las cuestiones de circulación y apropiación de los textos en espacios distintos a los de su lugar de origen. Aunque el énfasis de este último crítico en el proceso adaptativo de lectura puede ser útil para acercarnos a la obra greiffiana, considero que el enfoque de Siskind resulta mucho más apropiado puesto que toma en cuenta la especificidad del espacio latinoamericano y el momento histórico en el que el "deseo de mundo" aparece como un tropo recurrente a finales del siglo XIX y principios del XX.

21. El debate acerca de la posición de Latinoamérica en el espacio de las letras mundiales es, evidentemente, mucho más complejo. Tomo a Sanín Cano y a Borges como dos puntos de referencia cronológicos y como marcas

196

Notas a las páginas 18–28

de progresión. Sin embargo, es necesario tener en cuenta que esta fue una discusión en la que han intervenido figuras notables de las letras y la intelectualidad del continente tales como José Martí, Rubén Darío, González Prada, Gutiérrez Nájera, Octavio Paz, Alfonso Reyes. En el capítulo "The Rise of Latin American World Literature" de *Cosmopolitan Desires*, Mariano Siskind ofrece una revisión de este debate en el ámbito modernista. El volumen *América Latina en la Literatura Mundial*, editado por Ignacio Sánchez Prado, ofrece una comprensiva visión de conjunto sobre este debate, particularmente desde una perspectiva teórica.

Capítulo 1

1. "Cien años son ya los que han pasado desde el nacimiento de un poeta que, como León de Greiff, pudo en su instante privilegiado recibir como ningún otro el calificativo de: 'Poeta nacional.' Ningún autor de versos suscitó tantas adhesiones—y reacciones—como él, ninguna obra fue al final más admirada, ninguna imagen personal más querida y, no obstante, puede afirmarse que, como la suya, ninguna poesía en cuanto obra de conjunto fue y ha sido menos leída." (citado en Juan Manuel Cuartas, "León de Greiff" 111)

2. En su ensayo "Descentramiento del sujeto y de la escritura en la poesía de León de Greiff," Óscar Salamanca señala una ruptura entre la obra greiffiana y el canon literario precedente. Sin embargo, este crítico plantea "el distanciamiento de esta poesía respecto de la tradición de la modernidad y de la literatura colombiana de inicios del siglo XX" (63) sobre la base de lo que él denomina una "concepción descentrada del sujeto" (63). Desde una perspectiva diferente a la que presento en este capítulo, Salamanca considera la propuesta greiffiana como un elemento disruptivo en el panorama literario de Colombia. Su estudio se concentra en el análisis de las estrategias de construcción y representación de un "yo" inestable que es comprendido a partir de un esquema filosófico cercano al pensamiento deconstruccionista. De esta manera, opone la construcción del "yo" greiffiano a los paradigmas de individualidad de cuño romántico y moderno que modelan la literatura de principios del siglo veinte. Otro estudio en el que se realiza una contextualización de la obra greiffiana dentro de la historia literaria colombiana de su época es el artículo "León de Greiff en el contexto de la vanguardia colombiana (1895–1976)" de María M. Caballero. Su texto rescata la figura greiffiana como la de un escritor cuya originalidad temática y formal lo destaca como un "raro" dentro de la lírica colombiana. Mediante un análisis minucioso de sus afinidades estéticas y el contexto histórico-literario en el que se aparece su obra, le permiten situar su obra más cerca de la vanguardia que de las manifestaciones más clásicas del modernismo abanderado en Colombia por Guillermo Valencia.

3. Para un análisis detallado del choque entre los intereses comerciales y artísticos de Silva ver el capítulo 4, "Bankruptcy and Decadence" del libro *Capital Fictions: The Literature of Latin America's Export Age* de Erika Beckman. También es interesante el análisis que Jiménez Panesso propone en el

197

Notas a las páginas 28–43

apartado "Silva y la modernidad imposible" de su libro *Fin de siglo: Decadencia y modernidad.*

4. Friedrich discute estos elementos en el primer capítulo de *La estructura de la lírica moderna.* No es difícil subrayar en la poesía de Silva las características que señala Friedrich. En un texto paradigmático como el "Nocturno," por ejemplo, hay una clara preeminencia de la dimensión sonora del lenguaje, que se superpone a la necesidad de comunicar un significado preciso. El esquema rítmico, la disposición de los acentos y el trabajo de evocación de sensaciones sonoras, táctiles y visuales por medio de distintas herramientas poéticas—sinestesias, metáforas, repeticiones y aliteraciones—evidencian una voluntad de superponer la experiencia del lenguaje a la necesidad de interpretación del mismo.

5. Para un análisis de la marginación del escritor modernista en las sociedades capitalistas latinoamericanas, ver el capítulo "Los poetas modernistas en el mercado económico" del libro *Rubén Darío* de Ángel Rama.

6. Tanto Silva como de Greiff recurran a una metáfora musical para señalar, en el público del común, la incapacidad de interpretación de las sutilezas y sugerencias de sus poéticas. Silva propone la imagen de un lector que, por su sensibilidad, puede compararse a un "piano" en la medida en la que es capaz de captar y producir la música contenida en los versos. De Greiff, por su lado, aunque prescinde de la metáfora mediadora del instrumento musical, plantea la ecuación en los mismos términos: el lector debe saber comprender el diseño de una melodía, de una música contenida en los textos.

7. Un análisis en profundidad de la secularización del arte y su configuración como sustituto de la religión dentro de la poesía moderna y en el período del modernismo puede encontrarse en el capítulo "Secularización, vida urbana, sustitutos de religión" del libro *Modernismo: Supuestos históricos y culturales* de Rafael Gutiérrez Girardot.

8. Los integrantes del grupo "Panida" fueron: León de Greiff, Teodomiro Isaza, Rafael Jaramillo A., Bernardo Martínez, Félix Mejía, Libardo Parra, Ricardo Rendón, Jesús Restrepo Olarte, Eduardo Vasco, Jorge Villa, Fernando González, José Manuel Mora y José Gaviria Toro. Una crónica sobre la formación del grupo de los "Panidas" y la creación de la revista que lleva este mismo nombre, se encuentra en el sitio web del Banco de la República de Colombia: http://www.banrepcultural.org/node/32904. Es posible consultar la versión facsimilar de los números de esta revista en el repositorio virtual de la Universidad de Antioquia: repository.eafit.edu.co/handle/10784/8180#. Wbakt2WeP-0.

9. Evidentemente, debe tenerse en cuenta también el factor biográfico y la influencia que las reuniones intelectuales de los cafés tanto en Medellín como en Bogotá tuvieron en el contexto de la vida intelectual colombiana. Es muy conocida la influencia que León de Greiff tuvo en las tertulias del café El automático. Situado en el centro de la ciudad de Bogotá, este café también era frecuentado por figuras del ambiente intelectual colombiano tales como Luis Vidales, Ricardo Castillo, Ricardo Rendón y Germán Arciniegas. El uso simbólico del espacio del café en su poesía se halla estrechamente conectado

Notas a las páginas 43–58

con la existencia de estos espacios de encuentro y de discusión, que en su obra se convierten en un *leitmotiv* simbólico. El libro *Café El Automático: Arte, crítica y esfera pública* ofrece un análisis de la importancia de este sitio como lugar como núcleo histórico e intelectual de la ciudad de Bogotá. Esta publicación de 2009 fue el resultado del trabajo investigativo de Jaime Iregui, Diana Camacho, Liliana Merizalde y Gustavo Niño.

10. La lectura que Orlando Mejía Rivera hace de los heterónimos greiffianos está marcada por una meditación paralela con la filosofía budista del borramiento del yo y la cancelación de las fronteras de individualidad. Aunque no comparto su interpretación, considero que su acercamiento pone en paralelo dos elementos importantes de la obra del poeta antioqueño: la creación de voces múltiples y la exploración de la filosofía budista que ya está presente desde sus primeras publicaciones. La siguiente cita puede servir de ejemplo para ilustrar su posición crítica respecto a este tema:

> los heterónimos de León de Greiff son también personalidades autónomas con ciertas tendencias y características específicas. Sin embargo, los une el sentimiento de que se saben ilusiones de un soñador que tampoco existe; aunque cada uno ha vivido distintas experiencias del mundo saben que todos terminan siendo algún día el otro, los otros hasta que cese el viaje peregrino por el plano de las cosas aparentes, incluidas las palabras. ("La intuición" 53)

En el Capítulo 4 del presente libro comento esta interpretación greiffiana del pensamiento budista y su relación con fuentes culturales de Oriente.

11. Trataré este concepto en el Capítulo 5 de este libro. Allí se pone en relación este concepto con la lectura greiffiana de la obra de François Villon y su reclamo de contemporaneidad con este poeta medieval.

Capítulo 2

1. Alfredo Laverde Ospina reconoce en la literatura colombiana dos corrientes que atraviesan desde finales del siglo diecinueve hasta mediados del siglo veinte. La primera es de corte regionalista y de fuerte compromiso político; la segunda, cosmopolita y defensora de la autonomía del arte. El crítico reconoce a Silva como fundador de esta segunda tendencia (60).

2. Esta última es una versión española de la antología francesa de poemas chinos *La flute de jade* de Franz Toussaint. En su ensayo "Guillermo Valencia: el poeta como traductor," Sonja Karsen hace un análisis de la diversidad de obras y lenguajes que conjuga Valencia en su tarea de traducción al español. Por otro lado, el artículo de José María Rodríguez García, "Valencia's Verlaine: The Social History of a Colombian Verse," es muy ilustrativo en cuanto detalla la función social de la traducción en el contexto socio-histórico de Colombia a finales del siglo XIX y principios del XX.

3. Dentro de esta visión clásica, recuerda Gerald L. Bruns: "things come down to us from the past and, unless everything goes to pieces, the future will be a version of what has proven itself over time, something to live up to or shoot for. Such things as come down to us in this way are normative and binding" (3). Esta es la misma posición defendida por Gilbert Highet en

199

Notas a las páginas 58–69

The Classical Tradition. Otro libro fundamental para el estudio del concepto clásico de tradición es *The Classical Tradition: Art, Literature, Thought* de Michael Silk, Ingo Gildenhard y Rosemary Barrow.

4. Al pasar revista a algunos de los ensayos fundamentales de Henríquez Ureña como *Las corrientes literarias en la América Hispánica* y *Utopía de América*, puede observarse que su acercamiento al problema de la tradición está basado en la definición que anotamos anteriormente. En *Utopía*, al hablar de la tradición de México, la celebración que consagra a la misma se fundamenta en la perdurabilidad de su herencia indígena, la continuidad persistente de su historia, le permanencia de su pasado, sus objetos, sus edificios, etc. Claramente, la tradición para el crítico es un valor de estabilidad, una suerte de garantía de eternidad de las construcciones nacidas en el seno de la cultura de origen, en este caso la americana.

Reyes, por su parte, desde una postura más crítica, elabora una propuesta que articula en su famoso ensayo "Diez propuestas para el novelista latinoamericano." Opina que el artista "existe dentro de una literatura; si hablamos en abstracto, diríamos que nace dentro de ella, en ella se forma y desarrolla, con ella y contra ella hace su creación" (*Crítica literaria y Utopía* 21). Su visión equipara tradición a herencia. Aunque Reyes funciona dentro de los límites de la definición clásica, el valor sustancial de la tradición se halla en su capacidad de vigorizar y dar nueva energía a los elementos de esta literatura nacional. El escritor vive en su tradición y para su tradición. La perspectiva de Reyes se abre con mayor facilidad la idea de cambio pero, a pesar de que acepta como legítimo lo que él llama el "magisterio extranjero, universal"—es decir, el diálogo con literaturas foráneas—, propone la necesidad de adaptar los préstamos de otros círculos culturales y literarios al círculo de la cultura propia (*Crítica literaria y Utopía* 49). El poeta tiene como tarea el acoplamiento de elementos, la "nacionalización" de las formas, ideas, pensamientos y estructuras que halla en su diálogo con lo foráneo. Nuevamente, el punto decisivo de la tradición se halla en el retorno al núcleo aglutinante irradiante, a la comunidad a la que se pertenece.

5. Según Paz, el punto de partida de la conciencia moderna en la literatura puede rastrearse en los orígenes del romanticismo europeo y es también allí donde podemos señalar el punto de quiebre con la idea clásica de la tradición. Hasta entrado el siglo diecinueve, la tradición literaria había sido en la literatura un conjunto de textos "sagrados," normas y exigencias rígidas. El modelo de perfección que debía imitarse toleraba pocas alteraciones y la distancia del mismo podía significar la exclusión de la categoría artística a la que se aspiraba. Es en oposición a esto que se rebela el romanticismo. Su reacción contra la estética neoclásica y grecolatina, posteriormente serviría de modelo al renacimiento y al barroco. Al rebelarse contra estos cánones estéticos, los románticos llevan a cabo lo que Paz llama la primera "negación de la tradición central de Occidente" (*Los hijos del limo* 166).

6. Nietzsche vuelve en varios lugares de su obra a estas consideraciones. Estas ideas se elaboran también en *On the Advantage and Disadvantage of*

200

History for Life. Un estudio que resume la evolución de estas ideas en la obra nietzscheana es el libro de Michel Foucault, *Nietzsche, la genealogía, la historia*.

7. En el Capítulo 5, "Máscaras y espejos medievales: León de Grieff y François Villon, un cosmopolitismo trans-histórico," dedico un estudio más profundo al proceso de identificación entre Gaspar y Villon y profundizo en el aprovechamiento greiffiano de la poesía medieval.

8. El autor latinoamericano en cuya obra puede rastrearse una lectura y un aprovechamiento directos del ensayo de Eliot, es Jorge Luis Borges. Juan E. de Castro en *The Spaces of Latin American Literature* y Nicolas Shumway en "Eliot, Borges and Tradition" han abordado esta cuestión.

9. No obstante, debe anotarse que la admiración de Darío por Cervantes y Garcilaso es manifiesta en los poemas que escribe en celebración de ambos, así como en las múltiples referencias que hace a ellos a lo largo de su obra. La respuesta de Darío a su interlocutor en este punto debe entenderse no como un total rechazo, sino como un deseo de plantear la posibilidad de reconocer corrientes de tradición alternas dentro del mismo espacio de la poesía castellana.

10. Debe tenerse en cuenta que la idea de una literatura cosmopolita se halla estrechamente ligada a sus posibilidades de realización material. La circulación de bienes facilitada por los procesos de globalización económica y comercial, así como el incremento en el transporte e intercambio de mercancías a partir de finales del siglo diecinueve juega un papel fundamental en la aparición y el desarrollo de una literatura cosmopolita en América Latina. A este propósito, pueden consultarse los libros de Araceli Tinajero, *El orientalismo en el modernismo*, y Erika Beckman, *Capital Fictions*.

11. En su ensayo *Notas sobre la inteligencia americana*, Reyes anota: "Llegada tarde al banquete de la civilización europea, América vive saltando etapas, apresurando el paso y corriendo de una forma en otra, sin haber dado tiempo a que madure del todo la forma precedente. A veces, el salto es osado y la nueva forma tiene el aire de un alimento retirado del fuego antes de alcanzar su plena cocción. La tradición ha pesado menos, y esto explica la audacia [...] Tal es el secreto de nuestra historia, de nuestra política, de nuestra vida, presididas por una consigna de improvisación" (5).

12. Ver la nota 3 a la Introducción.

13. Esta defensa de la especificidad americana se hace evidente en un pasaje como el siguiente: "Nuestra Grecia es preferible a la Grecia que no es nuestra. Nos es más necesaria. Los políticos nacionales han de reemplazar a los políticos exóticos. Injértese en nuestras repúblicas el mundo; pero el tronco ha de ser el de nuestras repúblicas" (Martí, *Obra literaria* 18).

14. Esta misma tendencia de un "cosmopolitismo arraigado" que da preponderancia al peso de la herencia local es la misma que podemos subrayar en los trabajos críticos de Pedro Henríquez Ureña y Ángel Rama. Ver nota 4 de este capítulo.

Notas a las páginas 86–95

15. A lo largo de su obra, de Greiff recurre constantemente a la mención de sus líneas genealógicas para sustentar su idea de desarraigo y dar sustento a algunas de las filiaciones culturales con la tradición nórdica y germana, que reclama como suyas. Esta cuestión será abordada más en detalle en el Capítulo 4, "De una periferia a la otra: Tránsitos entre Latinoamérica, Oriente y Escandinavia"

16. Juan E. de Castro afirma lo siguiente, respecto a la noción de tradición de Borges:

> He hints at the possibility of a non-Eurocentric version of literary tradition that would include, but not be limited to, the literary monuments of Europe. His denial of chronology and his privileging of the act of reading in the constitution of tradition is designed to empower writers from apparently marginal or supposedly new countries ... As should be obvious, by undermining notions of originality, by emphasizing the creative possibilities present in the periphery, and by describing South America as a kind of margin of the margins, an Aleph-like location from which European, North American, and other cultures can be viewed, free from the hierarchical ordering present in established cultural traditions, and by proposing a literary practice that takes advantages of these characteristics, he clears the ground for a new valorization of the region's agency and, therefore, of its cultural productions. (64)

17. Estas reescrituras serán analizadas en detalle en el Capítulo 5: "Máscaras y espejos medievales: León de Greiff y François Villon, un cosmopolitismo trans-histórico."

18. Gino Luque Cavallazi comenta sobre este lugar: "En 1916 De Greiff trabajó como cajero y contador del Banco Central. Posteriormente administró la prolongación del Ferrocarril de Antioquia por el río Cauca, en la zona de Bolombolo. Allí estuvo cerca de tres años y los trabajos no se concluyeron. Bolombolo surgió de pronto en el mundo poético de De Greiff, como el lugar en el que confluían los diversos personajes que lo habían venido poblando, nacidos de lecturas y de sentimientos, de una necesidad de disgregarse en relatos de 'otros,' siendo sus nombres también bellos sonidos, plenos de reminiscencias de temas literarios. Entre ellos, Matías Aldecoa, Erik Fjordson, Ramón Antigua, Leo Le Gris, Sergio Stepansky, Bogislao, o el Skalde" (n.p.).

19. El movimiento de oscilación exploratoria que aquí se comenta tiene un paralelo textual en un texto representativo de la obra de Rubén Darío: "Divagación." Este poema del nicaragüense propone también una suerte de cartografía intelectual que enumera los territorios de su curiosidad cosmopolita, que reúne en el círculo de una composición de tono erótico. En su ensayo "'Divagación': la geografía erótica de Darío" Alberto Carlos propone interpretar el trazado de su mapa cultural como una línea de asociaciones posibilitadas por la atracción erótica y la multiplicación de las imágenes femeninas que se presentan como objeto de deseo. Retomando, de cierta forma, la postura crítica de Pedro Salinas, Carlos quiere observar en este poema una voluntad de reunificar estas variaciones culturales en la unidad

202

Notas a las páginas 92–124

comprensiva del "eterno femenino" (302–10). Por su parte, en "Rubén Darío y su búsqueda de armonía en el cosmopolitismo, el monismo panteísta y el erotismo" Ignacio López-Calvo considera que este poema propone la unión y el uso de motivos de diversas culturas y épocas, como un intento de unificación de la humanidad y del mundo" (118). Para este crítico, la presencia de lo femenino en la obra dariana actúa como valor unitivo y tiene una funcionalidad sincrética que "ayuda al poeta a reintegrarse a la armonía de la unidad total" (125).

20. El análisis detallado del poema constituye el capítulo 3 ("Poetry and the Performance of Cultural Meaning") del libro *The Politics of Spanish American Modernismo*.

21. A propósito del paralelo entre la asimilación de fuentes, los procesos intertextuales y las dinámicas de mercado, pueden revisarse las ideas que postula Noé Jitrik en *Las contradicciones del modernismo*. Jitrik propone que "en la medida en que se la asume [la modernidad] hay una interacción de ascenso a un campo de circulación de bienes poéticos sin aduanas" a lo que añade que "si la circulación de bienes poéticos o textuales es considerada en el proceso, implícitamente se está entendiendo que gravita en la producción lo que configura, consecuentemente, un esquema económico virtualmente actuante (92).

Capítulo 3

1. He analizado el tema del viaje inmóvil y el nomadismo intelectual greiffiano en dos artículos independientes. En "León de Greiff: Viajero inmóvil y nómada intelectual," estudio la obra del colombiano como una manifestación de pensamiento nómada y como un ejercicio poético de desterritorialización y reorganización del archivo cultural. El aparato teórico de este artículo es distinto del que utilizo en el presente libro, e incluye una lectura de corte derridiano. En "Voyageur manqué et cosmopolite de fauteuil: le cas León de Greiff" contextualizo su obra en el marco de las discusiones teóricas sobre literatura de viajes y propongo una lectura de sus desplazamientos en el espacio simbólico de la biblioteca.

2. A diferencia de estos últimos, otros escritores latinoamericanos ejercen un cosmopolitismo que va más allá de los libros y se nutre de las experiencias reales. Testimonio de lo anterior son las crónicas escritas por Gómez Carrillo y Rubén Darío sobre sus viajes, la adaptación de formas literarias japonesas que José Juan Tablada aprende en su visita al país nipón e incluso las asimilaciones culturales que poetas como Octavio Paz y Pablo Neruda hacen durante sus estancias europeas y en países del continente asiático.

3. Esta temática ha sido tratada, respectivamente, en las siguientes publicaciones: Ricardo Gullón (1963), Octavio Paz (1974), Ivan Schulman (1981), José Olivio Jiménez (2007), Ángel Rama (1994), Aníbal González (2010) y Gerard Aching (2010).

4. El capítulo que Gerard Aching dedica al estudio del "reino interior" como espacio de asilo y sitio de enunciación crítica de la sociedad en el modernismo resulta particularmente ilustrativo a este propósito. Aching observa

Notas a las páginas 124–131

que este espacio de resguardo individual no solamente debe ser interpretado como una estrategia aislacionista y de resguardo de la sociedad sino también como la creación de un aura de profesionalización que le permite a los artistas reinsertarse en ciertos círculos elitistas de la nueva burguesía (28). Darío y Casal son los dos poetas que el crítico aborda como objeto de estudio y señala en ellos la doble valencia de la creación de un "reino interior" en sus obras:

> Both approaches to internal space illustrate how Darío and Casal's critics meant to establish firm boundaries between an inviolable interior and a threatening exterior. Not only did this spatial polarity facilitate a discourse about pure art and privilege, it provided its creators with the means by which their interpretations and cultural literacy could be linked to the promotion of nationalisms and regionalisms throughout Spanish America. Because of their difficult survival in the marketplace, the modernistas—as both the producers and critics of their own literature—were fascinated by the reino interior because it could represent their own troublesome status and subject positions. This trope made it possible for them to define and defend their own indispensability to Spanish American societies. (54)

5. En el artículo "León de Greiff en el contexto de la vanguardia colombiana (1895–1976)" María Caballero señala también una línea de semejanza entre el ennui de Baudelaire y el tedio en la obra greiffiana. Esta crítica destaca que "[en la poesía greiffiana] destacan elementos estrictamente relacionados con la cosmovisión baudelaireana: el viaje—puerta abierta a la ensoñación y la fantasía, que permite escapar del fastidio cotidiano, es trasunto de 'L'invitation au voyage' de *Petits poémes en prose* (1868), varios de cuyos pasajes cita de Greiff en 'Preludio en re mayor'" (76). Ella señala, adicionalmente, otras composiciones en las que el colombiano reinterpreta la temática del tedio: "l'ennui y le spleen [...] configuran toda una sección de *Les fleurs du mal* (1857). De Greiff escribió en la misma vena 'La balada del aburrimiento perenne' [...]; 'Arietas'[...]; y 'Ritmos'" (76). Su estudio resulta más bien enumerativo y no ahonda en las características constitutivas de estos espacios sensibles representados en las obras de los dos poetas. Para un análisis más a fondo de la problemática del spleen en Baudelaire puede consultarse el estudio de Benjamine Fondane, *Baudelaire et l'expérience du gouffre*.

6. En *Los trabajos de la belleza modernista* Esteban Tollinchi hace la siguiente anotación sobre la relación entre el ennui y la "invitación al viaje":

> La vivencia más característica de la vida natural es el tedio (ennui), un tedio permanente, no ocasional. La causa del tedio es la existencia misma, la trivialidad de la vida cotidiana. Por tal razón la invitación al viaje es permanente [...] El viaje en algún momento nos llevará hacia lo nuevo. Por lo pronto, sin embargo, lo que nos descubre es el oasis del horror en el desierto del tedio. (149–50)

7. En el capítulo "Dario's French Universal and the Wolrd Mappings of *Modernismo*" de *Cosmopolitan Desires*, Mariano Siskind hace un elaborado e interesante análisis de la mediación cultural francesa en la construcción de una visión universalista en la obra del poeta nicaragüense.

204

Notas a las páginas 135–142

8. Stacy Hoult ofrece otra interpretación de este poema díptico en su artículo "Resonant Shells and the Toad Chorus: Animals and the Exotic in the Poetry of León de Greiff." Hoult opina que "the urgency of the poetic subject's figurative wanderlust is matched by that of his heroine in 'Breve canción de marcha,' constructed as a passionate dialogue between a Viking and a temptress" (Hoult 132–33). En este diálogo, observa la crítica que la pulsión erótica se equipara con el impulso a la aventura y la mujer se convierte, de esta forma, en un catalizador del ensueño viajero. Resulta muy interesante el vínculo que establece entre la erotización de la figura femenina que vincula con el imaginario oriental, pero su artículo no desarrolla en profundidad esta vía interpretativa.

Capítulo 4

1. Kushigian establece este esquema luego de hacer una minuciosa revisión histórica de los diálogos y puntos de encuentro entre el mundo cultural hispanoamericano y el de distintos territorios pertenecientes a Oriente. El capítulo introductorio de *Orientalism in the Hispanic Literary Tradition* da cuenta detallada de las distintas manifestaciones orientalistas desde la literatura medieval hasta las letras contemporáneas latinoamericanas.

2. Al oponerse a esta lectura del orientalismo como una manifestación escapista, Tijanero responde a la tradición crítica que, desde Valera y Rodó, observa estos diálogos con tradiciones foráneas como meras imitaciones y desvíos exotistas. El contraargumento que esgrime Tinajero busca ir más allá de un estudio de influencias e intenta comprender esta asimilación como una ampliación de horizontes y una creación de diálogos multiculturales desde el contexto específico de Latinoamérica. El contraste de posiciones críticas que aquí se menciona, aparece detallado en el capítulo 1 de *Orientalismo en el modernismo hispanoamericano.*

3. Una revisión de los libros conservados de la biblioteca personal greiffiana, que se halla disponible para consulta en la Biblioteca Piloto de Medellín, permite observar que la mayor parte de los títulos de literaturas orientales o en otros idiomas distintos al inglés, el italiano o el español se hallan, casi en su mayoría, en traducción francesa. El catálogo de la biblioteca personal greiffiana puede revisarse en la siguiente página web: www.bibliotecapiloto. gov.co

4. Guillermo Valencia es el reconocido traductor de *Catay*, el primer libro de poesía china vertido al español en Colombia. Su traducción, sin embargo, se basa en el volumen preparado por Franz Toussaint, *La flute de jade*. Para un análisis de este libro puede consultarse el artículo de Luisa Shu-Ying Chang, "Las Bellas Infieles: Guillermo Valencia, traductor de poesía china."

5. Edward Fitzgerald fue quien introdujo la obra de Omar Khayyam en Occidente, mediante la publicación de su traducción de los *Rubayat* en 1859. Años más tarde, en 1924, el reconocido traductor Franz Toussaint realiza su propia traducción y populariza a este autor en el mundo cultural de habla francesa. Aunque la mayor parte de la biblioteca greiffiana se compone de

205

Notas a las páginas 142–160

libros en francés y es notoria su preferencia por lecturas en esta última lengua, considero que la fuente más probable de su conocimiento de Khayyam es la versión original de Fitzgerald. Al tomar en cuenta las fechas de publicación de *Tergiversaciones* y de la versión de los *Rubayat* preparada por Toussaint, observamos que sólo hay un año de diferencia entre ambos. Es poco probable que el colombiano hubiese podido procurarse una copia de este volumen apenas salido de la imprenta, sobre todo si se tiene en cuenta el tiempo de tránsito que debía mediar entre la publicación de un libro en Europa y su posterior distribución en los países latinoamericanos.

6. El libro conservado en la Biblioteca Piloto de Medellín como parte del archivo personal de León de Greiff es la edición de 1926 publicada por la Librerie Charpentier et Fasquelle. Su título es *Le livre des mille et une nuits*.

7. El libro de Julián Vásquez *El gran viaje atávico: Suecia y León de Greiff* detalla estas relaciones intertextuales que se tejen entre el libro de memorias de Carl Sigismund von Greiff y la obra tanto en poesía como en prosa de León de Greiff. El capítulo II, "Tras las huellas de los viajeros," es particularmente ilustrativo a este respecto.

8. Rafael Gutiérrez Girardot hace una observación muy similar respecto a la relación entre León de Greiff y su ascendencia nórdica. En la opinión del crítico, "el vate no tenía nada de nórdico, como él lo creía." Su referencia a lo nórdico, propone, debe ser comprendida como una toma de posición estratégica, un "punto de referencia" desde el cual "puso en tela de juicio su sociedad" (Fajardo, *Coleccionista de nubes* 116).

9. Por otro lado, si es posible encontrar dentro del "texto atávico" greiffiano un elemento que, en efecto, moldea una de las composiciones greiffianas, este es el relato que su bisabuelo Carl Sigismund von Greiff hace sobre su llegada a tierras suramericanas en los años 1820. Siguiendo también en este punto el estudio de Julián Vásquez, observamos que las crónicas escritas por Carl Sigismund le proporcionan al poeta colombiano el material para que, por medio de un juego de intertextualidad y ficción poética, escriba dos relatos: el primero "Miguel Ney en Nare" incluido en su poemario *Bajo el signo de Leo* (1957), y el segundo, aparecido en el volumen de su *Obra Dispersa*, que es una suerte de reescritura del ya mencionado relato sobre la vida del Mariscal Ney en Antioquia, "Las andanzas de Ney por tierras ecuatoriales." En ellos, de Greiff entreteje la ficción histórica de las aventuras de este militar francés. De acuerdo a la historia oficial, Ney muere fusilado en 1815. En la versión del poeta colombiano, el mariscal llega a Colombia en 1826 junto con una pareja de suecos que venían en viaje de bodas y en "aventura minera," exactamente como los ancestros del poeta. Tomando casi textualmente pasajes de la crónica de su bisabuelo, haciendo coincidir fechas y lugares, de Greiff logra "unir en un mismo relato, dos viajes diferentes: el viaje migratorio de sus antepasados a Colombia y el supuesto viaje de Miguel Ney" (Vásquez 82). Mediante un juego de intertextualidad y una deliberada "tergiversación" de la historia, recupera y reinterpreta la llegada de sus abuelos al país donde años más tarde él mismo habría de sentirse como un extranjero, un "viking anclado" por azar a esa tierra, tal como Carl Sigismund, Petronela e incluso el Mariscal Ney.

206

Notas a las páginas 165–169

Capítulo 5

1. En su ensayo "Villon et Verlaine," Paul Valéry hace un breve recuento de la vida de Villon:

> Villon, qui se nomma d'abord François de Montcorbier, naquit à Paris en 1431. Sa mère le remit, trop misérable qu'elle était pour l'élever, aux mains d'un docte prêtre, Guillaume de Villon, qui appartenait à la communauté de Saint-Benoît-le-Bétourné, et y avait son domicile. C'est là que François Villon grandit, reçut l'instruction élémentaire [...] À l'âge de dix-huit ans, le jeune homme est reçu bachelier. À vingt et un ans, dans l'été 1452, le grade de licencié lui est conféré. Que savait-il ? Sans doute ce que l'on savait pour avoir suivi, de plus ou moins près, les cours de la Faculté des Arts: la grammaire (la latine), la logique formelle, la rhétorique (l'une et l'autre selon Aristote, tel qu'il était connu et interprété en ce temps-là); plus tard venaient quelque métaphysique et un aperçu des sciences morales, physiques et naturelles de l'époque. (n.p.)

2. Son particularmente ilustrativos a este propósito los artículos: "Apollinaire et Villon" de Michel Decaudin, y "Cocteau et Villon" de Pierre Caizergues. Los dos artículos se encuentran recopilados en el volumen *Villon et ses lecteurs*.

3. Michael Freeman hace un recuento de las primeras lecturas de la obra del poeta en el ámbito inglés: en 1835 Luisa Costello lleva a cabo la primera adaptación inglesa; en 1847 aparece la versión de Henry Francis Cary; en 1870 es el mismo Dante Gabriel Rossetti quien se interesa por verter al inglés en una versión prerrafaelista los textos del francés; en 1877 sale a la luz el trabajo de Swinburne; en 1878 se publica la traducción de la obra completa de John Payne. Por otro lado, Robert Louis Stevenson le consagra también un ensayo biográfico (*François Villon: Student, poet and housebreaker*) y un cuento ("A lodging for the night"), y el mismo Ezra Pound compone una ópera inspirada en *Le grand Testament*. En el ámbito germánico, Bertold Brecht asimila de forma creativa la figura de Villon en *La ópera de tres centavos*.

4. Aunque algunos críticos han señalado ya la presencia de la obra de Villon en la poesía de León de Greiff (Fernando Charry Lara, Eduardo Gómez y Sergei Goncharenko), ninguno de ellos ha llevado a cabo un análisis detallado sobre este aspecto. Al igual que con otras fuentes de la poesía greiffiana, sus lectores se han limitado a una enumeración de precursores y han dejado de lado una interpretación comprensiva de su diálogo con otras tradiciones literarias.

5. En su tesis doctoral *Las traducciones al español de la obra de François Villon: Análisis traductológico*, Beatriz Martínez rastrea las siguientes traducciones de la obra de Villon: María Héctor, *François Villon. Poesía* (1940); Alfredo Darnell Gascou, *François Villon. Baladas* (1946); Antonio de Obregón, *Villon, poeta del viejo París* (1954); Alberto de la Guerra Navares, *François Villon. Baladas completas* (1972); Gonzalo Suárez, *François Villon. El hombre y el poeta* (1974); Federico Gorbea, *François Villon. Obra completa en poesía* (1976); Mercedes Lloret, *François Villon. Poemas* (1977); Carlos Alvar

Notas a las páginas 169–183

Ezquerra, *François Villon: Poesía* (1980); Roberto Ruiz Capellán, *François Villon. Obras* (1981); Juan Victorio, *François Villon. Poesía* (1995); José María Álvarez, *François Villon: El Legado y El Testamento* (2001); Rubén Abel Reches, *Testamentos de François Villon* (2007).

6. Además de estos dos libros, en el archivo de la Biblioteca Piloto se conservan otras obras que revelan un interés por la obra de Villon. Al revisar los materiales del poeta francés disponibles en su archivo personal pueden encontrarse las siguientes publicaciones: un estudio de Marcel Schwob, *Melanges d'histoire litteraire et de linguistique: L'argot-Villon-Rabelais*, publicado en 1928; el volumen de Frederic y Leon Saisset, *Le Grand Testament de François Villon*, de 1937; y la novela popular escrita por Patrick Toussaint, *François Villon et les dames du temps jadis*, publicada en 1959.

7. En su mímesis del lenguaje y la dicción medievales, León de Greiff se asemeja al Rubén Darío de los "Dezires, layes y canciones" incluidos en sus *Prosas profanas*. Tanto de Greiff como el Darío de esta época se esfuerzan en mimetizar su escritura con la de los poetas medievales a quienes se acercan. Debe puntualizarse, no obstante, que existen dos diferencias notables entre el medievalismo de estos dos escritores. En primer lugar, de Greiff se acerca a estos modelos a través de una lente irónica y deformadora, mientras que en el caso dariano se advierte una voluntad de aprendizaje mediante la repetición. El segundo elemento es que aquello que para el nicaragüense fue únicamente una etapa de aprendizaje, para de Greiff se convierte en una línea fundamental de su propuesta literaria. Para un estudio de las apropiaciones y lecturas medievales de León de Greiff, puede consultarse mi artículo "León de Greiff. Intertextos medievales de su poesía." En este estudio adelanto una lectura de las apropiaciones lingüísticas, culturales y literarias que el autor colombiano hace de un amplio corpus de composiciones medievales europeas.

8. Me refiero puntualmente a las ideas que Nietzsche expone sobre el proceso de democratización que él comprende utilizando la metáfora de un baile de máscaras. Estas ideas están expuestas en *Más allá del bien y del mal*. Rama se refiere a ellas en el capítulo 3 de *Las máscaras democráticas del modernismo* (80–87).

9. Para un análisis de las semejanzas entre las visiones de Jorge Luis Borges, T.S. Eliot y Harold Bloom respecto a las dinámicas de influencia y relación con la historia, es posible consultar los trabajos de Daniel Balderston ("Borges y sus precursores"), Juan E. de Castro ("De Eliot a Borges: tradición y periferia") y Eduardo Pellejero ("Borges y Kafka. La alegría de la influencia")

10. La figura de "Beremundo el lelo" es objeto de un comentario más detallado en el Capítulo 3 de este libro, "Cartografías poéticas e invitación al viaje."

208

Bibliografía

Aching, Gerard. *The Politics of Spanish American Modernismo: By Exquisite Design*. Cambridge UP, 2010.

Adorno, Theodore W. *Negative Dialectics*. Routledge, 2015.

Anderson, Benedict. *Imagined Communities: Reflections on the Origin and Spread of Nationalism*. Verso, 2003.

Appiah, Kwame A. *Cosmopolitanism: Ethics in a World of Strangers*. Penguin, 2015

———. "Cosmopolitan Patriots." *Critical Inquiry*, vol. 23, no. 3, 1997, pp. 617–39.

Arbeláez, Fernando. "La poesía de León de Greiff." *Hojas de cultura popular colombiana*, no. 49, 1955, pp. 33–36.

Bakhtin, Mikhail. *The Dialogic Imagination: Four Essays*. Texas UP, 2002.

Baudelaire, Charles. *Oeuvres complètes*. Bibliothèque de la Pléiade, 1968.

Beckman, Ericka. *Capital Fictions: The Literature of Latin America's Export Age*. Minnesota UP, 2013.

Betancourt, Belisario. "De Greiff o el lenguaje que no envejece." *Revista Casa Silva,* 1995, pp. 25–35.

Bloom, Harold. *The Anxiety of Influence*. Oxford UP, 1997.

Bonnett, Piedad. "León de Greiff y los orígenes de la lírica moderna en Colombia." *Texto y contexto*, 1988, pp. 133–40.

Borges, Jorge Luis. *Obras completas*. 3 volúmenes. Bruguera, 1980.

Borges, Jorge Luis y Alicia Jurado. *Qué es el budismo*. Alianza Editorial, 2009.

Bronx, Humberto. "Prólogo." *León de Greiff: su vida y selección de sus poesías*. Editorial Salesiana, 1973.

Bruns, Gerald L. "What is tradition?" *New Literary History*, vol. 22, no. 1, 1991, pp. 1–21.

Caballero, María M. "León de Greiff en el contexto de la vanguardia colombiana (1895–1976)." *Philologia Hispalensis*, vol. IV, no. 1, 1989, pp. 67–83.

Camacho, Diana, Jaime Iregui, Liliana Merizalde y Gustavo Niño. *Café El Automático: Arte, crítica y esfera pública*. Cámara de Comercio, 2009.

Camacho, Eduardo. "Prólogo." José Asunción Silva. *Obra completa*. Editorial Ayacucho, 1977.

Carlos, Alberto. "'Divagación': la geografía erótica de Rubén Darío." *Revista Iberoamericana*, no. 33, 1967, pp. 293–313.

Bibliografía

Caro Mendoza, Hernando. *La música en la poesía de León de Greiff.* Asociación Nacional de Música Sinfónica, Ministerio de Cultura, 2005.

Casal, Julián del. *Poesía completa y prosa selecta*, editado por Álvaro Salvador. Verbum, 2009.

Casanova, Pascale. *The World Republic of Letters*, traducido por M. B. DeBevoise. Harvard UP, 2007.

Castillo, Eduardo. "León de Greiff." *Cromos*, no. 135, 1918.

Castro, Juan E. de. *The Spaces of Latin American Literature: Tradition, Globalization, and Cultural Production.* Palgrave Macmillan, 2008.

Chang, Luisa Shu-Ying. "Las Bellas Infieles: Guillermo Valencia, traductor de poesía china." *Cuadernos Hispanoamericanos*, 2015, pp. 91–103.

Charry Lara, Fernando. "León de Greiff: la creación de un lenguaje." *Eco*, no. 188, 1977, pp. 181–92.

Cheah, Pheng. *What Is A World? On Postcolonial Literature as World Literature.* Duke UP, 2016.

Cobo Borda, Juan Gustavo. "De León de Greiff a Eduardo Carranza." *Historia de la poesía colombiana: Siglo XX.* Villegas Editores, 2003.

Comfort, Kelly. *European Aestheticism and Spanish American Modernismo: Artist Protagonists and the Philosophy of Art for Art's Sake.* Palgrave Macmillan, 2014.

Cuartas, Juan Manuel. "León de Greiff: Problemática del 'yo' en la poesía." *Thesaurus: Boletín del Instituto Caro y Cuervo*, vol. 51, no.1, 1996, pp.111–33.

Damrosch, David. *What Is World Literature.* Princeton UP, 2006.

Dimock, Wai Chee. *Through Other Continents. American Literature Across Deep Time.* Princeton UP, 2006.

Darío, Rubén. *Poesías completas.* Aguilar, 1968.

Eliot, Thomas Stern. *Selected Prose of T.S. Eliot.* Faber and Faber, 1975.

Espinosa, Germán. *Ensayos Completos.* Universidad EAFIT, 2002.

Fajardo, Diógenes. *Coleccionista de nubes. Ensayos sobre literatura colombiana.* Instituto Caro y Cuervo, 2002.

———. "León de Greiff." *Historia de la Poesía Colombiana.* Ediciones Casa Silva, 1991.

Fondane, Benjamin. *Baudelaire et l'experience du gouffre.* Seghers, 1972.

Foucault, Michel. *Nietzsche, la genealogía, la historia*, traducido por José Vásquez Pérez. Pre-textos, 2008.

Galland, Antoine, traductor. *Les Mille Et Une Nuits: Contes Arabes.* Flammarion, 2004.

Bibliografía

García Maffla, Jaime. "León de Greiff." *El Espectador. Magazín Dominical,* no. 617, 1995.

Gautier, Théophile. *Oeuvres poétiques complètes.* Bartillat, 2004

Gómez Carrillo, Enrique: *Páginas escogidas,* edición del Ministerio de Educación Pública, Biblioteca de Cultura Popular. 1954.

Gómez, Eduardo. "León de Greiff: el lírico contra la lírica tradicional." *Valoración múltiple sobre León de Greiff,* editada por Arturo Alape. Universidad Central, 1995, pp. 153–68.

Goncharenko, Sergei. "El maestro de lo imposible." *Revista Casa Silva,* 1996, pp. 42–51.

González, Aníbal. *A Companion to Spanish American Modernismo.* Tamesis, 2010.

Greiff, Hjalmar de. "Cronología." *Valoración múltiple sobre León de Greiff,* editada por Arturo Alape. Universidad Central, 1995, pp. 495–98.

Greiff, León de. *Antología de León de Greiff,* editada por Germán Arciniegas. Instituto Colombiano de Cultura, 1976.

———. *Antología multilingue, 50 poemas,* editada por Hjalmar de Greiff. Instituto colombiano de cultura, 1995.

———. *Antología Poética,* editada por Fernando Charry Lara. Visor, 2010.

———. *Escritos sobre música. Libretos para la Radiodifusora Nacional.* Editorial Universidad de Antioquia, 2003.

———. *León De Greiff Traducido,* editada por Hernando Camargo y Erich Arendt. Ministerio de Educación, 1969.

———. *Obras Completas.* Aguirre, 1960.

———. *Obras Completas.* 2 volúmenes. Tercer Mundo, 1975.

———. *Obras Completas.* 10 volúmenes. Universidad Nacional de Colombia, 2018.

———. *Obra Dispersa: poesía, prosa.* 4 volúmenes. Universidad de Antioquia, 1995.

———. *Obra Poética,* editada por Cecilia Hernández de Mendoza. Ayacucho, 1993.

———. *Poesía,* editada por Arturo Alape. Casa de las Américas, 1973.

———. *Pod Znakom L'va,* traducida por Sergei Goncharenko. Khudozh. lit-ra, 1986.

Greiff, Otto de. "Prólogo." *León De Greiff: Baladas y Canciones.* El Áncora Editores, 1991.

Grünfeld, Mihai G. *Antología de la poesía latinoamericana de vanguardia (1916–1935).* Hiperión, 1995.

Bibliografía

————. "Cosmopolitismo modernista y vanguardista: Una identidad latinoamericana divergente." *Revista Iberoamericana*, vol. 55, no. 146–147, 1989, pp. 33–41.

Gullón, Ricardo. "Exotismo y modernismo." *Direcciones del modernismo*, editada por Homero Castillo. Gredos, 1971, pp. 279–98.

————. "Indigenismo y modernismo." *Direcciones del modernismo*, editada por Homero Castillo. Gredos, 1971, pp. 267–78.

Gutiérrez, Girardot Rafael. *Modernismo: Supuestos históricos y culturales.* Fondo de Cultura Económica, 2004.

————. "Para una desprovinciación de León de Greiff." *Revista Aleph*, no. 117, abril-junio 2001, pp. 46–55.

Herrera y Reissig, Julio. *Poesía completa y prosas.* ALLCA XX, 1998.

Henríquez Ureña, Pedro. *Las Corrientes Literarias en la América Hispánica.* Fondo de Cultura Económica, 2001.

————. *La Utopía de América.* Ayacucho, 1989.

Highet, Gilbert. *The Classical Tradition: Greek and Roman Influences on Western Literature.* Oxford UP, 1985.

Hoult, Stacey. "Resonant Shells and the Toad Chorus: Animals and the Exotic in the Poetry of León de Greiff." *Monographic Review,* no. 20, 2004, pp. 127–41.

Hoyos, Héctor. *Beyond Bolaño: The Global Latin American Novel.* Columbia UP, 2015.

Hutcheon, Linda. *A Theory of Parody. The Teaching of Twentieth-Century Art Forms.* Methuen, 1985.

Jaimes Freyre, Ricardo. *Obra Poética y Narrativa.* Plural Editores, 2006.

Jiménez, José Olivio. *Antología crítica de la poesía modernista hispanoamericana.* Hiperión, 2007.

Jiménez Panesso, David. *Fin de Siglo. Decadencia y modernidad: Ensayos sobre el modernismo en Colombia.* Instituto Colombiano de Cultura, 1994.

————. "León de Greiff: el argonauta y el bufón." *Gaceta,* vol. 29, 1994, pp. 8–12

Jitrik, Noé. *Las contradicciones del modernismo: productividad poética y situación sociológica.* Colegio de México, 1978

Jrade, Cathy L. *Modernismo, Modernity, and the Development of Spanish American Literature.* Texas UP, 1998.

Khayyam, Omar. *Rubaiyat*, traducida por Edward Fitzgerald. Phoenix, 2009.

Laforgue, Jules, *Oeuvres complètes: Édition chronologique intégrale.* L' Age d'homme, 2000.

Bibliografía

Karsen, Sonja. "El modernismo en Colombia. Guillermo Valencia: El poeta como traductor." *Thesaurus: Boletin del Instituto Caro y Cuervo*, vol. 40, no. 2, 1985, pp. 349–61.

Kirkpatrick, Gwen. *The Dissonant Legacy of Modernismo: Lugones, Herrera y Reissig, and the Voices of Modern Spanish American Poetry*. California UP, 1989.

Kushigian, Julia. *Orientalism in the Hispanic Literary Tradition: In Dialogue with Borges, Paz, and Sarduy*. New Mexico UP, 1991.

Laverde Ospina, Alfredo. *Tradición literaria colombiana. Dos tendencias: una lectura de Isaacs, Silva, García Márquez y Mutis*. Universidad de Antioquia, 2008.

Lezama, Lima José. *El Reino De La Imagen. Selección*. Ayacucho, 1981.

Loaiza Cano, Gilberto. "El aporte vanguardista de *Tergiversaciones*." *Revista Número*, no. 12, 1996, pp. 59–64.

López-Calvo, Ignacio. *One World Periphery Reads the Other: Knowing the "Oriental" in the Americas and the Iberian Peninsula*. Cambridge Scholars, 2013.

———. "Rubén Darío y su búsqueda de armonía en el cosmopolitismo, el monismo panteísta y el erotismo." *Miradas críticas sobre Rubén Darío*, editada por Nicasio Urbina. Fundación internacional Rubén Darío, 2005, pp. 109–26.

Luque Cavallazi, Gino. *Biografía de León de Greiff*. Biblioteca virtual del Banco de la República: www.banrepcultural.org

Macías, Zuluaga, y Miriam Velásquez. *Glosario de referencias léxicas y culturales en la obra de León de Greiff*. Fondo Editorial Universidad EAFIT, 2007.

Madrus, Joseph-Charles, traductor. *Le livre ses mille nuits et une nuits*. Charpentier et Fasquelle, 1903.

Martí, José. *Obra literaria*, editada por Cintio Vitier y Fina García Marruz. Ayacucho, 1989

———. Edición crítica de Cintio Vitier. Universidad de Guadalajara. Centro de Estudios Martianos, 2002.

Medrano-Ollivier Carmen. "La sátira poética de León de Greiff: ruptura y modernidad." *Cahiers du CRICCAL. La satire en Amérique latine*: *La satire contemporaine*, no. 38, vol. 2, 2008, pp. 111–19.

Mejía Arango, Juan Luis. "Prólogo." *Panida edición facsimilar*. Fondo Editorial Universidad EAFIT, 2015.

Mejía Duque, Jaime. "La poesía esquiva y desdoblada en espejismo de León de Greiff." *Valoración múltiple sobre León de Greiff*, editada por Arturo Alape. Universidad Central, 1995, pp. 97–120.

Bibliografía

———. "Nueve ensayos literarios." *Nueve ensayos literarios.* Instituto Colombiano de Cultura, 1986.

Mejía Rivera, Orlando. *El extraño universo de León de Greiff.* Fondo Editorial Universidad EAFIT, 2015.

———. "La intuición búdica y los heterónimos en León de Greiff." *Revista Aleph,* no. 125, 2003, pp. 51–64.

Mejía Velilla, David. "Recuerdo de León de Greiff." *Boletín de la Academia Colombiana,* vol. 33, 1983, pp. 155–69.

Mendoza, Cecilia de. "El poeta León de Greiff." *Boletín de la Academia Colombiana,* no. 45, 1995, pp. 62–76.

———. *La poesía de León de Greiff.* Biblioteca Colombiana de Cultura, 1974.

Miranda, Álvaro. *Leon de Greiff: En el país de Bolombolo.* Panamericana, 2004.

Mohler, Stephen. *The Poetic Style of León de Greiff.* 1969. Tesis doctoral. Ann Arbor.

———. *El Estilo Poético de León de Greiff.* Tercer Mundo, 1975.

Morán, Francisco. "Volutas del deseo: hacia una lectura del Orientalismo en el modernismo hispanoamericano." *MLN,* vol. 120, no. 2, 2005, pp. 383–407.

Moretti, Franco. *Graphs, Maps, Trees: Abstract Models for Literary History.* Verso, 2007.

Moretti, Franco y Quintin Hoare. *Modern Epic: The World-System from Goethe to García Márquez.* Verso, 2005.

Nietzsche, Friedrich. *On the Advantage and Disadvantage of History for Life,* traducida por Peter Preuss. Hackett Publishing, 1980.

———. *Ecce Hommo,* traducida por Andrés Sánchez. Alianza editorial, 1988.

Nussbaum, Martha. "Patriotism and Cosmopolitanism." *For Love of Country?* Editada por Joshua Cohen. Beacon Press, 2002, pp. 3–17.

Orlando, Meló. "Los panidas de Medellín: crónica sobre el grupo literario y su revista de 1915." *Banrepcultural. Credencial Historia,* no. 70, www.banrepcultural.org

Ospina, William. *Por los países de Colombia.* Fondo Editorial Universidad EAFIT, 2002.

Paz, Octavio. *Los hijos del limo.* Seix Barral, 1974.

———. *El arco y la lira.* Fondo de Cultura Económica, 1986.

Posada, María Candelaria. "Mecanismos del lenguaje poético de León de Greiff." *Revista Casa Silva,* no. 9, 1996, pp. 52–58.

Bibliografía

Rama, Ángel. *Las máscaras democráticas del modernismo*. Arca, 1994.

———. *Rubén Darío y el Modernismo*. Alfadil Ediciones, 1985.

Ramírez Rojas, Marco. "León de Greiff. Intertextos medievales de su poesía" *Revista de Estudios de Literatura Colombiana*, no. 38, 2016, pp. 13–37. revistas.udea.edu.co

———. "León de Greiff: viajero inmóvil y nómada intelectual." *Escrituras nómadas en la literatura contemporánea en lengua española*, entrega especial de *Revue ILCEA*, no. 41, 2020, journals.openedition.org

———."Voyageur manqué et cosmopolite de fauteuil: le cas León de Greiff." *Revue Astrolabe*, no. 51, 2020, msh.uca.fr

Rebolledo, Efrén, y Luis M. Schneider. *Obras Completas*. Instituto Nacional de Bellas Artes, Departamento de Literatura, 1968.

Reyes, Alfonso. *Notas sobre la inteligencia americana*. Estudios Latinoamericanos - Cuadernos de Cultura Latinoamericana, 1978

———. *Crítica literaria y Utopía en América Latina*. Selección y prólogo de Carlos Sánchez Lozano. Editorial Universidad de Antioquia, 2005.

Rodríguez García, José María. "Valencia's Verlaine: The Social History of a Colombian Verse" *Modern Language Quarterly: A Journal of Literary History*, vol. 68, no. 4, 2007, pp. 541–73

Rodriguez Sardiñas, Orlando. *León de Greiff: Una poética de Vanguardia*. Playor, 1975.

Rosenberg, Fernando. *The Avant Garde and Geopolitics in Latin America*. Pittsburgh UP, 2006.

Said, Edward. *Orientalismo*. Debolsillo, 2009.

Saint-Phalle, Benjamin de. *Traduire León de Greiff: Avant-garde poétique mondiale, identité locale et idiolecte*. Tesis. Université Michel de Montaigne, 2013.

Salamanca, Óscar. "Descentramiento del sujeto y de la escritura en la poesía de León de Greiff." *Estudios de Literatura Colombiana*, no. 36, 2015, pp. 59–79.

Sánchez-Prado, Ignacio. *América Latina en la literatura mundial*. Instituto Internacional de Literatura Iberoamericana. U Pittsburgh P, 2006.

Sanín Cano, Baldomero. "De lo exótico." *Boletín Cultural y Bibliográfico del Banco de la República*, vol. 4, no. 6, 1961, pp. 451–60.

Sarlo, Beatriz. *Borges, un escritor en las orillas*. Siglo XXI, 2015.

Schulman, Ivan. "Reflexiones en torno a la definición de modernismo." *El modernismo*, editada por Lily Litvak. Taurus, 1981, pp. 65–95.

Shumway, Nicholas. "Eliot, Borges and Tradition." *Borges the Poet*, editada por Carlos Cortínez. Arkansas UP, 1986, pp. 260–67.

Bibliografía

Shusterman, Richard. *T.S. Eliot and The Philosophy of Criticism*. Columbia UP, 1988.

Silk, Michael, Ingo Gildenhard, y R. J. Barrow. *The Classical Tradition: Art, Literature, Thought*. Wiley Blackwell, 2014.

Silva, José Asunción. *Obra Completa*. Edición crítica a cargo de Hector H. Orjuela. Colección Archivos,1990.

Siskind, Mariano. *Cosmopolitan Desires: Global Modernity and World Literature in Latin America*. Northwestern UP, 2014.

———. "El cosmopolitismo como problema político: Borges y el desafío de la modernidad" *Variaciones Borges*, vol. 24, 2007, pp. 75–92.

Tablada, José Juan. *Obras completas*. Universidad Nacional Autonoma de México, 1991.

Taylor, Jane H. M. *The Poetry of François Villon*. Cambridge UP, 2001.

Tinajero, Araceli. *Orientalismo en el modernismo hispanoamericano*. Purdue UP, 2003.

Tollinchi, Esteban. *Los trabajos de la belleza modernista, 1848–1945*. Editorial de la Universidad de Puerto Rico, 2004.

Toussaint, Franz. *La flute de jade: Poésies Chinoises*. H. Piazza, 1922.

Uitti, Karl. "Villon's 'Le grand Testament' and the Poetics of Marginality". *Modern Philology*, vol. 93, no. 2, 1995, pp. 139–60.

Valencia, Guillermo. *Obras poéticas completas*. Aguilar, 1995.

Valéry, Paul. "Villot et Verlaine." *Biblisem. La mémoire littéraire et historique de l'Occident chrétien*, no. 81.

Vásquez Lopera, Julián. *El gran viaje atávico. Suecia y León de Greiff.* Tambor de Arlequín, 2006.

Verlaine, Paul, *Oeuvres poétiques complètes*. Gallimard, 1973.

Verne, Jules. *Las aventuras del capitán Hatteras: los ingleses en el polo norte. El desierto de hielo*. J. Hetzel et Cie, 2008.

Villon, François. *Poesía Completa*, eidtada por Gonzalo Suárez. Colección Visor de Poesía, 2006.

Weber, Max. *Ensayos sobre sociología de la religión*, vol. 1. Taurus, 1984

Zalamea, Jorge, editor. "El consorcio cosmopolita. Prólogo a las obras completas de León de Greiff." León de Greiff. *Obras Completas*. Aguirre, 1960.

Zuleta, Estanislao. *Tres Rescates: Sartre, De Greiff, El Erotismo*. Hombre Nuevo Editores, 2007.

Bibliografía adicional

Álvarez de Dross, Julia. "La experiencia amorosa en León de Greiff." *Revista de la dirección de divulgación cultural de la Universidad Nacional de Colombia*, no. 6, 1970, pp.64–75.

Alzate Noreña, Luis. "Sobre unos versos de Leo Legris." *Valoración múltiple sobre León de Greiff*, editada por Arturo Alape. Universidad Central, Casa de las Américas, 1995, pp.169–84.

Arciniegas, Germán. "Sobre León de Greiff." *Valoración múltiple sobre León de Greiff*, editada por Arturo Alape. Universidad Central, Casa de las Américas, 1995. pp. 64–78.

Campos, Mario M. "León de Greiff, o Poeta Sinfónico." *Minas Gerais, Suplemento Literario*, vol. 4, 1980, p. 5.

Escobar Calle, Miguel. "León de Greiff en el mítico país de Bolombolo." *Revista Casa*

Silva,1995, pp. 59–68

Espinosa, Germán. "El millón de sombreros y otros recuerdos de León de Greiff." *El Malpensante*, no. 50, 2003, pp. 23–28.

Gaitán, Sol Beatriz. "Teoría y práctica de la literariedad y comunicación en la vanguardia: La caso León de Greiff." *Dissertation Abstracts International*, vol. 51, no. 2, 1990.

Garavito, Fernando. "La musicalidad en la obra de León de Greiff." *Valoración múltiple sobre León de Greiff*, editada por Arturo Alape. Universidad Central, Casa de las Américas, 1995, pp.146–52.

García-Prada, Carlos. "La fuga inefable hacia Ulalume." *Revista Iberoamericana*, vol. 5, 1942, pp. 439–45.

Gil Jaramillo, Lino. *A tientas por el laberinto poético de León de Greiff: Ensayo de ensayo*. Universidad del Valle, 1975.

Gómez, Miguel. "El tiempo literario de León de Greiff." *Hispanic Review*, vol. 70, no. 3, 2002, pp. 421–38.

Guillén, Nicolás. "León de Greiff, esta noche..." *Valoración múltiple sobre León de Greiff*, editada por Arturo Alape. Universidad Central, Casa de las Américas, 1995, pp. 10–12.

Hernández de Mendoza, Cecilia. "Del significado al significante: A propósito de 'Ritornelo' de León de Greiff." *Thesaurus: Boletín del Instituto Caro y Cuervo*, vol. 37, no. 1, 1982, pp. 148–53.

———. "El poeta León de Greiff." *Boletín de la Academia Colombiana*, vol. 45, no. 189–190, 1995, pp. 62–76.

Jaramillo Agudelo, Darío. "Prólogo." *León de Greiff. Antología*. Pretextos, 2013, pp. 325–441.

Bibliografía adicional

Jaramillo Ángel, Humberto. "León de Greiff: Poeta, prosista, viajero." *Boletín Cultural y Bibliográfico*, vol. 12, no. 5, 1969, pp. 30–39.

Levy, Kurt L. "La música de León de Greiff. Cosmovisión y visión poética." *XVII Congreso del Instituto Internacional de Literatura Iberoamericana*. Cultura Hispánica del Centro Iberoamericano de Cooperación, Universidad Complutense de Madrid, 1978, pp. 807–16.

Luna Sellés, Carmen. "León de Greiff: '¡No soy lo que dicen... ni en lo que soy estoy!'" *Moenia: Revista Lucense de Lingüística & Literatura*, vol. 16, 2010, pp. 267–84.

Macías Zuluaga, Luis Fernando. "Consideraciones sobre León de Greiff." *Estudios de Literatura Colombiana*, vol. 7, 2000, pp. 70–88.

———. "Fernando González y León de Greiff, dos caras de una misma moneda llamada escepticismo." *Lingüística y literatura*, no. 43/44 y 45/46, 2003–2004, pp. 25–37

Mantecón Ramírez, Benjamín. "León de Greiff: El tema del amor." *Cauce* no. 14–15, 1991–92, pp. 419–66.

Maya, Rafael. "León de Greiff." *Estampas de ayer y retratos de hoy*. Edición de la Revista Bolívar, 1958 pp. 307–12.

Mazzoldi, Bruno. *Full Teléon: Sierpes de León de Greiff*. Instituto Internacional de Literatura Iberoamericana, U Pittsburgh P. 2013.

———. "Teléon: La acusación infinita de León de Greiff." *Colombia en el contexto latinoamericano*, editada por Myriam Luque. Instituto Caro y Cuervo, 1997, pp. 178–203.

Medina, Álvaro. "López, De Greiff, Vinyes, Vidales y el vanguardismo en Colombia." *Las vanguardias literarias en Bolivia, Colombia, Ecuador, Perú y Venezuela: Bibliografía y antología crítica*, editada por Hubert Pöppel y Miguel Gomes. Vervuert, 2008 pp. 197–217.

Mejía Duque, Jaime. "La poesía de León de Greiff." *Los vanguardismos en la América Latina*, ed. Oscar Collazos, Península, 1977, pp. 148–69.

Morales Benítez, Otto. "A tientas por el laberinto poético de León de Greiff." *Boletín Cultural y Bibliográfico*, vol. 15, no. 1, 1978, pp. 62–79.

Mutis, Álvaro. "León de Greiff (1895–1976): intacta presencia." *Lecturas Dominicales*, 1999, pp. 8–9.

Otero Ruiz, Efraím. "'El cuervo' de Edgar Allan Poe." *Cuadernos Americanos*, vol. 61, 1997, pp. 107–25.

Pérez Silva, Vicente. "'Los Tres Buhos' atacan a Luis López de Mesa, Eduardo Castillo y León de Greiff." *Boletín Cultural y Bibliográfico*, vol. 19, no. 2, 1982, pp. 115–162.

Bibliografía adicional

Pineda, Laura. "La frustración vital en Balada del tiempo perdido." *Lingüística y Literatura*, vol. 16, 1989, pp. 72–86.

Pizarro, Agueda. "El viaje del poeta." *Boletín Cultural y Bibliográfico*, vol. 12, no. 10, 1969, pp. 5–42.

Puerta Zuluaga, David. "Los instrumentos musicales en la poesía de León de Greiff." *Revista Casa Silva*, vol. 2, 1989, pp. 49–63.

Ramírez Rojas, Marco. "Marginalidad del artista y reivindicación cosmopolita. León de Greiff lee a François Villon" *Revista Canadiense de Estudios Hispánicos*, vol. 4, no. 3, 2016, pp. 606–26.

Restrepo, Carlos. "El erotismo en la poesía de León de Greiff." *Poligramas*, no. 9, pp. 59–71.

Robledo Cadavid, Álvaro. "De Bolombolo a Korpilombolo." *Revista Credencial*, no. 215, 2004, pp. 34–37.

Rodríguez Sardiñas, Orlando. "La lengua poética de León de Greiff." *Dissertation Abstracts: Section A. Humanities and Social Science*, vol. 31, 1971.

---"Las criaturas reinventadas de la poesía de León de Greiff." *Cuadernos Hispanoamericanos: Revista Mensual de Cultura Hispánica*, vol. 263–64, 1972, pp. 530–41.

————. "León de Greiff: Imágenes y figuraciones de una poética de vanguardia." *Anales de literatura hispanoamericana*, vol.1, 1972, pp. 207–31.

————. "Recursos rítmicos en la poesía de León de Greiff." *Thesaurus: Boletín del Instituto Caro y Cuervo*, vol. 27, 1972, pp. 504–52.

Ronderos Torres, Clara Eugenia. *León de Greiff: Sueños propios y sueños ajenos para un universo poético*. Tesis, Universidad de los Andes, 1993.

Sierra, Luis Germán. "Vislumbres y honduras sobre León de Greiff." *Boletín cultural y bibliográfico*, vol. 34, no. 46, 1997, pp. 125–27.

Suardíaz, Luis. *El Múltiple Rostro De León De Greiff*. Arte y Literatura, 1995.

————. "León de Greiff en Weimar." *Valoración múltiple sobre León de Greiff*, editada por Arturo Alape. Universidad Central, Casa de las Américas, 1995, pp. 121–45.

Suescún, Nicolás. "La poesía de León de Greiff." *Revista Casa Silva*, no. 18, 2005, pp. 299–308.

Toruño. Juan Felipe. "Sinfonismo en la poesía de León de Greiff." *Valoración múltiple sobre León de Greiff*, editada por Arturo Alape. Universidad Central, Casa de las Américas, 1995, pp. 319–327.

Valencia Giraldo, Asdrúbal. "Lo autóctono y lo extraño en León de Greiff." *Revista de la Universidad de Antioquia*, no. 232, 1993, pp. 65–71.

Bibliografía adicional

Valencia Goelkel, Hernando. "Notas de lectura bajo el signo de Leo." *Crónicas de libros*. Instituto Colombiano de Cultura, 1976, pp. 19–28.

Vargas Osorio, Tomás. "Iniciación a la poesía de León de Greiff." *Valoración múltiple sobre León de Greiff*, editada por Arturo Alape. Universidad Central, Casa de las Américas, 1995, pp. 53–63.

Vásquez Lopera, Julián. "La feria latina de León de Greiff en Suecia." *Revista Universidad de Antioquia*, vol. 264, 2001, pp. 83–93.

Vidales, Luis. "Nueve poetas en uno: El polifacético León de Greiff." *Casa de las Américas*, vol. 110, 1978, pp. 68–73.

Wentzlaff-Eggebert, Harald. "Ser o no ser vanguardista, ésa es la cuestión: Huidobro, Girondo y De Greiff." *El andar tierras, deseos y memorias*, editada por Jenny Haase. Iberoamericana, 2008, pp. 115–128.

Índice de palabras

Abelardo 172
Abylund 85
Aching, Gerard 36, 39, 42, 96, 120, 174
Adorno, Theodor W. 190
Agustini, Delmira 10
Aladino 145, 147–48
Aldebarán 142
Alemania 106
"aleph" 2, 105, 118–19
Aleppo 85
Alighieri, Dante 76, 78
Anatolia 113
Anderson, Benedict 115
Annunzio, Gabriele D' 56–57
Antioquia 28, 47, 92, 113, 184
Apollinaire, Guillaume 166
Appiah, Anthony Kwame 3, 21, 83, 88
árabe 12
Arbeláez, Fernando 9
archivo 3–4, 13, 57
Argel 85, 129
Argonautas 136, 161
Aristóteles 110
Armenia (Colombia) 156
Artajerjes 133
art-pour-l'art 33, 190
Arquíloco 48
Asia 3, 14, 19, 96, 106, 108, 137, 140, 183
Austria 106

Bagdad 141
Bakhtin, Mikhail 115
Banville, Théodore de 170
Barba-Jacob, Porfirio 26–27, 32
Bárbara Charanga 47, 107
Bassora 85
Batavia 126
Baudelaire, Charles 32, 50, 56–57, 64, 70, 111–12, 125, 127–30, 141, 166–68, 175, 190

Béquer, Gustavo Adolfo 29
Beremundo el Lelo 49, 112–18, 132–33, 149, 156–59, 183
Bertrand, Aloysus 49
biblioteca 57, 105, 121, 128, 131, 185, 187, 191; greiffiana 19–20, 128; universal 4, 13, 57
Biblioteca Pública Piloto de Medellín 169
Bizancio 141
Blake, William 110
Bloom, Harold 155, 180
Bogislao 158–59
Bogotá 6, 12, 28, 84
Boileau, Nicolas 166
Bolombolo 6, 12, 28, 47, 84, 92, 117
Bonaparte, Napoleón 133
Bonnett, Piedad 9, 28, 101, 121–22, 126, 128
Borges, Jorge Luis 5, 18–19, 89–91, 97, 99–101, 105, 118–19, 149, 179–80, 186
Brandès, Georges 153
Bronx, Humberto 9
Brunehilda 172
Buda (Gautama) 10, 149, 151–52, 157, 170–71
budismo 148–49
budista 22, 140, 149–50
Buenos Aires 118–19
Byron, George Gordon (Lord) 64, 78
byroniano 63

Café El Automático 5
Calarcá 156
Calvino, Jehan 110
Camacho, Eduardo 29
Camargo, Hernando 7
Carlos XII 74, 158, 162

221

Índice de palabras

cartografía 7, 21, 107, 111, 116, 123, 129–30, 140; cosmo-polita 129–30; intelectual 131; mundial 9, 112; poética 105, 108
Caro, Miguel Antonio 29
Casal, Julián del 12, 31, 36, 53, 65, 72, 105, 110, 129–30, 132, 183
Casanova, Pascale 4, 80–81
Castillo, Eduardo 41
Castro, Juan E. 90
Cauca 6
Cawpore 85
Cellini, Benvenuto 117
Cervantes, Miguel de 70, 76
Charry Lara, Fernando 9, 37
China 100, 105–06, 129
Chorros Blancos 117
Claudio Monteflavo 26, 49
Cobo Borda, Gustavo 31
Cocteau, Jean 166
Colombia 6–8, 10, 20–21, 25, 28, 32, 55–57, 63, 92, 107, 113, 153–54, 158; literatura colombiana 15–16, 20, 26–31, 55, 63–64; poesía colombiana 29, 32
Comfort, Kelly 30, 110
comunidad 58, 84, 185, 188; artística 46; de heterónimos 44, 48; de lectores artistas 34–36, 39, 46, 48; poética 45; intelectual 21, 40, 44, 48; universal 84
Confucio 110
Corbière, Tristan 50–51
Correo de Estocolmo 107, 158–59
cosmopolita 1, 3–6, 9, 12, 13–19, 21, 36, 49, 56, 76, 78–81, 83, 85–88, 94, 96–97, 101, 105, 107, 112, 116, 119–21, 127, 129–31, 136, 147, 155, 157, 160, 163, 165, 171, 186, 188–91; arraigado 21, 83;

cosmopolitismo 23, 55, 84, 98, 100, 102, 106, 114, 124, 163, 169, 186, 188, 190; de biblioteca 12, 13, 105; lati-noamericano 21, 83; trans–histórico 22, 165, 191
comunidad 14, 20, 25, 52
cultura 91, 101; filiaciones 23; sen-tido 21, 78–79, 81, 88–89; tradición 30, 99, 102
"Cosmopolitan Desires" 3, 21
Cristina de Suecia 156, 158–59
Cuartas, Juan Manuel 67–68

Darío, Rubén 10, 17, 36–37, 41, 53, 64–65, 72, 76–78, 80, 88, 96, 110–11, 129–32, 166–69,183, 187
decadentismo 56
"De lo exótico" 18, 97–00, 168
Descartes, René 110
"deseo de mundo" 14, 21, 55, 86, 95, 105, 107, 114, 116, 120, 124, 153, 155, 165, 186
De Sobremesa 35, 39, 48, 52, 124
Diego de Estuñiga 46
Dimock, Wai Chee 4, 51–52, 74, 114, 182, 188
Dinamarca 153
Dinazarda 74, 134–36, 144–47, 151, 186–87
Diógenes 16, 123–24
"diseño exquisito" (*exquisite design*) 36–37, 48

Eblís 171
Ectabana 112
Egipto 105
"El escritor argentino y la tradición" 18, 90, 97, 99
El Espectador 25
Eliot, T.S. 4, 17, 21, 60–63, 70–71, 73–75, 78–79, 114, 180, 191
"ennui" 125, 127
Erik el Rojo 156, 158

Índice de palabras

Erik Fjordson 26, 46, 49, 134, 147, 151, 161, 187
Erikson, Leif 158
Escandinavia 14, 16, 19, 22, 123–24, 135, 137, 155; imaginario escandinavo 152
épica escandinava 153
España 96, 117; literatura española 107
Estambul 85
esteticismo (*aestheticism*) 30–31
Estocolmo 13, 106, 158
estoicismo 16, 84
estoicos 15
Europa 3, 12–14, 17–19, 53, 70, 78, 80, 85, 96, 105–06, 119, 121, 128, 131–32, 135, 139–40, 143, 163, 183, 187
canon europeo 74
cultura europea 57; literatura europea 88
Exotismo 57, 77, 145, 175, 190

Fárrago 66, 170
Faxe, Petronila 154
Fernández Retamar, Roberto 120
Flaubert, Gustave 125
Francia 1, 12, 53, 106, 121, 131, 133, 140, 166, 168
Friedrich, Hugo 32, 78, 168

Galland, Antoine 144
García Maffla, Jaime 25
García Márquez, Gabriel 5
Gaspard de la Nuit 49
Gaspar von der Nacht (de la noche) 46, 49–51, 72–74, 108, 141, 151, 160–61
Gautier, Théophile 131–32, 166–67
genealogía 55, 57, 63, 66–68, 71, 76, 102, 153–55, 159–60; alternativa 157; literaria 17, 61, 107, 165; poética 4, 22, 176
Girondo, Oliveiro 10

global 2–3, 6, 14–15, 19, 40, 48, 53, 55, 80, 86, 115–16, 127, 132, 188, 191; afiliación 15, 136, 152; comunidad 15; cultura 16, 130; globalidad 186; mapa 115, 119; posicionamiento 108, 116, 120
Goethe, Johan Wolfgang 97
Gómez, Eduardo 100, 124
Gómez Carrillo, Enrique 88, 139–40, 166–67, 183
Goncharenko, Sergei 7–8
Góngora, Luis de 76–77, 100
González, Aníbal 13, 120
Goya, Francisco 117
Gracián, Baltasar 76–77, 110
Grecia 129, 131, 187
Greenwich, meridiano de 4
Greiff, Carl Sigismund 153, 158
Greiff, Ernest Bogislav Von 158–59
Greiff, León de 1–23, 25–28, 32–35, 37–53, 55–57, 63, 65–75, 78–84, 88, 90–96, 99–02, 105–11, 114, 118–28, 132–36, 139–62, 165–90; biblioteca greifiana 19–20, 128, 139, 185, 191
Greiff, Hjalmar de 7
Grünfeld, Mihai 11
Gullón, Ricardo 120–21
Gustavo IV de Suecia 156, 158
Gutiérrez Girardot, Rafael 40, 42
Gutiérrez Nájera, Manuel 31, 65, 80, 88

Harald el Oscuro 46, 49–50, 95
Harun–Al–Rashid 147, 151
Hector, María 169
Heloïs (Heloisa) 172–73
Henríquez Ureña, Pedro 58–59
Heine, Heinrich 17
Herencia 4, 21, 55, 58, 60, 63, 99, 102, 155, 157, 188; cultural 56; hispánica 77, 96, 102
Herrera y Reissig, Julio 10, 124

223

Índice de palabras

heterónimo 1, 8, 44–48, 50–53, 72, 85, 95, 151–52, 154, 175
Holanda 126
Homero 17, 48, 70, 78, 191
Horacio 81
Hoyos, Héctor 2, 119–20
Hugo, Víctor 64, 76, 141
Huidobro, Vicente 10
Hutcheon, Linda 171, 174
Huysmans, Joris-Karl 56

Ibn-Batuta 160–61, 190
India 85
influencia 9, 27, 56, 64
"invitación al viaje" 22, 105, 120, 125–26, 129–33, 186
ironía 10, 25, 66, 127; asimilación irónica 19
Isaacs, Jorge 29
Isolda 172
Italia, 12
Jaimes Freyre, Ricardo 153
Japón 100, 183
Jiménez, José Olivio 120
Jiménez Panesso, David 19, 30, 35, 66, 97, 125
José Fernández 35–36, 39–40
Joyce, James 75
Jrade, Cathy L. 10
Juana de Arco 172–73
Julio César 69
Jurado, Alicia 149
Kafka, Franz 179
Kant, Immanuel 110
Karlskrona 85
Kazan 85
Khayyam, Omar 17, 140–43, 150, 190
Khorassan 142
Kipling, Rudyard 111
Kirkpatrick, Gwen 10, 33
Koevenhavn 85
Kushigian, Julia 22, 137–38

Laforgue, Jules 17, 132
Lao Tse 110
Las mil y una noches 22, 135, 140, 144–47, a86
Latinoamérica 17, 18, 22, 58, 82, 86, 91, 96–97, 99, 105, 114, 118, 120, 129, 137, 166, 169, 174–75, 182; discurso latinoamericano 82
latinoamericanos 18, 59, 65, 68, 76, 80, 90, 98–99, 130–31, 138–39, 165; literatura latinoamericana 64–65, 75, 96, 116, 166–67
"lector artista" 35, 37, 39, 48
Leo le Gris 46, 50, 108, 141
Lezama Lima, José 12, 25, 105
Libro de signos 27, 33, 71, 108, 169–70
Licurgo 110
Lisboa 126
literatura mundial 13–14, 16–17, 20, 23, 53, 57, 78, 80, 82–83, 86–88, 90, 98, 101–03, 115, 138, 150, 152, 165, 185, 191
Loaiza Cano, Gilberto 9
local 14, 16, 36, 53, 83–84, 88, 93, 95, 115, 120, 132, 155, 157; afiliaciones locales 15
localismo 83
Londres 139, 167
Lope de Aguinaga 47, 49, 101
López, Luis Carlos 26–27
López Calvo, Ignacio 19, 137
Loreley 146
Loti, Pierre 98
Lugones, Leopoldo 10
Macías Zuluaga, Luis Fernando 6, 92
Madrus, Jospeh-Charles 144
Magazin Dominical 25
Mallarmé, Stéphane 57, 125
Manrique, Jorge 100, 172

Índice de palabras

marginal 88, 163, 167
marginalidad 20, 23, 32, 42, 84, 86–88, 90–93, 115, 139, 166, 175, 177–78, 185; conciencia de la marginalidad 89; marginación 45, 120, 125, 167
Marot, Clément 166
Marsden, Dora 75
Martí, José 80–83, 88, 98
Matías Aldecoa 26, 46, 50, 85–86, 108, 141, 151
Medea 146, 172
Medellín 6, 12, 41, 84
medieval 57, 74, 101, 106, 165–66, 171, 173, 179, 182, 191; balada 169; imaginario medieval 141, 170; lírica 16, 170; medievalismo 23; poesía 169
Mejía Arango, Juan Luis 41
Mejía Duque, Jaime 48–49, 100
Mejía Rivera, Orlando 9, 45, 148–49, 151–52
Melusina 172
Mendès, Catulle 168
Mendoza, Cecilia de 126
México 12
Miguel de Zulaibar 151
modernidad 58–59, 88, 91, 114, 125, 182; artista moderno 59–60, 121, 177; hombre moderno 59, 97–98; literatura moderna 60–61, 71, 166; modernización 121, 128, 129, 175, 178, 190; pensamiento moderno 109; poesía moderna 55–57, 63, 75; tradición moderna 60
modernismo 9–11, 13, 32, 55, 64, 75, 84, 166, 185, 189–90
modernista 9–14, 18, 22, 33, 36–37, 42, 57, 65–66, 70, 72, 75, 79–80, 88, 96, 100, 110, 115, 120, 125, 138, 183, 185–86; estética modernista 65, 83, 171

Mohler, Stephen 7
Moldavia 51
Morán, Francisco 137
Moreau, Gustave 72
Morgana 146
Mossul 85
Netupiromba 6, 84
Ney, Michel (Mariscal) 74, 92–93, 117, 172, 183–84
Nietszche, Friedrich 68–69, 110, 155, 175
nietszcheano 68, 155
Nirvana 94
Niverengo 117
Noruega 153
Nova et Vetera 7
Núñez de Arce, Gaspar 29
Núñez, Rafael 29, 32
Nussbaum, Martha 3, 15–16, 84–85, 188
Odiseo 1, 136, 190
"orden de existencia simultáneo" 21, 23, 69, 71, 73, 79, 90, 115–16, 134, 136
Orientalism 19
orientalismo 19, 137, 139–40, 148; hispanoamericano 19, 22, 137; modernista 138
Oriente 20, 22, 57, 106, 131, 135, 137–44, 148–49, 151; Extremo Oriente 1, 171; imaginario oriental 137; Medio Oriente 1, 3, 14, 19, 85, 94, 96, 107, 137, 140, 161, 163, 183
orientalista 12
Orleans, Charles de 169
Ospina, William 26–28, 55

pan 142–43
Panida (revista) 41
panidas 40, 42–44, 48, 53, 170
Paris 130, 139
parnasiano 19, 56, 65, 168
parodia 9; asimilación paródica 19, 139, 173

225

Índice de palabras

Pascal, Blaise 110
Paz, Octavio 17, 58–59, 61–62, 81, 98, 120, 178
Pereira 156
periferia 19–20, 22, 53, 132–34, 137, 184, 186
periférico 86–87, 93, 101, 119, 136–37, 150, 163, 181, 186; lectura periférica 89
Persia 133, 142
Perú 12
Petrarca, Francesco 100
Plafagonia 113
Platón 110
Plotino 109
Plutarco 15
Poe, Edgar Allan 17, 64, 66, 70, 78, 111
Polo, Marco 160
Pombo, Rafael 27, 30, 32
Pound, Ezra 75
prerrafaelismo 56
Prosas de Gaspar 47, 85–86, 107, 122, 169, 175–76, 179
Pultawa 117
Purco 117

Quevedo, Francisco de 76–77, 100, 172
Quindío 113–14, 156

Rabelais, François 166
Rama, Ángel 34, 58–59, 120, 167, 176–77, 179
Ramón Antigua 26
Rebolledo, Efrén 139
"reino interior" 123–24
Revista Gris 97
Reyes, Alfonso 80
Rimbaud, Arthur 32, 50–51, 64, 72–74, 132, 167, 175, 190
Robinson Crussoe 122–23
Rodríguez Sardiñas, Orlando 7, 9, 45, 46
romanticismo 30, 60, 64, 100, 141, 178; europeo 60; francés 64

Ronsard, Pierre de 166
Rosenberg, Fernando 22, 115–16
Rutebeuf 166
Rusia 85, 106

Said, Edward 19, 22, 137–38, 188
Saint-Beuve, Charles 166
Salamanca, Óscar 9
Salento 156
Samarakanda 85
Sanín Cano, Baldomero 18, 82, 88, 97–101, 153, 168, 183
Santos Chocano, José 83
Sarlo, Beatriz 19, 89
Sheherazada 74, 135, 144–48
Schopenhauer, Arthur 110
Schubert, Franz 17
Schulman, Ivan 77, 120
Schusterman, Richard 70
Séneca 15, 110
"sentido cosmopolita" 21, 74, 78–79, 81–82, 88–89, 93, 95
"sentido histórico" 21, 55, 69, 71, 74–76
Sergio Stepansky 49
Shakespeare, William 70, 76, 78
Shariar 147
Silva, José Asunción 5, 20, 27–28, 30–37, 39–40, 43–44, 48, 53, 55–57, 63, 65, 110, 168, 183
simbolismo 56, 141
herencia simbolista 126
poesía simbolista 16, 19, 65, 90, 125, 168
temática simbolista 120, 134
Sinbad 136, 147–48, 157, 160, 190
Siskind, Mariano 3, 14, 18, 21, 81–83, 86–88, 91, 131, 168, 183
Skalde 46–47, 49, 152
Spinoza, Baruch 110
"spleen" 125–26, 128
Stockholm 85

226

Índice de palabras

Stratford-upon-Avon 85
Sturlusson, Snorri 50
Suecia 28, 106–07, 153–54, 158

Tablada, José Juan 140
Tanit 92–93
Taylor, Jane 175
Tedio 126–28
Tergiversaciones 7, 17, 26, 32, 37,
   63, 71, 78, 90, 127, 132,
   141, 148, 168, 170
Thaïs 172
The Egotist 75
"tiempo profundo" (*deep time*) 4,
   23, 52, 78, 156, 182–84,
   188
Tinajero, Araceli 22, 137–39
Tours 85
Tradición 4, 14–17, 21, 26, 30, 49,
   53, 55, 58–63, 65–80, 90,
   101–03, 114, 119, 155, 157,
   159–60, 163; cosmopolita
   30, 86, 186; de la ruptura
   17, 59–60; europea 132; hispánica 31, 166; inglesa 166;
   latinoamericana 58; literaria
   21, 53, 163, 168; moderna
   60; poética 16–17; universal
   18, 23, 81, 89, 100–01,
   119–20, 183, 186
"Tradition and the Individual
   Talent" 17, 60–61, 70, 75
Tristán de Leonis 101

Uiti, Karl 177
Ulalume 146
Ulises 160
Unión Soviética 106
universal 16, 88, 91, 95, 98–99,
   150, 160; comunidad 16,
   84; cultura 57, 81, 106, 108,
   155; literatura 79, 87, 91,
   93, 102, 108; mapa 79
tradición 18, 23, 95
universalidad 17, 88, 95, 102,
   115–16, 120, 169

universalismo 12, 83, 119, 155,
   168, 187–88
universalista 15, 20, 100, 107, 112,
   183, 186–89

Valencia, Guillermo 26–27, 32, 37,
   56–57, 140, 168
Valera, Juan 167
Vallejo, César 10
vanguardia 9, 12, 22, 60
vanguardista 10–12, 100, 106, 115
vanguardismo 111
Vargas Llosa, Mario 81
Variaciones alredor de nada 91, 134,
   143–44
Vásquez Lopera, Julian 7, 153–55,
   158–59
Vega, Garcilaso de la 76
Vega, Lope de 76
Velásquez, Miriam 6
Velero paradójico 128
Venecia 85
Venus 94
Verlaine, Paul 17, 32, 56, 64, 72,
   76, 78, 132, 141, 166–67,
   170, 175
Verne, Jules 112
"viajero inmovil" 105
Vidales, Luis 10
Vieja et Novísima 170
Villaurrutia, Xavier 31
Villon, François 17, 22–23, 70, 74,
   90, 100, 165–84, 186, 190
vikingo 1, 9, 11, 22, 49, 66–67, 86,
   93–94, 106, 134–36, 152,
   157, 160–62, 172, 185, 187
Virgilio 81

Wagner, Richard 17, 92
Walhalla 92
Wasa, Gustavo 156, 158
Wassenhove, André Van 8
Waterloo 117
Weber, Max 174
Weimar 85
Weltliteratur 97

227

Índice de palabras

Wilde, Oscar 57, 81–82, 98
Williams, Carlos Williams 75

Xatlí 146

Yugoslavia 106

Zalamea, Jorge 48–49, 101–02
Zaratustra 123–24
Zorrilla, José 29
Zoilo 47–48
Zoroastro 94
Zuyexawivo 6, 84

Sobre el libro

Cartografías cosmopolitas: León de Greiff y la tradición literaria analiza la obra de este poeta colombiano del siglo XX como una manifestación de cosmopolitismo, cartografías culturales globales y la construcción de una genealogía poética. Ramírez Rojas se acerca a los poemas de León de Greiff como mapas culturales que revelan tanto un deseo de conexión con el mundo como una necesidad de reorganizar el archivo imaginario de la literatura mundial. Desde una asumida posición de excentricidad, de Greiff construye una red de conexiones globales y pone en cuestión las divisiones binarias de centro y periferia, reivindicando así su marginalidad como una condición productiva. El estudio de este cosmopolitismo alternativo contextualiza los textos de León de Greiff en los debates actuales sobre el posicionamiento de América Latina dentro de las redes de cultura global y de la literatura mundial.

About the book

Cartografías cosmopolitas: León de Greiff y la tradición literaria analyzes the poetic works of this 20th century Colombian writer as a manifestation of cosmopolitanism, global cultural cartographies, and a self-fashioned poetic genealogy. Ramírez Rojas approaches de Greiff's poems as cultural maps that reveal both a desire of connectivity with the world and a need for reorganizing the imaginary library of world literature. From a self-assumed position of eccentricity, de Greiff builds a network of global connections and disputes the binary division of cultural centers and peripheries, revendicating marginality as a productive condition. The study of this alternative cosmopolitanism brings de Greiff's writings into current debates about Latin America's cultural positionality within the frame of global cultural networks and world literature.

Sobre el autor

Marco Ramírez Rojas es Profesor Asociado de Español en City University of New York, Lehman College. Sus intereses académicos y de investigación incluyen: literatura mundial y cosmopolitismo latinoamericano, representaciones de miedos sociopolíticos en la literatura y el cine del continente, y novelas de formación contemporáneas. Sus trabajos académicos han sido publicados en revistas académicas de Estados Unidos, Europa y Latinoamérica. En colaboración con Olivia Moy publicó *Julio y John, caminando y conversando* (*Lost and Found*, 2019), la primera traducción al inglés de fragmentos escogidos de *Imagen de John Keats*, la biografía literaria que Julio Cortázar escribió sobre el poeta romántico inglés. Es coeditor de dos volúmenes académicos sobre representaciones de miedos sociopolíticos en Latinoamérica: *Narrativas del miedo: Terror en obras literarias, cinemáticas y televisivas en Latinoamérica* (Peter Lang, 2018) y *Violencia, poder y afectos: Narrativas del miedo de Latinoamérica* (Tamesis, 2022). También ha coeditado una colección de ensayos sobre las representaciones de niños y menores en el cine y la literatura: *Growing Up in Latin America: Child and Youth Agency in Contemporary Popular Culture*. Desde 2019, es el editor de la revista *Ciberletras*.

About the author

Marco Ramírez Rojas is an Associate Professor of Spanish at City University of New York, Lehman College. His research interest include Latin American cosmopolitanism and world literature, representations of politically inflicted fears in literature and cinema in the continent, and Latin American contemporary coming-of-age novels. His articles have been published in several academic journals in the United States, Europe, and Latin America. In collaboration with Olivia Moy, Ramírez Rojas published *Julio y John, caminando y conversando* (Lost and Found, 2019), the first translation of selected fragments of *Imagen de John Keats*, the literary biography written by Julio Cortázar about the Romantic British poet. Ramírez Rojas is coeditor of two volumes about sociopolitical fears in Latin America: *Narrativas del miedo: Terror en obras literarias, cinemáticas y televisivas en Latinoamérica* (Peter Lang, 2018) and *Violencia, poder y afectos: Narrativas del miedo de Latinoamérica* (Tamesis, 2022). He also edited a collection on the representation of children and minors in twentieth- and twenty-first-century cinema and literature: *Growing Up in Latin America: Child and Youth Agency in Contemporary Popular Culture.* Since 2019, he has been the head editor of the academic journal *Ciberletras.*

Printed in the USA
CPSIA information can be obtained
at www.ICGtesting.com
LVHW010017161223
766481LV00005B/251